鲍鹏山作品系列

《道德经》导读

鲍鹏山 著

商务印书馆
创于1897 The Commercial Press

图书在版编目（CIP）数据

《道德经》导读 / 鲍鹏山著 . — 北京 : 商务印书馆 , 2024
（鲍鹏山作品系列）
ISBN 978 - 7 - 100 - 23464 - 1

Ⅰ . ①道…　Ⅱ . ①鲍…　Ⅲ . ①《道德经》—研究
Ⅳ . ① B223.15

中国国家版本馆 CIP 数据核字（2024）第048240号

《道德经》导读
鲍鹏山　著

商务印书馆出版
（北京王府井大街36号　邮政编码 100710）
商务印书馆发行
徐州绪权印刷有限公司印刷
ISBN 978 - 7 - 100 - 23464 - 1

2024年11月第1版　　开本 670×970　1/16
2024年11月第1次印刷　　印张 23¼

定价：92.00元

鲍鹏山，文学博士、作家、学者。中国孔子基金会学术委员会委员，上海文史馆馆员，央视《百家讲坛》《典籍里的中国》、上海电视台《东方大讲坛》、山东卫视《新杏坛》等栏目的主讲嘉宾。浦江学堂、花时间读书社、学商书院创办人。出版有《寂寞圣哲》、《中国人的心灵——三千年理智与情感》、《风流去》、《孔子传》、“水浒系列”（《鲍鹏山品水浒》《鲍鹏山新批水浒传》《江湖不远》）、“孔子三来”（《孔子如来》《孔子归来》《孔子原来》）、“经典导读系列”（《〈论语〉导读》《〈道德经〉导读》《〈大学〉〈中庸〉导读》《〈孟子〉导读》《〈孟子〉开讲》）等著作三十多部。《光明日报》、《中国周刊》、《美文》、《寻根》、《走进孔子》、《中学生阅读》（高中版）等多家报纸杂志的专栏作者。

梁楷《放牛牧马图》(局部)

序

复旦大学中文系教授　骆玉明

中国古代经典中，在世界范围内影响最大的，应该是老子的《道德经》吧。有一种研究认为，亚当·斯密写那本被誉为西方现代经济学“圣经”的《国富论》时，就受到《道德经》的影响；他强调自由经济，提出“看不见的手”无形调节，据说是根源于《道德经》所倡导的“自然无为”思想。这种说法根据是否充分暂且不论，但两者之间在哲理上相通是毫无疑义的。有意思的是，《史记》的《货殖列传》在经济观念上与亚当·斯密多有接近之处，而司马迁的这些观念根柢也是在老子。再举一个例子：在我班上听课的一位俄罗斯学生颇为自豪地说起，大文豪托尔斯泰曾经转译过《道德经》。这个本子我没有见过介绍，但托尔斯泰那种崇尚俭朴自然、憎厌浮华的人生态度，显然也与《道德经》相符。类似的例子还有很多，这里就不说了。

《道德经》之所以在西方世界受到欢迎，首先跟老子所谓“古典的自由主义”思想有关。一个东方的古老的哲人，他的学说能够为现代的价值观提供支持，这当然令人鼓舞。老子的有些论说实在令人震惊。譬如“有之以为利，无之以为用”（十一章），贴切而并不过度的解释，就是：有形的规则提供了便利和条件，而无形的自由空间才能产生效用。这个真是智者之言。

还有一个原因。《道德经》五千言，大抵是用简约的格言谈论一些形而上的道理，其思维方式又每与日常认知和习惯道理相悖，读起来非常玄奥。这种文字可以延展出很大的空间，并且容易产生歧义。简单地说，几乎每个人都有可能对《道德经》的某段文字产生独特的悟解。譬如，被人称为“二十世纪最伟大建筑家”的赖特，就宣称他的设计理念来自《道德经》:“凿户牖以为室，当其无，有室之用。”可以这么说吧，喜欢《道德经》，引用并谈论《道德经》，几乎是拥有智慧的自我证明。

古老，简约，深邃，玄奥，多歧义，这些特点使得《道德经》非常迷人。作为一个中国人，如果没有读过《论语》，是不应该的；没有读过《道德经》，就是很可惜了。但也正是因为这些特点，《道德经》不好读。研究和解读《道德经》的书非常之多，但是，要找一本说话谨慎，在学术根柢上靠得住，同时又干净明朗，读起来不让人感到烦苦的，就很不容易。

鲍鹏山耽读诸子。从1998年起，他就在贾平凹主持的《美文》杂志上连续发表评论诸子思想与品格的文章，后来汇编为《寂寞圣哲》一书。我为这本书写过一篇书评。继而他在央视《百家讲坛》讲《水浒传》，讲孔子和《论语》，他的文章有些被选入中学教材，《寂寞圣哲》还被教育部门指定为中学生课外读物。还有一个讲商鞅和《商君书》的视频，流传甚广。他让很多人开始认识或重新认识了诸子，顺带也把自己讲成了名人。

放在我们面前的这本《〈道德经〉导读》，是鲍鹏山研究诸子的最新成果。

从“导读”这个意义上来说，两相比较，《论语》容易把握一些。因为《论语》的文本相对稳定，很少异文，有歧解的地方也不多。孔子和他的弟子们所讲的道理，虽说也是耐人寻味，但不是那么难以理解，因为那主要是要求人们日常践行的伦理规则。

而《道德经》要复杂得多。

首先有个文本选择和文字训诂的问题。近几十年《道德经》有重要的地下文献出土，就是马王堆汉墓出土的帛书本和郭店战国楚墓出土的竹简本。这些文本对某些问题的传统解释提出了挑战。跟这个情况相关联的，有些学者注意到根据古文字的某些原理，《道德经》的文字可以做出完全不同于前人的理解。比如“道可道，非常道”，应该读成：“道，何道也，非常道也。”如果多引用新出异文和新出训解，这个《导读》的面目会显得比较新潮，而且实在也无可厚非。

但这里其实有一个重要的问题，就是我们应该怎样去认识传统经典。一部经典著作，之所以能够在中国文化结构中占据重要的地位，是因为它长期地以一种稳定的文本形态流传，它的原始形态究竟是什么样的，并没有那么重要——或者说那是另外一个问题。这是鲍鹏山的基本看法（我的意见和他一致），所以他做这本《导读》，是以通行的王弼本为底本。在王本可通的情况下，少引异文，这样读起来，感觉面目清爽。

再有一个需要仔细处理的是原文的注释。

这本《导读》各章由原文、今译、注释、导读等各个部分组成。其中注释是基础。《道德经》在历史上的地位，虽然不像汉武帝以后成为国家意识形态的儒家经典那么显赫，但以它的睿智玄妙，其受读书人喜好的程度，其实不弱于儒典。老庄并称，《庄子》中不少篇章就是对老子书的引申发挥；《韩非子》有《解老》《喻老》篇。这算是最早的。此后河上公注、王弼注，沿承至现代学者，对此短短五千言的解读之作层出不穷，汗牛充栋。

今人做《道德经》导读，当然可以充分利用前人的成果。但如果将各家对照，你会发现见解之纷歧，简直是在老子的一亩三分地上展开了一场混战。所以鲍鹏山能够把注释做得很清爽，实在不是容易的事情。我们看他引用各家之说，不说是炫博吧，至少说得上丰富。但经过严谨的选择，恰当的申说，群贤归座，各言其是，俱有条贯。有时也呈列数家相异之说，分别指其可取之处，也不觉繁乱。

能够这样做，有两个基本的前提。一是相信原书具有内在逻辑性，虽然是散章构成，各章关系也不是很清晰，但是它有比较完整的思想结构。二是作者对全书有完整的认识，并且有明确的价值判断。有了这两条，再加上严谨的工作态度，注释就可以做得清爽，在此基础上写成的“今译”会明白易懂，“导读”会把握要点，脉络流贯，旨趣分明。

《道德经》是玄学的渊薮，阐释其玄理也是这部《导读》工作的重点。而要把玄理说清楚，能够用日常生活经验来理解，又不致把玄理浅薄化，是很不容易的事情。

譬如“道可道，非常道”，鹏山先是用了语言学的概念来说：当你使用概念，你就已经是“能指”，而不是“所指”；你就只能是对“道”的指认，而不是“道”自身。而后又借用了禅宗“指月”的譬喻：你可以用手指去指月亮，但手指不是月亮，在手指上纠缠，就永远不知道月亮是什么。说到这里，应该是很明白了。但还有更精彩的地方。在这本书的导言部分，鹏山说到，道家强调作为世界本原、作为绝对者的道“不可致诘”，就是不可有最终说明，从而就“杜绝了人类中的野心家和原教旨主义者做终极性定义，垄断解释权”。这把道家学说在中国思想史上的一个重要意义说清楚了。我以前读《史记·封禅书》，感觉司马迁对汉武帝自我神化的行为充满讽刺，想到一个熟悉道家学说的人，对世俗之人试图自命为神，自然而然就会忍俊不禁，他不能够不发笑。

这本《〈道德经〉导读》还有一个小小的特点，也值得说一下。《道德经》八十一章，过去的版本都是用数字来分章，没有章名。鹏山仿照

《论语》格式，每一章都取开头数字作为章节的名称。这算是一种新的版式吧。这个改变其实很实用的。我算是读过这本书很多遍，能背的文字也不少，但有时候仍然会想不起某句话在第几章。按照鹏山的方法，看到章名会想起它说什么，这个问题就容易解决了。

先秦诸子百家，要说后来对中国社会影响最大的，应数儒、道、法三家。这三家都讨论过一个共同的问题：建设一个良善的社会，其根本的依据是什么？在儒家看来，是人的德性。如果多数人都成为德性美好的人，社会当然就成为好的社会。我们说“以德治国”，根源就在这里。道家不赞同。他们认为，事物未受外力作用影响的自然状态本身就是充分合理的，人遵循自然天性生活，即使有矛盾冲突也能自行调节，如此达成均衡，造就了和谐的社会。法家不相信人，他们认为人的本性是趋利避害，统治者只要充分利用人的本性，就可以控制人，从而实现自己的意志，造就一个令人满意的社会。这三者各有各的道理。

鲍鹏山耽读诸子，对三家都有关注和评说。我的感觉，鹏山是敬重儒家，喜欢道家，憎厌法家。这跟苏东坡有点像。苏轼曾经说司马迁有两条“大罪”。班固批评司马迁“先黄老后六经，退处士进奸雄”，苏轼说那是小事。“所谓大罪二，则论商鞅、桑弘羊之功也。”其实司马迁也没有对商鞅、桑弘羊说多少好话，但在苏轼看来，他们有功就是罪过，因为这两个法家代表人物乱世害民，又给后人做了坏榜样。王安石一流搞新法的人，就是学他们的。但在中国传统社会中，用得最多的是法家驭人治国之术，所以法家也需要认真研究。

骆玉明

2022年6月于上海

目 录

《道经》导读

《德经》导读

附 录

例 言

一、版本——以王弼本为底本，参校马王堆帛书甲乙本、郭店竹简本、河上公本等诸种本子，择善而从。章节分合也与王弼本基本一致。

二、注释——力避繁琐，务求明白简易。理自不可异处，自然依从前人；势自不可同时，亦申一得之见。注释主要有两种：文字注释，主要是疏通文字；但文字通了读者仍然有不懂，因为其间的逻辑理路隐蔽难寻，所以要逻辑梳理，文脉理顺。《道德经》简略抽象，其逻辑意脉常常隐含深藏，故本书的注释，侧重于后者，这也使得本书的注释文字显得繁重，但这是读懂《道德经》必须经过的一关，也是翻译文字的基础。

为方便普通读者阅读，针对注释中的这一特点，我们在排版上做了一个区分：将字词的注释或翻译置于前，用黑体字；而逻辑梳理、古注引用、对有争议字词的版本差异分析和汰择置于后，用楷体字。普通读者，可以只看前面黑体，跳过注释中的楷体部分，重点看“译文”和“导读”以帮助理解。有一定古文基础的读者可以参看楷体部分注释，帮助疏通逻辑、理顺文脉。

三、译文——主要直译，目的是让读者能逐字逐句和原文对照，以掌握古文特点；直译特别拗口时，也采用意译。力求翻译句子与正文句子一一对应，正文中一句话，翻译时也力求一句话以对应。个别意思跳脱处，翻译也注意补全其逻辑环节。另外，由于《道德经》中很多句子已经成为成语或格言而广为人知，并广泛应用在日常口语和现代白话文的书面文字中，保持原文更显精炼经典，所以，很多这类句子就没有翻译，而是直接用原文，如“上善若水”（八章）、“金玉满堂”（九章）、“被褐怀玉”（七十章）、“治大国，若烹小鲜”（六十章）、“合抱之木，生于毫末；九层之台，起于累土；千里之行，始于足下”（六十四章）。

四、导读——考虑到《道德经》文本的高度抽象和简略，导读部分主要说明、阐释其内涵，并对原义做适当发挥以加深理解且落实到生活实践。不懂有两种：一种是不知道说了些什么，所谓语言上的不懂。对此，我们通过翻译和阐释原义来解决。还有一种是不懂为什么这样说，有什么针对性，逻辑脉络何在。对此类不懂，导读在注释的基础上，注意说明背景、阐明用意、理顺逻辑，并对原义做适当的发挥和展开。

五、成语——《道德经》中的语言表达，不少已成为成语，本书也随时钩沉，以提示学习者注意记忆。

六、正音——本书只对一些生僻字注音。其他字的各种特别读法，请参照与本书同步出版的我与敬鸿章编校的《〈道德经〉正音诵读》（中国青年出版社2022年版）。

鲍鹏山

2021年10月，于上海偏安斋

导　言

一、谁是老子

《道德经》是老子的著作。这句话从一般人的印象讲好像没什么问题，但从学术角度讲，却有太多的问题。

首先，老子是谁？这好像也没有什么问题，司马迁的《史记》有老子的传。但偏偏这个传，有太多的问题。《老子韩非列传》一开始，就这样介绍老子：

> 老子者，楚苦县厉乡曲仁里人也，姓李氏，名耳，字聃，周守藏室之史也。

看起来介绍得非常详细，几乎解决了所有问题：从国到县到乡，乃至哪个村，都讲得清清楚楚。姓李名耳字聃，姓名字也都有了。官职也有了——周守藏室之史。

但是，这一段介绍，不是解决了很多问题，而是引起了很多问题。为什么呢？

第一，苦县是楚国的地名，还是陈国的？厉乡曲仁里，在哪里？又何处考证得来？这类问题因为与老子本人及其思想研究关涉不大，我们且放过。

第二，姓名问题。既然司马迁讲到了他姓李，名耳，字聃，那么我们叫他李耳，或者叫他的字，李聃，就可以了。为什么我们对他不像对其他诸子那样，用他的姓加上一个尊称“子”，称他为“李子”，而是称他为“老子”呢？这个“老”字是从什么地方来的呢？

这是个必须搞清楚的问题。但司马迁竟然没有交代，我们只能猜测了。猜测之一大概是因为他长寿——这其实是司马迁的猜测。司马迁在《老子韩非列传》中说：

> 盖老子百有六十余岁，或言二百余岁，以其修道而养寿也。

司马迁本来是一个非常严谨的思想家，“百家言黄帝，其文不雅训，荐绅先生难言之”（《史记·五帝本纪赞》），对于那些不可理喻、不符合经验的事情，往往都是摈弃不取。可是写到老子的时候，司马迁好像有点眩晕了——这个荐绅先生，其言也不雅训了，连人活到两百岁这样的怪力乱神也敢于胡说了。老子确实是中国历史上最让人眩晕的思想家。

还有一个说法是张守节在《史记正义》里提到的一些传说：

> 李母怀胎八十一载，逍遥李树下，乃割左腋而生。

老子的母亲怀胎八十一载，在一棵李子树下，割开了自己左腋生下了老子。这个说法是要解决两个问题：为什么叫老子——母胎中待了八十一年；为什么姓李——李树下生的。这个更加怪力乱神。但关于老子的说法，没有最怪，只有更怪。在《史记正义》里面，还有另外两个说法：

玄妙玉女梦流星入口而有娠，七十二年而生老子。

又引《上元经》云：

李母昼夜见五色珠，大如弹丸，自天下，因吞之，即有娠。

根据这个说法，老子的母亲叫玄妙玉女，玄妙玉女梦见天上的流星一下子飞到她的口中去了，然后就怀孕了。怀孕了多长时间呢？怀孕了七十二年，这才生下老子。

《史记正义》这三种说法都很荒诞。这样说话，已经不像历史学家了，搞得《史记》都不像“史记”，而像“创世记”了。

还有，老子为什么名耳，字聃呢？《说文》：

聃，耳大垂也。

这倒是好理解，因为古人取名字比较淳朴，往往根据孩子生下来时的一些特征给他取名字。可能是因为老子一生下来耳朵就很大，所以就叫李耳，字聃。

第三，官职问题。司马迁说他是“周守藏室之史也”。“史”是史官，“守藏室”是什么呢？现在很多人说，“守藏室”就是图书馆，这个说法不大准确。因为在那个时代，不可能有我们今天意义上的图书馆。准确的说法应该是周王朝的档案馆。当然，这样的档案馆，肯定会收藏那个时代的图书，但主要的，应该还是政府档案，还有历代史官记事记言记各国报来的列国大事等等。所以，后来班固说，道家“出于史官”，是有道理的。

二、谁写了《道德经》

《道德经》是老子写的吗？我们还是先看看司马迁的说法：

老子修道德，其学以自隐无名为务。居周久之，见周之衰，乃遂去。至关，关令尹喜曰："子将隐矣，强为我著书。"于是老子乃著书上下篇，言道德之意五千余言而去，莫知其所终。

司马迁的说法，戏剧性太强，让我们感觉如果不是碰巧有个尹喜，《道德经》就不能诞生。其实，这也不算奇怪，私人著述，老子之前，勉强可以算得上的只有一部《周易》，所谓"文王拘而演周易"，但即使这种传说是真的，那文王也是王，且是圣王，不是一般的身份。作为孤单个人的匹夫，老子不著书，不算另类，孔子也是"述而不作"的，佛陀、苏格拉底乃至耶稣，都是不著作的。不著作的时代而留下五千言，确实需要一个契机，一个可能戏剧性的场景。

《道德经》到底是谁写的？历史上，尤其是二十世纪二三十年代，大家主要讨论两个问题：第一，谁是《道德经》的作者，《道德经》是否是多人的共同作品？第二，《道德经》是一次成书还是在漫长时间里逐渐成书？

关于《道德经》的作者，有说是战国中后期一个叫作李耳的人，而不是司马迁所说的"楚苦县厉乡曲仁里"的那个老聃。有说是太史儋，就是司马迁的《老子韩非列传》提到的这个人：

或曰：老莱子亦楚人也，著书十五篇，言道家之用，与孔子同时云。……自孔子死之后百二十九年，而史记周太史儋见秦献公……或曰儋即老子，或曰非也，世莫知其然否。老子，隐君子也。

还有人认为是杨朱或庄子的后学。

老实说，这个乱局，司马迁有责任，因为他的《老子韩非列传》确实是写着写着，写出了三个“老子”：老聃、老莱子、太史儋。但不管司马迁怎么恍惚，他是把《道德经》的著作权标注在楚苦县厉乡曲仁里的老子名下的，在没有更多铁证的情况下，我们还是坚持传统的说法，不去节外生枝，逞能骋辩。

还有一种观点，就是《道德经》是从春秋到汉代的漫长年代里由不同时代的人创作、整理、补充和改动而逐渐成形的作品。也就是说，《道德经》并无一个母本，而是大致由不同时期但有相同相似思想和逻辑的不同作者的文字拼凑而成。这种说法不符合一部伟大作品产生的基本规律：我们无法想象《道德经》这样思出尘外、包孕宇宙、有着完整思想体系和逻辑结构的作品，可以由不同作者，尤其是不同时代、不同经历的作者各自的一些片段文字拼凑得出来。而且，《道德经》的精神思想、语言风格，还有押韵规律高度一致、前后一贯，绝不可能由不同人在各自不同的时空孤立完成的片段拼接而成。

同时，《道德经》在被一个天才创作出来以后，也不可能被后人做过重大改动——后人既无唐突圣贤的胆量，也无改动经文并做到思想、语言风格天衣无缝般一致的智慧。而且，成型文本都具有自我保护功能：当一部经典流传开来，被世人广泛阅知，成为公共知识，任何个别人的改动，都会被纠正。今日各种存世文本，包括现有最早的竹简本和帛书本，其内容基本一致，就是明证。个别不一致的地方，可能是错简，也可能是传抄过程中的误植、脱损，或者有少量评注语句混入正文。但即使是误植或混入，也能看出这种误植、混入的文本逻辑和意脉关联。

关于成书时间，有成书于春秋晚期、成书于战国时期（又有早、中、晚之别），甚至成书于西汉（文、景之世）三种说法。

我认为《道德经》成书于春秋晚期的主要依据是充实的：

1.孔子问道求学于老子，不仅《庄子》《文子》《礼记》《吕氏春秋》等道、儒、杂家典籍有记，且汉代的《史记》《说苑》《韩诗外传》《汉书》《白虎通义》及后来的《文心雕龙》《孔子家语》等也有记载，我们无法否认孔子确实去见过一个“周守藏室之史”的老子。

2.《道德经》被春秋后期的叔向、墨子，战国初的魏武侯和颜斶引用过。

3.《道德经》的内容有鲜明的时代色彩，足证其为春秋晚期作品。

相比之下，否定《道德经》成书于春秋晚期的观点主要基于一些文本细节的计较和主观臆断，而文本细节的一些后世语汇和概念等，只能说明后世注释者、传抄者和完善者的个别羼入，不能以此确定全书的成书时代。郭店竹简本《道德经》的出土，使得关于《道德经》成书年代的问题基本得到解决。

《道德经》传世文本众多。被认为较权威的文本主要有王弼本、河上公本、马王堆帛书本和郭店竹简本等。但即使是这些文本也在不少地方互相打架并各有不少错谬，这实际上排除了现存任何文本是老子祖本的可能。所以，做《道德经》导读，选择一个较为通行的版本（历史上影响比较大、有接受史意义的版本），就是比较理性的做法。本书以王弼本为底本，同时在各本对照中，希望校订出最符合老子精神意境和风格的文字。

三、何为道

司马谈《论六家要旨》这样说道德家：

道家无为，又曰无不为，其实易行，其辞难知。其术以虚无为本，以因循为用。无成势，无常形，故能究万物之情。不为物先，不为物后，故能为万物主。有法无法，因时为业；有度无度，因物与合。故曰："圣人不朽，时变是守。虚者道之常也，因者君之纲也。"

这是讲道家思想的特点。

道，是我们试图对纷纭的世相做出规律性、源起性、构成性和运作性的总体解释。道，是我人于无量岁月的懵懂中终于感知到的一个绝对者的存在。这种感知，既非源于理性，亦非源于感性，它是由心理能力和情感能力的聚焦而获得的瞬间能量升华，并由这种能量之光瞬间照彻黑暗而得到的惊鸿一瞥所窥见的奇迹，并由此获得理性的强烈确认和感情的强烈认同、皈依、膜拜和尊崇。

道是什么？

第一，道不是造物主——道造物而不为主。

"道不是造物主"这句话的意思，并非说道不造物，恰恰相反，"道生一，一生二，二生三，三生万物"（四十二章），"道生之，德畜之，物形之，势成之。是以万物莫不尊道而贵德……故道生之，德畜之，长之育之，亭之毒之，养之覆之"（五十一章），明确说出了"万物生于道"的观点。但道虽造物（生物）却不主宰万物，"生而不有，为而不恃，长而不宰，是谓玄德"（五十一章）。所以，我们说"道造物而不为主"。

老子对道的描述里，有一个很重要的词："无"。因为道无自我、无形体、无意志、无目的，所以，也无名。无意志的造物者，何以能够成为主？道只是"无目的的合目的"。

但道又是"有"：有精，有信，有物，有为。现在不少人认为道无为，这是不对的，无为只是其为的方式，是无目的、无意志、无我的为。《道德经》明确说道"为而不恃"，焉能说道"无为"？还有如

“不争而善胜”——不争是表现，善胜是结果；“疏而不失”——疏是形态，不失是功能。

道为何造物而不为主？

道有为，但却是以“无为而无以为”（三十八章）的方式出现的。它的“天道无亲，常与善人”（七十九章），“天之所恶，孰知其故？天之道，不争而善胜，不言而善应，不召而自来，绰然而善谋。天网恢恢，疏而不失”（七十三章），“天之道，其犹张弓欤？高者抑之，下者举之；有余者损之，不足者补之。天之道，损有余而补不足”（七十七章），“天将救之，以慈卫之”（六十七章），“天之道，利而不害”（八十一章），如是等等，可以看出，道是有为的，是有功能的，是与人事相应的，但是，这一切，又都并非有意志、有目标、有意识去“为”，只是道之规律如此，自然如此，所以，道有为而无人格，造物而不为主。

第二，道是绝对者，无限者——道绝对而不为神。

绝对者的特点是唯一性、终极性和最高性。但老子的道，绝对而不专断真理，不专断道路。所以，道绝对而不为神。

道能否成为一神教中的神？我的观点，道不是造物主，不可能成为一神教的神。道有神功，却无神体，不可具象，无形无状，无声无息，无体无象，所以，无法人格化。不可具象者，即不可人格化；不可人格化，即不可成为神。道造物，是任由万物自性自成，它只是顺应自然“长之育之，亭之毒之，养之覆之”。这就是道有如此造就宇宙万物之功，却又不被承认是造物主的原因。

第三，道是终极回答，却不是终极答案——道是问题不是解答。

其实，从逻辑上说，终极性或极限性，其实就暗含着有限的人类永远无法到达和彻底把握。“视之不见，名曰夷；听之不闻，名曰希；搏之不得，名曰微。此三者不可致诘，故混而为一。”（十四章）而这，恰恰给人类自身的判断留下空间，给良知留下用武之地。“不可致诘”，就是不可有最终说明，从而杜绝了人类中的野心家和原教旨主义者做终极性定义，垄断解释权。终极性的本质，即永无终极（这一点，道家的道，有点像儒家的至善）。

道冲，而用之或不盈。渊兮，似万物之宗。……湛兮，似或存。吾不知谁之子，象帝之先。（四章）

道之为物，惟恍惟惚。惚兮恍兮，其中有象；恍兮惚兮，其中有物。窈兮冥兮，其中有精；其精甚真，其中有信。（二十一章）

有物混成，先天地生。寂兮寥兮，独立而不改，周行而不殆，可以为天地母。吾不知其名，强字之曰“道”，强为之名曰“大”。（二十五章）

这样疑惑不定的表达，勉强给予的定义，老子在显示，就是他，“道”之发现者和定义者，也不能说做到对道之绝对把握和终极表达，道永远是一个开放的思想（动词）原点和话头。道是逻辑，而不是结论。简言之，道是“问题”，而不是答案。我们面对道，就是面对问题，思考问题，而不是面对一个最终的答案或真相。老子提出“道”，也不是为了终结问题而给出一个答案。道是我们对“万物之奥”（六十二章）的回答，但却不是“万物之奥”的答案。回答可以众声喧哗，但没有谁可以垄断答案。从这个意义上，我们说，“道是问题不是解答”。

老子也许试图给出一个答案，但是老子没有办法对“道”做内涵和外延的确定，所以，老子认识到这个世界一定有一个最终的因，一个最终的动力，一个终极性的解释。但是这个最终的因、动力和解释到底是什么？老子说是“道”，但对“道”的解释是开放的，老子没有垄断答案。不垄断答案，既是他的无奈，也是他的良知。老子肯定意识到了，对于道，绝不可以有一个垄断性的回答。他开放这个答案和回答的机会给所有的人，实际上，也就是他拒绝了任何一个人成为最终解释者的可能。

拒绝有终极性的回答，其实正是“绝对性”的必然要求：人类不可终结其答案。

> 绳绳兮不可名。（十四章）

> 古之善为士者，微妙玄通，深不可识。夫唯不可识，故强为之容……（十五章）

> 天下神器，不可为也，不可执也。（二十九章）

> 道之出口，淡乎其无味。视之不足见，听之不足闻，用之不可既。（三十五章）

> 不可得而亲，不可得而疏；不可得而利，不可得而害；不可得而贵，不可得而贱。（五十六章）

老子的诸多“不可”句子的表达，就是对人类可能要对道做出绝对化解释的拒绝——绝对者的高峻和威严，就是其不可绝对解释，其绝对高峻就体现在你可以不断攀援却不可终极攀登。人间无能也无权对道做出终结性解答，这是道之绝对化的必然要求。

第四，道不为神却杜绝了封神。道自身不是一神教中的神，但道却是唯一的、至高无上的，其伟大意义在于杜绝了一切现实中的侯王的自我封神。道之革命性，即是使王在道下。由此，“王道”不是“王之道”，而是“道之王”，因道成王——“天得一以清，地得一以宁，神得一以灵，谷得一以盈，万物得一以生，侯王得一以为天下正”（三十九章）。“王道”这个至高无上的文化概念的正确解释，是“王载道”，而不是“王之道”，人间不存在“王之道”，只有“道之王”。王的有限性注定了它不可能产生无限的道，恰恰相反，只有无限的道才能产生万物包括人间之王。所以，王本身就是道的产物，无道即非王。“王之道”预示着王对人类的奴役；而“道之王”则预示着道对王的制约，从而使人类自由。“王之道”，王与道合一，王体道用，政教合一，体用不二；“道之王”，王与道分离，政教分离，体用两分。所以，只有体用两分，王才可以被取代、被替代，人间才可能有革命。老子来了，尧舜禹汤文武周公等“王”就去了，孔子就来了，孟子就来了。老子的“道”来了，孔子的“道”就来了。孔子来了，作为一介匹夫而成为“圣人”，就实现了“政教分离”，尧舜禹汤文武周公世俗之王的“道”之冠冕，加到孔子头上，老子之“道”是其前驱，使其成为可能。而孟子之“贼仁者谓之贼，贼义者谓之残。残贼之人谓之一夫。闻诛一夫纣矣，未闻弑君也”（《孟子·梁惠王下》），如此浩然正气之言，或言之浩然正气，就是来自老子的超越性的道：道不是世俗之王的护身符，恰恰相反，世俗之王必须是道的护法。如此，我们就可以更好地理解孔子这句话：“人能弘道，非道弘人。”（《论语·卫灵公》）

第五，道在万物之“中”，不在万物之上。并且，这个“中”的意思，是指万物自身，不是万物自身里面有个道，而是万物自身即是道。道是万物之所以生成以及万物之构成规律。所以道不是独立于万物之外，这也是“道生万物而不为主”的原因之一。道就此成为万物之德，而不是万物之主，是万物之本质，而不是万物之外之主宰。

四、何为德

既然万物自身即是道，道就是万物之德，我们也就可以解释何为“道德”之“德”。德者，道之分别具形为万物者也。德就是道，是生就个体的道，是呈现于个体的道，是众子之道；而道，是天下母体的德。母体之德为道，个体之道为德。德是具象具形具质的道；道是无形无声无息的德。万物之同者，道也；万物之别者，德也。王弼云：“德者，得也。”得何也？得道也。德就是一物对道之获得，一物因得道而成德，因成德而得以为一物。《管子·心术上》：“德者道之舍，物得以生，生得以职道之精。故德者，得也。得也者，其谓所得以然也。以无为之谓道，舍之之谓德。”《韩非子·解老》：“德者，道之功。”

《道德经》中，“道”字有七十多个，“德”字有四十多个，但有时候，“德”字解释为“道”，也无可无不可。比如二十八章这几句：

> 知其雄，守其雌，为天下谿。为天下谿，常德不离，复归于婴儿。
>
> 知其白，（守其黑，为天下式。为天下式，常德不忒，复归于无极。知其荣，）守其辱，为天下谷。为天下谷，常德乃足，复归于朴。

“常德”是什么？“常德”就是一物所蕴的道，就是一物同于万物的道，因其同于万物，故曰“常德”。

还有如三十八章的“上德不德……上德无为而无以为”之“上德”，五十一章“是谓玄德”之“玄德”，解释为“道”也无不可。其实，从功用的角度看，德与道确实常常相同，区别只在于本体：道之本体为“无”，无形无状，无声无息，无名无姓，无始无终，无内无外，无所不在而不可期指；但德之本体为“有”，如蝼蚁、稊稗、瓦甓、屎溺，有形有质，有名有姓，有内涵外延之分界，有时间空间之区隔，可以期而后可。还有，老子在讲道时，是在讲天下“达道”，达道者，人所共行也；讲德时，是在讲个人所要遵行，尤其是侯王需要遵行之“达德”，达德者，人所必具也。

五、自然与政治

值得一提的，是《道德经》中的“自然”这个概念。这个词，在《道德经》中出现了四次：

> 功成事遂，百姓皆谓：“我自然。”（十七章）
>
> 希言，自然。（二十三章）
>
> 人法地，地法天，天法道，道法自然。（二十五章）
>
> 道之尊，德之贵，夫莫之命而常自然。（五十一章）

“自然”一词的本义，即是“自己而然”（有主体意志）和“自然而然”（无主体意志）：从“自己而然”的角度说，就是“功成事遂，百姓皆谓：‘我自然’”和“希言，自然”；从“自然而然”的角度说，就是“道法自然”和“莫之命而常自然”。“自然”一词，后来演变为与人类社会及其生活构成对应的自然界及其生态的表述，就是取的“自己而然”和“自然而然”的意思。

“自己而然”，指的是人类生活，尤其是人类的个体生活无须打扰和干预，个体的人，比如老百姓，有愿力、有能力过好自己的生活，并维护好自己的德性——这是“无为”的第一义。

“自然而然”，指的是万事万物，有其自身逻辑和发生发展规律，人类行为必须尊重、遵循、顺应和促成这些逻辑、规律的形成和运作，而不是自作主张，自以为是，强行人为干预和扭曲——这是“无为”的第二义。

老子强调“自然”，是其“无为”主张之必然结论，但其直接指向，是针对“政治”。

“自然”的根本要义是“无为”，“无为”的针对对象可以是一般人面对人生一般事务，而成为老子人生哲学之纲。但老子的根本所针对，还是统治者，所以，“自然”这个概念的意义，就是剥夺统治者之妄作权，剔除公共事务中政治人物个人意志和欲望的干扰。

如果我们从“自然”的“无为”要义出发，我们可以这样说：老子的“政治”哲学，其实是“自治”哲学——一字之差，要的就是“自然”之治，反对的就是“政权”之治。

第十章：

> 爱民治国，能无为乎？

《论语·卫灵公》：“子曰：‘无为而治者，其舜也与？夫何为哉？恭己正南面而已矣。’”可以作为《道德经》这句话的注脚。恭己者，正己也，修身也，以身作则以示范也。正南面，即是“垂拱而治”。

第十七章：

> 太上，不知有之；其次，亲而誉之；其次，畏之；其次，侮之。
>
> 信不足焉，有不信焉。悠兮，其贵言。功成事遂，百姓皆谓：“我自然。”

“不知有之”亦作“下知有之”，“下知有之”的意思是，百姓也知道有这么一个君主在，却不见其有何作为，这即是有主体而无功能作为，其结果，就是“不知有之”或仅知有之。这一段话里，“不知有之”者，道也，德也；“亲而誉之”者，仁也；“畏之”者，礼也；“侮之”者，忠信之薄而乱之首也。最好的政治，是“让人忘”的政治；其次，是“让人爱”的政治；再次，是“让人怕”的政治；最后，是“让人侮”的政治。

——这一点，就是道家和法家的区别。韩非其实是从老子开始反向思考，而得出法家的那种惨礉少恩的“让人怕”的政治理念。

第三十二章：

> 道：常，无名，朴。虽小，天下莫能臣。侯王若能守之，万物将自宾。天地相合，以降甘露，民莫之令而自均。

第三十七章：

> 道常无为而无不为。侯王若能守之，万物将自化。化而欲作，吾将镇之以无名之朴。
>
> 无名之朴，夫亦将不欲。不欲以静，天下将自正。

老子相信宇宙有其自我的秩序，如无人类之干预，“万物将自宾”“万物将自化”“天下将自正”。老子更相信人民的道德自觉，由此相信人民能够实现自我管理，社会也因为人民的自具理性和德性而能自治：“民莫之令而自均。”

第五十七章：

天下多忌讳，而民弥贫；人多利器，国家滋昏；人多伎巧，奇物滋起；法令滋彰，盗贼多有。

故圣人云："我无为，而民自化；我好静，而民自正；我无事，而民自富；我无欲，而民自朴。"

干预越多，社会越乱。"政治"越多，而民弥贫；"政策"越繁，国家滋昏；法令越多，盗贼多有。

自化、自正、自富、自朴——四个"自"，都是"自己"的意思：人民其实根本不需要圣人（老子的圣人一般指统治者），不需要什么"政治"。或者说，最好的"政治"，就是保护人民的"自治"，而不是越俎代庖。

第五十八章：

其政闷闷，其民淳淳；其政察察，其民缺缺。

……

是以圣人方而不割，廉而不刿，直而不肆，光而不耀。

这是对比：闷闷而囫囵的政治，反而养育淳朴敦厚的人民。苛察细密的政治，自然造就斤斤计较的刁民。这是说什么？是说"政治"越少，人民越好。

第七十二章：

民不畏威，则大威至。

无狎其所居，无厌其所生。夫唯不厌，是以不厌。

当人民不惧怕政治了，政治的最大威权就建立了。也许换个说法更好：最大的威权，是让人民不感到威压。无有威压的权威，才是被人民真心拥抱和服膺的权威。于是，就有了下面两章：

第七十四章：

民不畏死，奈何以死惧之？若使民常畏死，而为奇者，吾得执而杀之，孰敢？

常有司杀者杀。夫代司杀者杀，是谓代大匠斫。夫代大匠斫者，希有不伤其手矣。

第七十五章：

民之饥，以其上食税之多，是以饥。

民之难治，以其上之有为，是以难治。

民之轻死，以其上求生之厚，是以轻死。

夫唯无以生为者，是贤于贵生。

这两章是对统治者政治行为的斥责和警告。司杀者，就是天道。其实人命本身就是天道，只有天道可以决定人命，人只有违背天道，天道才假手人间法律而杀之。统治者以自己反复无常的性情和为维护自己的利益而杀人，都是“代司杀者杀”，这是直接取代天道。

这两章还是对统治者“政治”“政策”真实动机的揭露。他们所有的“政治”行为和措施，不过是要满足自己的“求生之厚”罢了。这是后来黄宗羲《原君》的先声：

后之为人君者……使天下之人，不敢自私，不敢自利，以我之大私为天下之大公。始而惭焉，久而安焉。视天下为莫大之产业，传之子孙，受享无穷……以君为主，天下为客，凡天下之无地而得安宁者，为君也。是以其未得之也，屠毒天下之肝脑，离散天下之子女，以博我一人之产业，曾不惨然。曰："我固为子孙创业也。"其既得之也，敲剥天下之骨髓，离散天下之子女，以奉我一人之淫乐，视为当然。曰："此我产业之花息也。"然则，为天下之大害者，君而已矣。向使无君，人各得自私也，人各得自利也。

上引诸章，都是明确反对"政治"而主张"自治"的。而第八十章则几乎是对人类政治史、文明史的否定，并以"小国寡民"的主张，彻底抽空"政治"的现实基础：

小国寡民。

使有什伯人之器而不用，使民重死而不远徙。虽有舟舆，无所乘之；虽有甲兵，无所陈之。使民复结绳而用之。

甘其食，美其服，安其居，乐其俗。邻国相望，鸡犬之声相闻，民至老死不相往来。

如此"小国寡民"，什伯人之器都不用了，舟舆不通，甲兵不陈，岂不就是"天下无君"！天下无君，则天下无贼，无庄子所云之"窃国大盗"！

班固《汉书·艺文志》这样说道家：

道家者流，盖出于史官。历记成败、存亡、祸福、古今之道。然后知秉要执本，清虚以自守，卑弱以自持，君人南面之术也。

说道家"出于史官"，应该是一个不错的判断。道家思想确实从人事的成败、存亡、祸福、古今，延伸到自然界，从伦理到物理，给出一个“道德”的概念，以名天地之始、万物之母，更以此倡导一种“无为”的自谦自抑的政治品格。

六、“反的逻辑”与人生哲学

老子讲“物极必反”，讲循环往复：“周行而不殆。”（二十五章）“周行”即是循环运行，“不殆”即是永无止歇。“大曰逝，逝曰远，远曰反”（二十五章），而“反者道之动”（四十章）。“万物并作，吾以观复。夫物芸芸，各复归其根。”（十六章）

讲相辅相成、相反相成、相互转化：“有无相生，难易相成，长短相形，高下相盈，音声相和，前后相随。”（二章）“曲则全，枉则直，洼则盈，敝则新，少则得，多则惑。”（二十二章）“物或损之而益，或益之而损。”（四十二章）“祸兮，福之所倚；福兮，祸之所伏。”（五十八章）形成了老子非常突出的否定性思维和“反的逻辑”（关于否定性思维，参见本书第三章导读），而关于老子的“反的逻辑”，韦政通先生说：

> 他最善用“吊诡”的语言，所谓“正言若反”，严灵峰先生称之为“反”的逻辑，他说：“在一般传统的形式逻辑中，命题的公式是‘甲’是‘甲’，或‘甲’非‘非甲’。而老子却不然，他的公式是‘甲’是‘非甲’。”[1]他举的例子是：明道若昧，进道若退，夷道若颣，上德若谷，广德若不足，质真若渝，大白若辱，大方无隅，大器晚成，大音希声，大象无形，大成若缺，大盈若冲，大直若

1　原文注：严灵峰《老子达解》，页三八八，一九七一年，艺文印书馆。

> 屈，大巧若拙，大辩若讷，无为而无不为。
>
> 这类的例子还很多，如“守柔曰强”；“以其终不自大，故能成其大”；“惟不争，故天下莫能与之争”；“欲先民，必以身后之”；“夫唯弗居，是以不去”等。这种吊诡式的句子《老子》里俯拾即是。[1]

韦政通接着说：“柔与强、成与缺、盈与冲、直与屈、巧与拙、辩与讷、无为与有为等等，在一般的逻辑里是相反的。柔就不是强，成就不是缺，盈就不是冲，直就不是屈。老子为什么偏要违拗常识，抛弃一般通行的规则，而提出一套所谓反的逻辑来表达他的思想呢？这种乖异的表达方式对他的思想本质是否必要呢？”他的答案是：

> 老子深知人类所了解的世界，只是一个由一定语意和语法所构造的世界。你想改造它，使人有一种新的向往，必须先改变他们对世界的认识。反的逻辑就具备这样的功能，使我们平日根据一般语法所把握的意义顿时失其所依。出世的佛教，为了证明现实世界不值得留恋，不值得执着，曾透过一套特殊的语言主张去我执、去法执，要人认清我们生活的世界不过是一个假相，是一个幻化无常的世界。老子的吊诡语言，也有类似的作用，不过他不主张出世，他向往的是一个不须心智造作，不须意志挣扎，而能符合自然的生活。前引“正言若反”的例句中，所谓明道、进道、上德、大成、大盈、大直、大巧、大辩，都是现实世界所特别重视、特别追求的。要达到这些目标，必须经由心智的造作和意志的挣扎。这是老子所反对的。透过反的表达的方式，他所反对的反面是昧、退、谷、缺、冲、屈、拙、讷，这是老子所特别重视、特别追求的，因

1 韦政通：《中国思想史》上，上海：上海书店出版社，2003年，第97—98页。

为它们接近自然。[1]

老子特别推崇柔弱。既然人类现行价值体系里面，积极的主动的东西都需要“心智的造作和意志的挣扎”，则无造作和挣扎的原生状态，就是消极而安静、被动的，从而呈现出一种“柔弱”的状态和“守弱”的心态。但这种柔弱，在老子看来，却是最为强大、战无不胜的力量，“柔弱胜刚强”（三十六章）也成为老子人生哲学之纲。

上善若水。水善利万物而不争，处众人之所恶，故几于道。（八章）

人之生也柔弱，其死也坚强；草木之生也柔脆，其死也枯槁。故坚强者死之徒，柔弱者生之徒。

是以兵强则灭，木强则折。坚强处下，柔弱处上。（七十六章）

天下莫柔弱于水，而攻坚强者莫之能胜，以其无以易之。

弱之胜强，柔之胜刚，天下莫不知，莫能行。（七十八章）

他的结论是：“天下之至柔，驰骋天下之至坚。”（四十三章）“柔弱胜刚强”既是他看到的所在皆是的事实，更是他所提倡的价值。

反者道之动，弱者道之用。（四十章）

我有三宝，持而保之：一曰慈，二曰俭，三曰不敢为天下先。（六十七章）

1 韦政通：《中国思想史》上，第98页。

勇于敢则杀，勇于不敢则活。(七十三章)

班固说道家“清虚以自守，卑弱以自持”，固然是“君人南面之术”，也成为道家提倡的一般人面对诸多人生场景时的正确姿态。

《道经》导读

第一章　道可道

道可道，非常道[1]；名可名，非常名[2]。

无，名天地之始；有，名万物之母[3]。

故，常无，欲以观其妙；常有，欲以观其徼[4]。

此两者，同出而异名[5]，同谓之玄[6]。玄之又玄，众妙之门[7]。

今译

道可以用言辞表达，但言辞不是恒道本身；概念可以用文辞表述，但用来表述道的文辞不是事物自身。

无，用以指称天地的开始；有，用以指称万物的本原。

因此，恒常之无（物形成的形而上动因），我们以此观照道的微妙；恒常之有（物呈现的形而下形象），我们以此观照道的端倪（而不是通过文辞的“有”与“无”）。

“恒常之无”与“恒常之有”，这二者来源相同而名称相异，同称之为“玄”。玄妙而又玄妙，是宇宙万物奥妙的根源。

注释

1　道可道，非常道：第一个“道”是名词，本义是“道路”，老子用为宇宙形成的原初动因，宇宙的本体、本原和本质，又引申为宇宙万物的原理、原则、规律等，是老子对世界纷繁现象的高度概括和抽象，是《道德经》中的最高概念。第二个“道”是动词，解说、表述的意思，指对“道”的表达。非常道：不是恒常之道。帛书甲乙本“常”俱作“恒”，盖因汉代避孝文帝刘恒的讳而改为“常”，故其义当以“恒”解。下文“常名”“常有”“常无”之“常”，也是“恒”字避讳而改。

王弼：“可道之道，可名之名，指事造形，非其常也。故不可道，不可名也。”苏辙《道德真经注》：“道不可道，而况可得而名之乎?”范应元《老子道德经古本集注》：“惟常久自然之道，为万物之母，而无形，故不可道，不可名也。”

2 名可名，非常名：第一个“名”是名词，指事物的概念。第二个“名”是动词，是对概念的说明和称谓。《论语·子路》中孔子和子路说的“正名”，也是有感于对概念的指称往往与概念本身有差异。

前面这两句，第二个“道”与第二个“名”，都是指语言和文辞，是“能指”（表示具体事物或抽象概念的语言符号），第一个“道”与“名”则是“所指”（语言符号所表示的具体事物或抽象概念）。“能指”只是我们用以表达“所指”的工具，并非“所指”本身，双方有着内涵外延上的不可弥合的差异。所以，老子要我们不要执着于人类的文字和表达，要回归“物自身”。

3 无，名天地之始；有，名万物之母：用“无”这个概念指称天地的开始；用“有”这个概念指称万物的本原。“无”“有”都是指“道”：无，是“道”的抽象形式；有，是“道”的具象呈现。“有”“无”，是老子非常重要的哲学概念。

按：此句也可以断句为“无名，天地之始；有名，万物之母”，则意思是：天地开始时，尚无万物，因而无名；等到万物的母亲生出万物时，为了区分，就有了名。

4 常无，欲以观其妙；常有，欲以观其徼：通过恒常之无，以观照“道”的微妙；通过恒常之有，以观照“道”的端倪。妙：微妙。徼：边际、边界，引申为端倪、缘起。

王安石《老子注》："道之本出于无，故常无，所以自观其妙；道之用常归于有，故常有，得以自观其徼。"苏辙《道德真经注》："圣人体道以为天下用，入于众有而常无，将以观其妙也；体其至无而常有，将以观其徼也。"

按：此句还有一种断句："常无欲，以观其妙；常有欲，以观其徼。"如是，则可以理解为：在无欲无求的时候，才能看到道之妙；有了欲望，看到的都是人的需求。"徼"的意思是"求"（蒋锡昌）。

5　同出：同一来源。

6　玄：幽深渺远，至远至深。

苏辙《道德真经注》："凡远而无所至极者，其色必玄，故老子常以玄寄极也。"范应元《老子道德经古本集注》："玄者，深远而不可分别之义。"吴澄《道德真经注》："玄者，幽昧不可测知之意。"

7　众妙之门：宇宙万物一切奥妙的门径。门：此处指来源，初始和门径。

导读

《道德经》第一章，老子便讲"道"。"道"是老子的重要概念，用以指称宇宙万物、人间万象的起源和规律。

而老子又告诉我们：人类的言辞和文字、概念等等，不足以涵盖"道"的全部内涵。或者说，老子告诉我们：当我们用"道"和"名"来指称那个世间万物的缘起和规律的时候，我们其实没有把握住我们要说的那个东西。"道""名"这两个概念所指称的东西，需要我们用心去体会，而不是用文字去把握。

我们都是"道"的产物。但是，以"无"的形式存在的"道"，超越任何一个具体的个体的"有"。而任何一个个体的具体的"有"——你触目所见的任一事物，包括我们自身，都来源于"道"，都是"道"

的具体呈现，都包含着“道”的内涵和规律。

当人们说“道，可道”的时候，此时人们已经用自己有限的认知，为它命了一个名——“道”，不光如此，还尝试用语言把它描述出来。但任何有限的说明，都“言者，有不言也”，当你开口，当你描述，当你使用概念，就已经是“能指”，而不是“所指”，就只能是对“道”的指认，而不是“道”自身。这是哲学和语言的逻辑困境：没有描述和指认，就没有（看不到）“所指”；但一旦有了作为“能指”的描述和指认，你就常常迷失于“能指”而疏离悬隔了“所指”。这就如同我们不用手指指着月亮，我们发出“月”这个音节，并不能让牙牙学语的孩子知道我们在说什么；但孩子如果专注于“能指”的手指，就看不到“所指”的月亮。手指不是月亮，在手指上纠缠，就永远不知道月亮是什么。

同样，“月”这个概念，就是“名可名”的后一个“名”，意思是：月（本体）确实可以给它一个称谓，这个称谓就叫“月”，但是，作为称谓的“月”，这个概念，这个汉字的词，不是天上那个真实的本体月亮。

我们来看看庄子如何解说这一逻辑困境。《庄子·知北游》：

> 无始曰：“道不可闻，闻而非也；道不可见，见而非也；道不可言，言而非也。知形形之不形乎！道不当名。”

“形形之不形”，因为给万物赋形之物自身无形；“道不当名”，因为一名即非道。但不名，又如何指称它？

> 无始曰：“有问道而应之者，不知道也。虽问道者，亦未闻道。道无问，问无应。无问问之，是问穷也；无应应之，是无内也。以无内待问穷，若是者，外不观乎宇宙，内不知乎大初，是以不过乎

昆仑，不游乎太虚。”

“道”不能问，问也不能答。因为无论是问还是答，都是通过语言来“道”和“名”。但不问也不答，又如何对“道”进行传达?

这一切，真是玄之又玄，端赖你内心去体悟。其门径，就是超越语言，用内心直接去感知物自身。

链接　四十章

成语　同出异名　玄之又玄　众妙之门

第二章　天下皆知

天下皆知美之为美，斯恶已[1]；皆知善之为善，斯不善已。故有无相生，难易相成，长短相形，高下相盈[2]，音声相和[3]，前后相随。

是以圣人处无为之事[4]，行不言之教[5]。万物作而不为始[6]，生而不有[7]，为而不恃[8]，功成而弗居[9]。夫唯弗居，是以不去[10]。

今译

天下人若都知道美的东西为什么美，丑就现形了；若都知道善的行为为什么善，不善也就显露了。因此有和无相生，难和易相成，长和短相形，高和下相呈，音与声相和，前和后相随。

圣人居处无为的事业，施行无言的教化。万物随其自然兴起而不强行肇始，生养万物而不占有万物，维护万物而不凭凌万物，功成业就而不自居其功。因为不居功，所以不离功。

注释

1　斯恶已：斯：则，就。恶：非道德意义上的“恶”，而是审美意义上的“丑”。已：同“矣”，苏辙本作“矣”。

吴澄：“美恶善不善之名，相因而有。”这是一种理解。陈鼓应则认为，美的观念一旦确立，丑的观念也相应产生。这是第二种理解。但我们也可以理解为：当人们知道何者为美，则不美（丑）的东西也就无所遁形。译文从之。

按：此二句还可以理解为美丑的标准一旦固定而必须遵从，则形成对自由意志的压制和丰富世界的单一化。如是，“天下皆知美之为美，斯恶已”，是反对美只有一个标准、一个答案，则可以翻译为：如果美有一个刻板的标准并且以此扼杀其他美的类型和对美的欣赏，要求“天下皆知”，就是一种丑恶。“皆知善之为善，斯不善已”的理解和翻译依此。儒家强调美善必须有一个社会标准和伦理规定，道家则认为美善的感觉出于个人自由意志。在老子看来，美和善，都是人的主观评价，属于价值判断，而价值判断并不是自然之道——在自然之道里，只有事实，无有价值。张松如《老子校读》：“美是人的感情观照，善是人的道德标准。此二者‘人也，非天也’，是人为的，破坏自然的，所以都是非恒名，因而也是非恒道。对道来说，乃是恶，是不善，亦即是丑，是恶。”

2　相生：相互依存、生发。相成：互相成就、作成。形：王弼本作“较”。河上公本、傅奕本及其他古本都作“形”。毕沅说：“古无‘较’字。本文以‘形’‘倾’为韵，不应作‘较’。”此处用毕说。相形：互为对照而现形。盈：通行本作“倾”，帛书甲乙本作“盈”，乃汉人避汉惠帝刘盈讳而改。帛书本《老子》整理者认为：盈，是“呈”或“逞”的通假，意为“呈现”。是。

苏辙：“天下以形名言美恶，其所谓美且善者，岂信美且善哉？彼不知有无、难易、长短、高下、声音、前后之相生相夺，皆非其正也。方且自以为长，而有长于我者临之，斯则短矣。方且自以为前，而有前于我者先之，斯则后矣。苟从其所美而信之，则失之远矣。”

3　音声：声而有序、有节奏，即是音。

《礼记·乐记》：“声成文谓之音。”《史记集解·乐书》引郑玄之言：“宫商角徵羽杂比曰音，单出曰声。”

4 是以：高亨《老子正诂》以为这两字是“疑后人所加”。他认为：“本章此前八句，为老子之相对论，此后八句，为老子之政治论。文意截然不相联，本无‘是以’二字，明矣。”是。译文这两字不译。

圣人：大智慧之人。老子道家的“圣人”与孔子儒家的“圣人”不同：儒家的“圣人”侧重社会伦常，道家的“圣人”侧重洞悉自然大化。

处：帛书甲乙本“处”作“居”，居：处，住。则此“处”不当解作“处置”“处理”，而当解作“居处”。

无为之事：自然之事，不人为生事。

5 不言之教：无须言说的教化。

《论语·阳货》：子曰：“予欲无言。”子贡曰：“子如不言，则小子何述焉？”子曰：“天何言哉？四时行焉，百物生焉。天何言哉？”苏辙：“当事而为，无为之之心；当教而言，无言之之意。”

6 作：兴起。始：开创，肇始。

王弼本此句为“万物作焉而不辞”，据易顺鼎等注家考证，“辞”系古文“始”的异读。此句与六十七章“不敢为天下先”意思相同。故据帛书本、竹简本、傅奕本将其校定为“始”。

7 有：占有，拥有。

《说文》：“有，不宜有也。”段玉裁注：“谓本是不当有而有之称。”

8 恃：依赖，倚仗。

9 居：占据，贪恋。

王弼：“因物而用，功自彼成，故不居也。”

10 不去：不会失去。

王弼：“使功在己，则功不可久也。”苏辙：“圣人居于贫贱而无贫贱之忧，居于富贵而无富贵之累，此所谓不居也。我且不居，彼尚何从去哉？此则居之至也。”

导读

本章分两层。第一层八句，讲万物相因相依，而人对于物的观念也并非截然分明，而是互相依托。苏辙说："天下以形名言美恶，其所谓美且善者，岂信美且善哉？彼不知有无、难易、长短、高下、声音、前后之相生相夺，皆非其正也。方且自以为长，而有长于我者临之，斯则短矣。方且自以为前，而有前于我者先之，斯则后矣。苟从其所美而信之，则失之远矣。"老子以此要我们不执着于色相，不执着于是非美丑，而要看到它们之间的依存和转化。这实际上是老子在教我们一种世界观。世界观者，如何观世界也。

第二层，老子讲"圣人"（也就是合乎道德的统治者）的谦卑退让。老子为什么要说"圣人"的谦卑呢？因为当世的统治者不谦卑而自大、狂妄、妄为，老子要给他们一个正面的榜样。老子一再要统治者无为，是因为人的局限性。这看起来与第一层了不相关，如高亨所说的"文意截然不相联"，其实，在逻辑上，二者是相通的：我们不能执着于自己成见，就是因为我们的认知有局限。这种局限，有似于盲人之于大象：执着于局限的认知，就无法认知到大象的全体。因为人的局限性的存在，人的观念也一定是狭隘、偏执而偏离"真象"的，而建立在偏执认知基础上的所有人类作为，都是自以为是且危险的。但问题是，人的认知局限，本身包含着不能认知到自己认知的局限，从而自信、自大、狂妄，恣意妄为。人一旦恣意妄为，想要争抢"自然"的功劳，就往往会产生相反的后果，破坏"自然"的长久。所以最好的办法就是，顺应自然之道，不妄言，不妄为。老子的无为，不是一切不做，也不是任自己恣意行事，而是按照规律，顺应自然做事。既是不按自己的意，当然也就不会为了营私，而是一依天地自然来做事。如此做事，其实是把自己当成了天地自然的力量，而不再是自己的力量和主张，所以，做出来的事，也就是"无为"——没有自己人力和人欲的痕迹。

链接 十七章；二十三章；四十三章；五十六章；五十七章；六十七章；七十二章；七十三章；七十七章

成语 有无相生 难易相成 无为之治 不言之教 生而不有 为而不恃 功成不居

第三章　不尚贤

不尚贤[1]，使民不争；不贵难得之货[2]，使民不为盗；不见可欲[3]，使民心不乱[4]。

是以圣人之治，虚其心[5]，实其腹[6]；弱其志[7]，强其骨[8]。常使民无知无欲[9]，使夫智者不敢为也[10]。为无为，则无不治[11]。

今译

不推崇贤能，以使人民不起竞争；不抬贵稀有之物，以使人民不做偷盗之事；不展示能引起贪欲的东西，以使人民心意不乱。

所以圣人对天下的治理，是空虚人的心志，充实人的肠胃；削弱人的意愿，强健人的体魄。常态化保持人民于无知无欲的状态，让那些智巧之士不敢有所作为。做“无为”的事，则天下无不顺治妥当。

注释

1　尚贤：尚，即崇尚，尊崇。贤：贤能之才。

河上公《老子章句》注：“‘贤’，谓世俗之贤，……去质为文也。‘不尚’者，不贵之以禄，不尊之以官也。”释德清《道德经解》注：“尚贤，好名也。名，争之端也。”一说，“贤”乃“多财”之意，蒋锡昌《老子校诂》：“按《说文》：‘贤，多财也；从贝臤声。’不尚贤，犹不尚多财；与下文‘不贵难得之货’‘不见可欲’一律，皆指财物而言。……

不尚多财，则民不争，此老子正用本义。”

2 贵：重视，使……贵。货：货物。

3 见：同“现”，显露，炫耀。可欲：足以引起欲望的事物。

任继愈《老子新译》、杨柳桥《老子译话》解释此句为：“不使看见（不显露）足以引起欲望的事物。”则他们理解“可”为“可以”“足以”，浅显通达，译文从之。

4 帛书甲乙本“民”后无“心”字，此据王弼本。

5 虚其心：虚：使空虚。“虚其心”，意思是使心变空阔、无挂碍，不为外物所动。

释德清说：“断妄想思虑之心，故曰虚其心。”严复《老子道德经评点》：“虚其心所以受道，实其腹所以为我；弱其志所以从理而无所撄，强其骨所以自立而干事。”部分当代学者解释此句意思为愚民，如任继愈就翻译为“简化人民的头脑”，杨柳桥解释为“掏空人民的心胸”。

6 实：充实，填满。

王弼：“心怀智而腹怀食，虚有智而实无知也。”

7 弱其志：弱：使柔弱，削弱。志：意念、想法。“弱其志”，就是削弱人的妄想、妄念。

陈鼓应《老子今注今译》解释此句为：“使人的意志柔韧。”并按：“此处‘虚’‘弱’，为老学特有用词，都是正面的、肯定的意义（如：十六章‘致虚极’、四十一章‘弱者道之用’等，都是正面、肯定的意义）。本章的‘虚’，意指心境的开阔；‘弱’，意指心志的柔韧。”而任继愈解释为“削弱百姓的志气”，杨柳桥翻译为“削弱人民的意志”，二人皆从否定老子的立场理解。

8 强：增强。

王弼：“骨无知以干，志生事以乱。”

9 无知无欲：无有知识与欲念，懵懂而质朴，单纯而淳厚。

王弼："守其真也。"陈鼓应："没有伪诈的心智，没有争盗的欲念。"

10　智者不敢为：智者：聪明之人。有聪明则恃聪明，恃聪明则有自家主张而作为。不敢为：不敢自作主张、自作为。

苏辙："不以三者（按：贤、难得之货、可欲）炫之，则民不知所慕，澹乎其无欲，虽有智者，无所用巧矣。"按：马王堆帛书乙本作："使夫知不敢，弗为而已。"高明《帛书老子校注》："'不敢''不为'乃二事，与前文'无知''无欲'相对而言。"意思是，民众无知无欲而无为，智者有知有欲而不敢为。可参考。

11　为无为，则无不治：以无为的方式做事（即以顺应自然的方式做事），就没有治理不好的（天下）。

《淮南子·原道》："所谓无为者，不先物为也；所谓无不为者，因物之所为。所谓无治者，不易自然也；所谓无不治者，因物之相然也。"

导读

"不尚贤"，是为了保持人民本性的淳朴，不使之巧诈百出；"不贵难得之货"，是为了不以人类世界扭曲自然世界，不以人类尺度估价万物的价值，使万物不具备人类争竞的意义，从而使人对万物无所欲求而不为盗；"不见所欲"，意思和上一句差不多：即使有些东西自然有价，为了不使之扰乱人心，那就把它深藏不露，不使人心被外物操控，失去淡泊的常心。

所以圣人治国之诀窍，就是使百姓之心，保持虚空；使百姓之志，保持虚弱，使其无知无欲，平静淡泊。在老子看来，这个是使之愚昧，而是使之淳朴；不是使之蒙蔽，而是使之不被污染。与此相应，在精神上尽量使人简朴的同时，老子主张在肉体上尽量满足人的需要——"实其腹"，使人能得温饱，延续生命；"强其骨"，使人四体康强，无有病痛。如此地野蛮其体魄，弱化其精神，在老子看来，就是自然的状态——老子把人类的文明和精神，看成自然的异化。

还要注意的是，这一章，老子一口气说出8个“不”字、4个“无”字，听起来就是摇头摆手、避之如恐不及，口里一连串的“不不不”和“别别别”，这是对统治者统治行为——包括教化的制止，也是对现存社会从经济基础到上层建筑的全盘否定。

值得一提的是，《道德经》全文有243个“不”字、100个“无”字、20个“莫”字、2个“弗”字。不同的版本，有些字混用，但不影响整体判断。这样高频率的否定性词汇的使用，让我们看到了老子的否定性思维方式，以及他对人类文明的反思——如果还不能说是反对的话。老子和庄子，道家思想中，确实存在着反智、反文明以及反人类历史趋势的逻辑性倾向。

苏辙《道德真经注》，有一段话，可以备案：

> 尚贤，则民耻于不若而至于争。贵难得之货，则民病于无有而至于盗。见可欲，则民患于不得而至于乱。虽然，天下知三者之为患，而欲举而废之，则惑矣。圣人不然，未尝不用贤也，独不尚贤耳；未尝弃难得之货也，独不贵之耳；未尝去可欲也，独不见之耳。夫是以贤者用而民不争，难得之货、可欲之事毕效于前，而盗贼祸乱不起，是不亦虚其心而不害腹之实，弱其志而不害骨之强也哉。今将举贤而尚之，宝货而贵之，炫可欲以示之，则是心与腹皆实也。若举而废之，则是志与骨皆弱也。心与腹皆实，则民争；志与骨皆弱，则无以立矣。

苏辙的意思是，贤、难得之货、可欲，这三者，不能一举废了。因为如果这世界无贤能之人、难得之货和可欲之物，则如何满足人的口腹和身骨呢？所以，最好的办法，是用贤而不尚贤，不弃难得之货，亦不贵难得之货，用可欲而不炫可欲，斯为得之。

值得备案的还有张舜徽对“虚其心，实其腹；弱其志，强其骨”四句的解释。因为这四句，不同历史背景的人会做出正负不同的评价（参见本章注释），而历史上也确实有着不同的运用——明智的统治者会以此敦促民俗淳朴，而法家式的统治者却以此愚民弱民。如何避免这样的歧义以及引起的不良后果，张舜徽说：

> 四“其”字，皆指人君自己。虚其心，谓少欲也；实其腹，谓广纳也；弱其志，谓谦抑能下人也；强其骨，谓坚定有以自立也。

如果按照张舜徽的理解，确实可以避免歧义的理解或故意曲解造成的黑暗政治。但是，不可否认的是，韩非确实从《道德经》里，悟出了愚民弱民对于统治阶级稳定统治的重要性。这可能是老子始料未及的，这也是开创性思想家往往需要面对的不幸——他们说出的事实，往往成为无良知者的观念。

链接　十二章；十六章；二十二章；四十一章；五十七章；八十一章

成语　无为而治

第四章　道冲

道冲[1]，而用之或不盈[2]。渊兮[3]，似万物之宗[4]。[挫其锐，解其纷，和其光，同其尘[5]。]湛兮[6]，似或存[7]。

吾不知谁之子，象帝之先[8]。

今译

道体空虚，然而它的功用却无有穷尽。深幽难测啊，好像是万物的宗主。隐秘难现啊，又能确知到它的存在。

我不知道谁孕育了它，它是宇宙万象和天帝的祖先。

注释

1　冲：傅奕本为“盅”（chōng），“盅”即“冲”之古字。器物虚空，引申为空虚。汉语有“冲虚”一词，表示淡泊、谦虚。

《玉篇》：“冲，冲虚也。”段玉裁《说文解字注》云：“凡用冲虚字者，皆盅之假借。”朱谦之《老子校释》：“盖器中之虚曰盅，盅则容物，故《庄子·应帝王篇》曰：太盅莫胜。”

2　不盈：不盈满。盈：充满。

3　渊：深幽。

4　宗：归向、归往，这里是“根本”“宗主”“主宰”的意思。

苏辙：“吾知其为万物宗也，而不敢正言之，故曰似‘万物之宗’。”

5　这四句与五十六章重复，此处疑为错简重出。因为“渊兮，似万物之宗”和“湛兮，似或存”，文意接续连贯。故此处不再译出。

马叙伦《老子校诂》：“‘挫其锐’四句，乃五十六章错简，而校者有增无删，遂复出也。”是。

6　湛：深沉，隐没，汩没。

7　似或存：不见其形而确乎存在。

8　象帝之先：道产生在万象、天帝之前。

王安石《老子注辑本》：“象者，有形之始也；帝者，生物之祖也。故《系辞》曰：‘见乃谓之象。’‘帝出乎震。’其道乃在天地之先。”按：“象”，杨柳桥、陈鼓应解释为“好像”，借“象”为“像”，古汉语虽有此用法，但在此处这样理解不妥。《道德经》三十五章“执大象，天下往”，王弼注：“大象，天地之母也。”成玄英疏：“大象，犹大道之法象也。”译文从王安石。

导读

本章与第一章相呼应。

道为体，冲虚；而其用，实在。故道家思想里，体用不仅不分，甚至“用”比“体”还重要实在。因为道之“体”冲虚而不可捉摸，听之不闻其声，视之不见其形，扪之不觉其体，自然也就无从描述与捕捉。而其用，则呈现于世间万物——万物之形状，莫不是“道”之显形；万物之性能，莫不是“道”之功用。

但这深幽莫测汩没难见的“道”之体，恰恰是万物之本原，是象与帝之先。“吾不知谁之子，象帝之先”者，它不是某一“因”的“果”，而是一切“果”的“因”，是那最后的“因”。所以，它不是任何“谁”的“子”，它是天帝的“祖”，是万象的“宗”。

另，古棣、关桐《老子十讲》对这一章有一个说法，挺有意思：“说它（按：道）是万物的祖宗，用了一个‘似’字，说它是上帝的祖先，用了一个‘象’字，即好似、好像之意，并不与有血有肉的万物之宗、上帝之先等同；如与万物之宗等同，那道就是既有生，又有死，就不是常无常有的道了。如与上帝之先等同，那它就是有形体的，就不是无形之道了。当时在一般人的意识里，上帝是世界的主宰，是人类的祖先，老子说他的道，‘不知其谁之子，象帝之先’，就是说它不是谁的儿子，它类似于上帝的祖先，这就表示它自本自根，自古以固存；这样几个比喻连用，就把道之为‘常无’、‘常有’，道之创造万物又不变成万物这一根本特征形象准确地表达出来了，并且是耐人思索的。"

简言之，古棣认为，老子一方面说道是“宗”“先”，另一方面又不愿意把道和一般意义上的“宗”“先”等同起来，将道实体化。所以又用“似”“象”把此处的“象”理解为“似”“好像”，表示道和一般意义上的“宗”“先”不同。道，在老子看来，是不能被实体化的，一旦实体化、人格化，就是神了，就成为宗教了。

读此章，还要感受那种强烈的抒情意味。这是对天地最后之因的赞美，这是自卑者对至尊者的颂祝，也是皈依者对皈依主的膜拜。如上所言，如果老子再走一步，把道变成“神”，那就如同西人之赞美上帝了。

链接 二十一章；二十五章；四十章；四十一章；五十一章；五十二章；五十六章

第五章　天地不仁

天地不仁[1]，以万物为刍狗[2]；圣人不仁，以百姓为刍狗。

天地之间，其犹橐籥乎[3]？虚而不屈，动而愈出[4]。

多言数穷[5]，不如守中[6]。

今译

天地无有仁爱，待万物如待刍狗；圣人无有仁爱，待百姓如待刍狗。

大地之间，就像风箱吗？本体虚空而无穷无尽，功用运行却生生不息。

政苛术尽，何如安守虚冲。

注释

1　天地不仁：天地没有主动、有意识的爱。不：《道德经》中，“不”常是“无”的意思。“不仁”即“无仁”。“无仁”与一般意义上的“不仁”不同，“不仁”倾向于凶恶的态度，“无仁”无态度，是“无仁无不仁”的意思。下一章“谷神不死”，也是“无死”的意思，“用之不勤”，也是“无勤”（无穷）的意思；三十七章“夫亦将不欲”，是“无欲”的意思。仁：心动而生爱。

王弼注：“天地任自然，无为无造，万物自相治理，故不仁也。仁者必造立施化，有恩有为。”河上公注：“天施地化，不以仁恩，任自然也。”苏辙《道德真经注》：“天地无私，而听万物之自然，故万物自生自死，死非吾虐之，生非吾仁之也。”冯振《老子通证》：“仁，人心也；此云不仁，犹云无心。”下文“圣人不仁”，王弼说：“圣人与天地合其德。”故天地不仁，圣人亦不仁；天地无偏无党，圣人亦无所偏爱。河上公注：“圣人爱养万民，不以仁恩，法天地任自然。”

2 刍（chú）狗：用草扎成狗的形状，古用于祭祀，祭祀完毕，就被丢弃。比喻天地和圣人对待百姓，犹如刍狗：使用时恭敬，用过后抛弃，敬与弃，都是随时而起、随时而灭的心情，无有对刍狗自身的感情，而刍狗亦非正当感情的寄托物——草扎的狗，并非真有血肉的狗，宜乎人们对它不会有对狗的感情。用它敬它时，人自敬其祭祀之事，非敬刍狗；弃之丢之时，人自了却祭祀之事，非弃刍狗。刍狗与人，表面上相待相持，其实相忘也。人不曾注情于刍狗，刍狗亦不明了自家有何职分也。

备考：苏辙《道德真经注》：“结刍以为狗，设之于祭祀，尽饰以奉之，夫岂爱之，时适然也。既事而弃之，行者践之，夫岂恶之，亦适然也。”吴澄：“刍狗，缚草为狗之形，祷雨所用也，既祷则弃之，无复有顾惜之意。天地无心于爱物，而任其自生自成；圣人无心于爱民，而任其自作自息，故以刍狗为喻。”林希逸：“刍狗之为物，祭则用之，已祭则弃之，喻其不着意而相忘尔。”钱锺书《管锥编》：“刍狗万物，乃天地无心而不相关，非天地忍心而不悯惜。”

3 橐籥（tuó yuè）：风箱，为炉火鼓风用的工具。

吴澄说：“橐籥，冶铸所用，嘘风炽火之器也。为函以周罩于外者，橐也；为辖以鼓扇于内者，籥也。天地间犹橐籥者，橐象太虚，包含周遍之体；籥象元气，絪缊流行之用。”

4 虚而不屈，动而愈出：屈：竭尽。出：源源不断而出。

王弼：“虚而不得穷屈，动而不可竭尽也。”

5 多言数穷：政令繁多，会加速衰亡。“言”指法令、政令。“多言”即政令繁多，与“不言”相对。“言”，帛书甲本作“闻”。“数”，通“速”，一作“术”，“数穷”即“术穷”。

张舜徽《老子疏证》：“人君以智自贤，其术恒穷。”

6　守中：守冲，守盅，持守虚静的状态。

导读

此章分三层，前面两层都以“天地”开讲，是说自然。而要点在最后一层，讲政治。从修辞学的角度讲，前面两层，都是为了引出最后一层：政治。

而老子讲政治，又有两层：政治哲学和政治伦理。

先看政治哲学。这个有点冷，有点不动情，以“天地不仁，以万物为刍狗”引出“圣人不仁，以百姓为刍狗”，讲政治乃是一种科学，容不得动情和有倾向性，一有倾向性，政治就“不正”，没了公正。王弼此处的注，相当到位：

> 天地任自然，无为无造，万物自相治理，故不仁也。仁者必造立施化，有恩有为。造立施化，则物失其真；有恩有为，则物不具存；物不具存，则不足以备载矣。地不为兽生刍而兽食刍，不为人生狗而人食狗。无为于万物，而万物各适其所用，则莫不赡矣。若慧（惠）由己树，未足任也。

苏辙的话也体现了他理解老子这一“不加干预任自然”的政治理念：

> 天地无私，而听万物之自然，故万物自生自死，死非吾虐之，生非吾仁之也。譬如结刍以为狗，设之于祭祀，尽饰以奉之，夫岂爱之，时适然也。既事而弃之，行者践之，夫岂恶之，亦适然也。

> 圣人之于民亦然，特无以害之，则民全其性，死生得丧，吾无与焉。虽未尝仁之，而仁亦大矣。

其实“不仁”乃是为了防止“不正”。我们今日讲政治都是有阶级性的，是为了某一阶级利益的，这是政治家的政治。但这样的政治，必须有一个平衡，以及为平衡而施设的党派博弈和相应机构、制度安排，以冲淡政治的偏私。而思想家的政治，则讲政治的普惠性、公正性和平衡性。正是思想家的政治，影响着政治家的政治不断趋向公平公正。这就过渡到政治伦理了。

老子的政治伦理，讲无为而治天下，特别强调无须繁琐的政令和政策，更无须暗箱权术。在老子看来，这些为了某一目标而采用的种种人为手段，不仅整体上损害政治品质和公信力，每个、每次局部的成功，都以整体巨大的代价为成本，得不偿失且不可持续；而且，更重要的是，这类所谓为了神圣目标而采取的权宜之计，都不免受人类的智力局限和道德局限——要不虑事不周，要不假公济私。任何强行扭曲自然规律的“有为”政治，最终必一败涂地：不仅是事务的失败、政治的失败，还是道德的破产、公义的丧失、人心的溃败。

最好的政治，其实是如同橐籥，中空无欲，而生机无限。又如天地不言，而四时运行，万物蕃生；圣人无偏，而群生自在，百姓自得。

邓立光《老子新诠》：“无为而治从表面观之，是百姓生活自理，没有积极为百姓谋幸福，实际上背后提供环境，让百姓得以自在地生活，而不受政令所强制，这是非常尊重百姓的民本思想。”他认为，“天地不仁”是在提供基本环境保障的前提下而进行的，并非天下大乱时也不管不问。

但有意思的是，韩非还真是从“不管不问”这个角度来创立他的政治哲学。《外储说右下》：

秦大饥，应侯请曰："五苑之草著、蔬菜、橡果、枣栗，足以活民，请发之。"昭襄王曰："吾秦法，使民有功而受赏，有罪而受诛。今发五苑之蔬草者，使民有功与无功俱赏也。夫使民有功与无功俱赏者，此乱之道也。夫发五苑而乱，不如弃枣蔬而治。"一曰："令发五苑之蓏、蔬、枣、栗，足以活民，是使民有功与无功争取也。夫生而乱，不如死而治，大夫其释之。"

老子的"天地不仁""圣人不仁"，被韩非极端到不救天灾，以致说出"生而乱，不如死而治"这样冷血反人类的话，这哪里还是"无为"，这是赤裸裸的统治者为了一己私利而违背自然之道的"有为"！因为，有灾救灾、有死救死，如同有痒而搔、有伤而抚，本来就是自然之道！

这一章仍然有一种强烈的抒情意味，可能正因为老子有意压抑自己以显示冷峻和理性，反而让我们看出他的愤怒、伤感与叹息。

链接　六章；二十七章；五十六章

成语　天地不仁　虚而不屈　多言数穷

第六章　谷神

谷神不死[1]，是谓玄牝[2]。玄牝之门，是谓天地根。绵绵若存[3]，用之不勤[4]。

今译

虚空的道体变化永无停息，这就是我命名的“玄牝”。“玄牝”的生门，就是天地的产道。祂若隐若现存续不绝，运行永不疲殆。

注释

1　谷神：谷，形容道体虚空无物；神，形容道用变化无穷。“不死”喻道体永恒不灭、道用永动不竭。

朱熹《朱子语类》一二五卷：“‘谷’只是虚而能受，‘神’谓无所不应。”此句与上一章“天地之间，其犹橐籥乎？虚而不屈，动而愈出”义同。严复《老子道德经评点》：“以其虚，故曰‘谷’；以其因应无穷，故称‘神’；以其不屈愈出，故曰‘不死’。”王弼注：“谷神，谷中央无者也。无形无影，无逆无违，处卑不动，守静不衰，物以之成而不见其形，此至物也。”高亨《老子正诂》：“谷神者，道之别名也。‘谷’读为‘穀’。《尔雅·释言》：‘穀，生也。’《广雅·释诂》：‘穀，养也。’”谷神者，生养之神。

2　是谓：不说“是曰”，而说“是谓”，有“当下此刻对此命名”

的意思。玄：宇宙之间的无穷现象及其无穷变化。牝（pìn）：母体，代表无限的生殖。玄牝：世间万物产生的总源头，一切现象一切变化一切玄妙的总动因。

苏辙："谓之谷神，言其德也；谓之玄牝，言其功也。牝生万物，而谓之玄焉，言见其生之而不见其所以生也。"

3　绵绵若存：若隐若现而存续不绝。与上一章"虚而不屈，动而愈出"义近。

王弼："欲言存邪，则不见其形；欲言亡邪，万物以之生，故'绵绵若存'也。"苏辙："绵绵，微而不绝也。若存，存而不可见也。"

4　用之不勤：用：运行，运用，运动。不勤：不疲殆。

王弼："无物不成，用而不劳也，故曰用而不勤也。"于省吾认为"勤"乃"觐见"之"觐"字，"用之不勤"，即运行而不可见（《老子新证》），亦通。王弼强调道之用生力无穷，于省吾强调道之体玄昧不可见。

导读

"谷"，讲道体；"神"，讲道用。体用不分，因为"体"之虚无无限，故有"用"之神奇不竭。

开头"谷"，结尾"用"，从体到用。中间"玄牝"，讲万物万事万千变化的根源，是说其"神"。"神"者，变化莫测之谓神，因应无穷之谓神，不死不竭源源不尽之谓神，万物所自之谓神。但最"神"的，乃是这一切变化因应，都是无所用心，自然而然，故"神"者，非"人"也。无人为而自为，无我在而自在，故谓之"神"。

链接

五章；五十一章

第七章　天长地久

天长地久。天地所以能长且久者，以其不自生[1]，故能长生[2]。

是以圣人后其身而身先[3]，外其身而身存[4]。

非以其无私邪？故能成其私[5]。

今译

天长地久。天地之所以能够长久永恒的原因，在于它们不生育自己而生育万物，所以能够长久。

所以圣人把自己退到后面反而占先领头，置身事外反而入主大局。

这不正是因为他不执着于自我吗？所以能成就自我。

注释

1　不自生：不自我营生。

成玄英《道德经开题序诀义疏》："不自营己之生也。"王弼："自生则与物争，不自生则物归也。"

2　长生：一作"长久"，即天长地久。

苏辙："天地生物而不自生，立于万物之外，故能长生。"

3　后其身而身先：不争先机反而占先领头。

河上公注："先人而后己也，天下敬之，先以为长。"

4　外其身而身存：置身事外反而入主大局。

苏辙："圣人后其身而先人，外其身而利人，处于众人之表，故能先且存。如使天地与物竞生，而圣人与人争得，则天地亦一物耳，圣人亦一人耳，何以大过之哉。虽然，彼其无私，非以求成私也，而私以之成，道则固然耳。"朱熹："其言外其身后其身者，其实乃所以先而存之也，其爱身也至矣。"（《朱文公文集》卷四十五《答丘子服》之一）

5　成其私：成就自身。

王弼："无私者，无为于身也。身先身存，故曰'能成其私'也。"

导读

此章三段。第一段是自然现象；第二段是社会现象；第三段是结论。全章的重点：无私而可以成其私。

天地永恒，无始无终，故天长地久。人见万物都有生灭，唯天地无生无灭，不见其何时生来，亦不见其何时死去。五十章"出生入死"，而天地不见其出，亦不见其入，故天长地久。

老子解释天地为何永恒长久，乃是"不自生"。"不自生"直译就是"不为自己生长"，包含着"天地不生不长"之意。万物都自生自长：树会长高，花会开放，草会发芽，人会长大变老，这都是"自生"之物。凡生长，必有时间的起点、持续与终结，如此就不可能永恒。永恒的时间必是抽象的时间。"自生"之物，必也"自灭"，因为，生的力量，就是死的力量，生的内涵里，就有死：任何具体的时间，都包含着起点和终点。一切有开始的事物，必是有终结的事物。

这种自然界生物学上的"不自生"，当然就隐含着社会界伦理学上的"不自私"。于是，转入下一层面："圣人后其身而身先，外其身而身存。"老子理解的圣人，不是儒家讲的满怀"仁义"念头的圣人，而是没有念头的圣人。没有念头的圣人，当然在万事上就后其身，外其身，因为他不介入不干预，他只自然而然地在自己的地方，如同一只蘑菇，自然而然地出现在山林草丛之间，与周边无涉，而又为世间所不可或缺——这世间，总是该有蘑菇的。蘑菇的出现，就是自然而然、无私无欲，而成就世间的圆满，填补世间的空缺。

于是转入第三层："以其无私，故能成其私。"

这个"私"，不是本体的私心杂念与私欲，而是本体自身。私者，自体也。自体之存在，是关系中的存在。比如：没有桌子，就没有桌腿。桌腿因为有支撑桌子的功能，而获得自体的存在。一个没有支撑桌子功能的桌腿，逻辑上就不存在，也不能成为（称为）"桌腿"，不能成就其自体的存在。万物因其功能而存在，不以其本体而存在；万物因为世界需要这个功能而出现，而不是先有了这个本体再挪来充当功能。"以其无私，故能成其私"——因为它具有某种对于世界的功能而不是具有自我的本体（私），从而终于获得本体性（私）的存在。举个例子：一个父亲，必先履行父亲的功能——比如生养了子女，才可成为父亲；而不是先有了"父亲"这个本体，才有了子女。

老子的这个思想，很深刻，很有启发性，但也包含着对个体自主性的忽视和蔑视。这就要等到庄子来完善了。

链接 七十二章

成语 天长地久

第八章　上善若水

上善若水[1]。水善利万物而不争[2]，处众人之所恶，故几于道[3]。

居善地[4]，心善渊[5]，与善仁[6]，言善信[7]，政善治[8]，事善能[9]，动善时[10]。

夫唯不争，故无尤[11]。

今译

上善若水。水的本性就是利养万物而无争竞，它居处于大家厌恶的地方，所以它近似于道。

居位的本义是德才配位，人心的本体是沉静深邃，交友的本心是交接仁义，言语的本意是表达事实，政治的本质是天下有序，做事的立足是力堪承任，行止的机缘是动止合时。

唯有无所争竞，所以也才没有怪罪和归咎。

注释

1　上善若水：至上的善，质性如水。

河上公注："上善之人，如水之性。"

2　水善：此"善"当和下文七个"善"字同勘，不是"善于"之意，而是本性所在，质性所趋，而非功能上的优势，如刀之本性在割，而非善于割；水之本性润物，而非善于润物。水解渴，是水本性解渴，不是水善于解渴；饮鸩不能止渴，是鸩本性不解渴，不是鸩不善于解渴。如理解为“善于”，则有“主动有为”之意，与老子“无为”思想不合。

按：“不争”，帛书甲本作“有静”，也可通。

3 几于道：近于道。几：近。

苏辙：“道无所不在，无所不利，而水亦然。然而既已丽于形，则于道有间矣，故曰‘几于道’矣。然而可名之善，未有若此者也，故曰‘上善’。”

4 居善地：直译的意思是“安居的本义就是择善地而处”，也可以引申为“居位最讲究的是德才配位”。则“居”可理解为“居位”，有“出处穷通”之意。自此以下七个“善”字句，是借水说人当如是，以下六句注释从人立足。“善”，作动词，有“自然趋向、体用不分、本分所在而功能自有”之意，有“既然……就”的意味，如“心善渊”，就有“既然是心，就自然渊深宁静”之意，故“善”不宜译作“善于”而使意蕴肤浅。

5 心善渊：人心的本体是沉静深邃。

6 与善仁：交友的本心是交接仁义。

帛书乙本此句为“予善天”，高明《帛书老子校注》：“仁是儒家崇尚的行为，而道家视仁乃有为之表现……所谓‘予善天’，犹言水施惠万物而功遂身退好如天。”

7 言善信：言语的本意是表达事实。

8 政善治：政治的本质是天下有序。

9 事善能：做事的缘由是力堪承任。能：胜任。

10 动善时：行止的机缘是动止合时。

11 尤：怪罪，归咎。从两方面说：既从自己方面说，对他人无怨恨怪罪；也从他人方面说，他人对自己也没有归咎与埋怨。

导读

老子形容“道”，最常用的意象，有谷、牝、水等。这一章就是以水之随物赋形，来讲道之无形而有用。

这一章分三段。第一段以水设喻，以水将道形象化：水之随圆就方，似道体之托体万物；水之利养万物，似道用之无所不在；而水之居处卑下含蓄藏纳，又如道之藏身无形隐含不见。

第二段从水之特点说开去，却说到人，说到人的道性生存。如何是“道性生存”？就是合乎道的生存。合乎道的生存，老子一口气列出了七个方面。而这七个方面的特征，却有一个共同点，就是本分自然不妄作。

最后一段，就一句，回到第一段最后的“不争”，这一句“夫唯不争，故无尤”，如果放在第一段之“水善利万物而不争”后面，似乎更顺畅。

关于老子一口气说到水的七个德性，苏辙有很精彩的注解：

> 避高趋下，未尝有所逆，善地也。空虚静默，深不可测，善渊也。利泽万物，施而不求报，善仁也。圆必旋，方必折，塞必止，决必流，善信也。洗涤群秽，平准高下，善治也。遇物赋形，而不留（流）于一，善能也。冬凝春泮，涸溢不失节，善时也。

薛蕙《老子集解》这样注：

> 行己不争，避高处下，善地也；藏心微妙，深不可测，善渊也；其施兼爱而无私，善仁也；其言有征而不爽，善信也；治国则清静自正，善治也。

《淮南子·原道训》如此说水：

天下之物，莫柔弱于水，然而大不可极，深不可测；修极于无穷，远沦于无涯；息耗减益，通于不訾（量也）。上天则为雨露，下地则为润泽；万物弗得不生，百事不得不成。大包群生而无好憎，泽及蚑蛲而不求报，富赡天下而不既，德施百姓而不费。行而不可得穷极也，微而不可得把握也；击之无创，刺之不伤；斩之不断，焚之不然；淖溺流遁，错缪相纷，而不可靡散；利贯金石，强济天下；动溶无形之域，而翱翔忽区之上；邅回川谷之间，而滔腾大荒之野。有余不足，与天地取与；授万物而无所前后。是故无所私而无所公，靡滥振荡，与天地鸿洞，无所左而无所右；蟠委错紾，与万物始终，是谓至德。

而《荀子·宥坐》载孔子说水曰：

孔子观于东流之水。子贡问于孔子曰："君子之所以见大水必观焉者，是何？"

孔子曰："夫水，遍与诸生而无为也，似德。其流也埤下，裾拘必循其理，似义。其洸洸乎不淈尽，似道。若有决行之，其应佚若声响，其赴百仞之谷不惧，似勇。主量必平，似法。盈不求概，似正。淖约微达，似察。以出以入，以就鲜絜，似善化。其万折也必东，似志。是故见大水必观焉。"

其实，水之所以被如此推崇，还是老子的这句话最具概括性：几于道！

链接 二十二章；六十六章；八十一章

成语 上善若水

第九章　持而盈之

持而盈之[1]，不如其已[2]；

揣而锐之，不可长保[3]；

金玉满堂，莫之能守；

富贵而骄，自遗其咎。

功遂身退，天之道也。

今译

持之以手听任满盈而又欲其不溢，不如适时停止灌注使之不盈；

揣之在怀不断磨锐而又欲其不伤，不可以保持长久；

金玉满堂，没人能长守不失；

富贵而骄，自己遗留下祸患。

功成身退，这才是天地之道。

注释

1　持而盈之：持：用手抓握。而：而又，表示递进。

《史记·乐书》："满而不损则溢，盈而不持则倾。"王弼注云："持，谓不失德也。既不失其德，又盈之，势必倾危。故不如其已者，谓乃更不如无德无功者也。"其实，王弼此解有深文周纳之嫌，此句本义简明易懂：听任盈满而欲以持握止溢，不如不盈也。十五章："夫唯不盈，故能蔽而新成。"

2 已：停止。全句意为：执持在手，而又不断添加使之满盈，一定会溢出，不如停止添加，方为稳妥。

《管子·白心》："持而满之，乃其殆也；名满于天下，不若其已也。"又，《左传·哀公十一年》："盈必毁，天之道也。"

3 揣而锐之，不可长保：揣：怀揣。保：葆，藏蓄葆有。全句意为：揣在怀里而又使之尖锐的东西，那是不可长久藏蓄葆有的。这意思与下文"金玉满堂，莫之能守；富贵而骄，自遗其咎"在逻辑上一致：满盈、锐利、有价值的东西，都不可持揣长保。

注家多注"揣"为"捶"，谓捶击锻炼使之尖锐。王弼："既揣末令尖，又锐之令利，势必摧衄，故不可长保也。"苏辙："知盈之必溢，而以持固之，不若不盈之安也。知锐之必折，而以揣先之，不如揣之不可必恃也。若夫圣人有而不有，尚安有盈；循理而后行，尚安有锐。无盈则无所用持，而无锐则无所用揣矣。"但此句语法结构应该与"持而盈之"同，"持"与"揣"一个是握持，一个是怀揣，意义逻辑相近，两个"而"也是"而又"义，故"揣"字无须深文周纳，即作原字理解意思本已顺畅。

导读

"持而盈之，不如其已。"是讲我们不要贪得无厌，要适可而止，不要一直做加法。

人本性贪婪：贪得时，欲壑难填；吝啬时，一毛不拔。于是而有"持而盈之"的姿态：已然满盈，尚且持紧握固，丝毫不松手。这是常态，也是人生常在的窘态、尴尬态。然天道尚平，损有余以补不足，最终必然是满盈则溢，人何能较量于天？故老子一声叹息：不如其已。

老子这是在讲他的观点，更是在揭橥事实。这是自然之事实。这也是世态人心之事实。

“揣而锐之，不可长保”是讲我们身怀利器杀心自起，不是长保平安之道。

人本性傲慢：拥兵自大或恃才自傲。拥兵自大者，常常兵强则灭；恃才自傲者，常常才高命蹇。我们常常被自己拥有的东西所把持。比如说我们有才华，当然是好事，但因此咄咄逼人、锋芒毕露，就是坏事。历史与现实中，往往平庸之人活得久，杰出之才常夭折；恭谨之邦得绵延，虎狼之国恒被摧。才华，需要的是守愚藏纳，不是恃才傲物；国力，需要的是含蓄包容，不是张扬霸凌。“金玉满堂，莫之能守；富贵而骄，自遗其咎。功遂身退，天之道也。”这还是老子的叹息，一叹人力无能回天，二叹人德不能驭欲，三叹天道昭昭，而人智不及！

《史记·老子韩非列传》中老子告诫孔子：“吾闻之，良贾深藏若虚，君子盛德，容貌若愚。去子之骄气与多欲，态色与淫志，是皆无益于子之身。”《史记·孔子世家》又记老子如此告诫孔子：“聪明深察而近于死者，好议人者也。博辩广大危其身者，发人之恶者也。为人子者毋以有己，为人臣者毋以有己。”可参阅。

链接　十五章

成语　金玉满堂　功成身退

第十章　载营魄

载营魄抱一[1]，能无离乎？
专气致柔[2]，能如婴儿乎[3]？
涤除玄鉴[4]，能无疵乎[5]？
爱民治国，能无为乎？
天门开阖[6]，能为雌乎[7]？
明白四达，能无知乎[8]？
［生之畜之，生而不有，为而不恃，长而不宰，是谓玄德[9]。］

今译

魂魄本来合归于道，能不离开吗？
聚结精气使本性柔和温顺，能像婴儿那样精气弥满而又身体柔软吗？
清除主观成见以道观物，能做到没有私心杂念吗？
爱民治国，能做到顺应自然无为而治吗？
感官开合自如与外界随机接触，能安守静待如雌性吗？
洞明世事智慧通达，能做到止息感官知见吗？

注释

1　载营魄抱一：载：发语词，相当于“夫”。营魄：魂魄。营魄抱一：魂魄融合为一。一：道。抱一即合归于道。

范应元："营魄，魂魄也。《内观经》曰：'动以营身之谓魂，静以镇形之谓魄。'"

2　专气：抟气，集气。按孟子的说法，集气而可致刚，老子却说"致柔"，故此句有转折意：积聚精气，而又能使本性柔软。

3　能如婴儿乎：能像婴儿一样元气充实、柔和遒韧吗？五十五章讲赤子之"精之至也""和之至也"，即此处所指。

4　涤除玄鉴：涤除的宾语显然不能是玄鉴。如同"专气致柔"是两句一样，这四字其实也是两句：涤除心中成见，保持以道观物。玄：奥妙深邃，指道。鉴：镜子。《庄子·秋水》："以道观之，物无贵贱。以物观之，自贵而相贱。以俗观之，贵贱不在己。"涤除的就是"物观"与"俗观"；玄鉴，就是"道观"。

5　无疵：没有瑕疵，没有意念上的私心杂念，亦即庄子所说的"贵贱"之分等成见。

6　天门开阖：天门，有多种解释：一说指耳目口鼻等人的感官（高亨）；一说指兴衰治乱之根源（苏辙）；一说指自然之理（林希逸）；一说指人心神出入之门径（范应元）。译文从感官解。开阖：开闭，开合。

7　能为雌：雌，即"宁静"的意思。王弼本作"无雌"，据景龙本、傅奕本、帛书乙本改，意指"处柔守静"。

按："雌"与"牝"，都是老子喻道之辞。二十八章："知其雄，守其雌……""为雌""守雌"，都是"安处于道，无为静守"的意思。

8　明白四达，能无知乎：明：明晰。白：清楚。四达：喻智慧无不通达。无知：止知，无有感官知见。《庄子·养生主》："以神遇而不以目视，官知止而神欲行。"即此意也。

按：本章文字，北大简、帛书本等早期《老子》版本，都是出现了两次"无知"（或"无智"，"智"与"知"同）。

爱民治国，能毋以知乎？

明白四达，能毋以知乎？

“明白”事理当然与“知”（智）相关，“爱民治国，能毋以知乎”也与六十五章的如下描述相呼应：“古之善为道者，非以明民，将以愚之。民之难治，以其智多。故以智治国，国之贼；不以智治国，国之福。”可见，《道德经》的早期版本出现了两次“无知”（无智），而且可以自圆其说。

王弼为了避免文字相同而进行了修改，改为“明白四达，能无为乎?”然“无为”与“明白四达”的联系不是很紧密，不如改“爱民治国”这一句，所以马叙伦、陈鼓应等先生都建议改为“爱民治国，能无为乎?”这种修改更好。

9　以上五句于五十一章重出，与上下文意思联系不紧密，不译。

导读

这是六个反问句，问我们能这样，或能不这样吗？表现的还是老子的否定式思维：对我们一般行为的否定。他几乎是急切地喝问我们：魂魄能不分离而合归于道吗？积聚精气又能做到不刚猛而柔软吗？涤除成见以道观物，能不师心自用而保持澄澈干净客观真实吗？爱民治国，能无为而治而不大动干戈胡作非为吗？智慧通达明了世界，能关闭感官不用知见吗？

老子文本强烈的感情在这一章再次得到呈现。

这是老子对人的失望与愤懑，也是期待。他期待无为的社会、无为的政治、无为的人生、无为的知见。这六个排比句，从修身到治国，从观照自身到观照世界，他都要求我们慎用自身的天分，而保持清静无为。

另，陈鼓应认为这六句的顺序因为错简或有错乱。他按照老子“修之于身”“修之于天下”的文例推测，将其文序调整如下：

载营魄抱一，能无离乎？

涤除玄览，能无疵乎？

专气致柔，能如婴儿乎？

天门开阖，能如雌乎？

明白四达，能无知乎？

爱民治国，能无为乎？

可备一说。

链接 十四章；五十一章；七十七章

第十一章　三十辐

三十辐共一毂，当其无，有车之用[1]。

埏埴以为器，当其无，有器之用[2]。

凿户牖以为室，当其无，有室之用[3]。

故有之以为利，无之以为用[4]。

今译

三十根辐条聚合成一个车毂，正因为车毂中空，才能含纳车轴使有车之功用。

和土制作陶器，正因为陶器中空，才有了器皿的功用。

开门凿窗做成居室，正因为门窗中空，才有了居室的功用。

所以“有”只是凭借，“无”才是功用。

注释

1　辐：车轮中连接轴心和轮圈的木条，古时的车轮由三十根辐条所构成。《周礼・考工记》：“轮辐三十，以象日月也。”毂（gǔ）：车轮中心的木制圆圈，中有圆孔，插轴的地方。当其无，有车之用：正因为车毂中间的那个圆形空虚（无），才能插轴，而使车前行。

2　埏埴（shān zhí）以为器：用水调和陶土，将它做成器皿。当其无，有器之用：正因为中间是空虚（无）的，才能有器皿的用途。

河上公注："埏，和也；埴，土也。和土以为饮食之器。"

3　户牖（yǒu）：门窗。当其无，有室之用：正因为门窗的空洞（无），这个四堵墙壁中间的空间，才能作为居室使用。

4　有之以为利，无之以为用：利：凭借，形体。用：功用。全句意为：以上列举的种种，说明"有"的部分只是凭借，而其中"无"的部分，才是器物真正的功用。

导读

四句话，前三句是举例，最后一句是要表达的观点，也是事实。

我们还可以帮他举例。我们在桌子上写字，请问：我们是在桌子"有"的地方写字，还是在桌子"无"的地方写字？

用英语表达的话，我们在桌子上写字，是用"in"还是用"on"？

所以，桌子的形体（"有"），只是我们写字的凭借，而桌子可供我们写字的"功用"，是在桌子的形体（"有"）之外，也就是在"无"的地方。

万物莫不如此，老子只是随手举例，以示这是对万事万物基本规律的总结。

老子的这段话，也是在提示我们：人生不要太功利，万事不要总是问：有用吗？其实，世间的大用，总是在看似无用的地方。

认识到"万有"背后有"一无"，且这"无"决定了世界的本质，乃至品质，这是人类认识论的大突破。

第十二章　五色

五色令人目盲[1]，五音令人耳聋[2]，五味令人口爽[3]，驰骋畋猎令人心发狂[4]，难得之货令人行妨[5]。

是以圣人为腹不为目[6]。故去彼取此[7]。

今译

五色缤纷使人眼盲，五音嘈杂使人耳聋，五味杂陈使人口麻，放纵田猎使人心发狂，珍稀之物使人品行受伤。

因此圣人但求饱内在之腹而不用眼追逐外在声色。所以摒弃对外物的追逐而安守本心。

注释

1　五色：青、黄、赤、白、黑，此处泛指各种美艳的色彩。

2　五音：宫、商、角、徵、羽，此处泛指各式美妙的音乐。

3　五味：酸、苦、甘、辛、咸，此处泛指各种美味。口爽：味觉受损。爽：败、伤。

4　驰骋畋猎：策马打猎。心发狂：内心放荡而不可收束，迷失自我。

5　行妨：德行受到伤害。行：品行，德性，操行。妨：害，伤。指被诱惑而行为变态。

6　为腹不为目：只求温饱，不求声色。

王弼注："为腹者，以物养己；为目者，以物役己，故圣人不为目也。"范应元曰："为腹者，守道也；为目者，逐物也……圣人为内而不为外矣。"蒋锡昌《老子校诂》："老子以'腹'代表一种简单清静、无知无欲之生活，以'目'代表一种巧伪多欲、其结果竟至'目盲……耳聋……口爽……行妨'之生活。明乎此，则'为腹'即为无欲之生活，'不为目'即不为多欲之生活。"为腹者，守道自在；为目者，逐物而去。庄子《逍遥游》："鹪鹩巢于深林，不过一枝；偃鼠饮河，不过满腹。"成玄英疏："鸟巢一枝之外，不假茂林；兽饮满腹之余，无劳浩汗。"

7　去彼取此：摒弃对外物的追逐，安守内心生活。此句三十八章、七十二章结尾亦有，疑三者都是后人注文而羼入正文。

导读

大道至简，则合乎道的生活，也是删繁就简。简，就是减，减少；就是剪，剪裁；也是俭，节俭。五音五色五味，都是奢靡与繁华；驰骋畋猎与难得之物，也是人生之不必要。追逐这些，就会使人丧失本心，偏离简朴的大道，所以，要安守本心与本性。

其实，删繁就简的简朴生活，是生活的本质，更是本质的生活，也是本质真实的生活。花团锦簇的生活，其实是虚假的生活。老子要我们回到本质的生活——当然，老子是要"圣人"——老子笔下的"圣人"，其实是指理想的统治者——统治者回到本质的生活。本质的生活不仅可以戒绝奢靡，减少开支用度，更可以让自身生命获得本真的存在——在老子那里，"圣人"当然要治天下，但最终目标还是回归自身，治天下只是修养身心的方法之一。苏辙的注有意思：

> 视色听音尝味，其本皆出于性，方其有性而未有物也，至矣。及目缘五色，耳缘五音，口缘五味，夺于所缘而忘其本，则虽见而

实盲，虽闻而实聋，虽尝而实爽也。

沉湎牵挂于物，且是令人目迷神醉的物，人就会生活在幻象中，而失去自我的真实感知。

俭，是老子崇尚的“人生三宝”之一。“俭，故能广”（六十七章），“为腹不为目”与“虚其心，实其腹，弱其志，强其骨”（三章）一以贯之。

张松辉《老子导读》：“当时能够享受五色、五音、五味，能够驰骋畋猎的人多为统治阶级。为了满足这些享受，他们势必要加紧对人民的剥削。老子反对享乐的思想与墨子的非乐、节用思想有相似之处，都含有反对统治者享乐腐化以减轻人民负担的意义。”故老子要“圣人为腹不为目”，其实是要以此减轻人民的负担呢。

链接 三章；十三章；三十八章；六十七章；七十二章

成语 目迷五色

第十三章　宠辱

宠辱若惊[1]，贵大患若身[2]。

何谓宠辱若惊？宠为下[3]，得之若惊，失之若惊[4]，是谓宠辱若惊。

何谓贵大患若身？吾所以有大患者，为吾有身[5]；及吾无身，吾有何患？

故贵以身为天下，若可寄天下；爱以身为天下，若可托天下[6]。

今译

受宠和受辱都要满怀惊惧，重视生命就如同重视祸患。

何谓得宠受辱都要满怀惊惧？受宠本身就意味着地位和人格自居人下，所以得到宠爱如同受到惊吓，失去宠爱如同受到惊吓，这就叫得宠和受辱都感到惊惧。

什么叫作重视生命如同重视祸患？我之所以有大忧患，是因为我有身体；如果我没有身体，我还忧患什么呢？

所以以贵身的态度去治理天下，就可以让他承载天下；以爱自己身体的态度去维护天下，就可以把天下托付给他。

注释

1　宠辱若惊：面对宠辱，都要有惊惧之心。宠：得宠，故荣耀。

辱：受辱，故耻辱。

河上公注："身宠亦惊，身辱亦惊。"王弼注："宠必有辱，荣必有患，宠辱等，荣患同也。"苏辙："古之达人，惊宠如惊辱，知宠之为辱先也；贵身如贵大患，知身之为患本也。是以遗宠而辱不及，忘身而患不至。"郭店本作"宠辱若荣"，裘锡圭先生认为："老子主张像常人宠荣那样宠辱，像贵身那样贵大患。"（《"宠辱若惊"是"宠辱若荣"的误读》，《中华文史论丛》2013年第3期）意味很好。但考虑到"宠辱若惊"已经成为成语，此处依通行本。

2 贵大患若身：当云"贵身若大患"，重视生命当如重视大的祸患。

王道《老子亿》："贵大患若身，当云：贵身若大患。倒而言之，文之奇也，古语多类如此者。"观上条注释苏辙亦可证。

3 宠为下：受宠者，必自下仰上，故为下，此乃事理、逻辑上的低下。而为了邀宠于人，又必然扭曲人格以迎合奉承他人，这又必然导致人格的卑下，此乃伦理上的低下。

释德清《老子解》："世人皆以宠为荣，却不知宠乃是辱。"又说："宠为下，谓宠乃下贱之事也。"苏辙曰："所谓宠辱非两物也。辱生于宠，而世不悟，以宠为上而以辱为下者皆是也。若知辱生于宠，则宠固为下矣。"

4 得之若惊，失之若惊：得到时惊惧，失去时惊惧。此孔子所谓"患得患失"（典出《论语·阳货》）也。

5 吾所以有大患者，为吾有身：此处"患"，当作动词"忧患"讲——因为有身体的存在，故有大的忧患。因为"贵身"，故常常忧身。及：若，如果、假若。

司马光《道德真经论》："有身斯有患也。然则，既有此身，则当贵之，爱之，循自然之理，以应事物，不纵情欲，俾之无患可也。"

6 贵以身为天下：以贵身的态度去治理天下。爱以身为天下：以爱自己身体的态度去维护天下。两个“若”，都是“如此，则”的意思。

导读

上一章讲“为腹”，这一章讲“贵身”。贵身者，为腹也；为腹者，贵身也。

上一章讲“不为目”，不逐物，这一章讲“宠辱若惊”。何谓宠辱？为目也。何谓为目？争宠固宠避辱逃辱也。

上一章讲“五色五音五味”，这一章讲“大患”。何谓大患？五音五色五味之聋耳盲目爽口也。何谓五色五音五味？养身大患也。

“贵以身为天下，爱以身为天下”，这样的人，为什么可以托付天下？因为贵身之人，为腹不为目，思虑单纯，为政简朴，不好大喜功，不开疆拓土，没有帝王梦，没有大国梦（老子提倡小国寡民），不折腾，能与民休息。而且，贵身之人，虽不一定会顾惜百姓身家性命；但不贵身之人，一定不会顾惜人民生死。所以，“贵以身为天下，爱以身为天下”，虽然还不是寄托天下的充分条件，但却是必要条件。

值得提醒的是，历来都有人解释“吾所以有大患者，为吾有身”是老子轻身乃至弃身，这样的理解很佛学，但与老子道家一以贯之的“贵身”不符合，要求“虚其心，实其腹”的老子，其实一直是贵身体而弃心机的。

链接　十二章；五十四章

成语　宠辱若惊

第十四章　视之不见

视之不见，名曰夷[1]；听之不闻，名曰希[2]；搏之不得，名曰微[3]。此三者不可致诘[4]，故混而为一[5]。

其上不皦，其下不昧[6]，绳绳兮不可名[7]，复归于无物[8]。是谓无状之状，无物之象，是谓惚恍[9]。迎之不见其首，随之不见其后。

执古之道以御今之有[10]，能知古始[11]，是谓道纪[12]。

今译

看它却什么也没看见，就叫它为“夷”；听它却什么也没听见，就叫它为“希”；摸它却什么也没摸到，就叫它为“微”。这三种特征是道的不可思议处，所以它们能融汇为道。

它的上面不光亮，它的下面不晦暗，绵延不绝漫无际涯不可称名，复归于空漠无物之前。这就叫“无状之状，无物之象”，这就叫“惚恍”。迎着它看不见它的首，随着它看不见它的尾。

从万物本原来驾驭万物，能知道宇宙的初始，这就叫道的本体和功能。

注释

1　夷：一望无际，视之不见。

河上公注：“无色曰夷。”又，《说文》：“夷，平也。”

2　希：河上公注："无声曰希。"四十一章："大音希声。"

3　微：河上公注："无形曰微。"以上三句，是说道不可通过人的感官觉知。

王弼："无状无象，无声无响，故能无所不通，无所不往。"

按：马王堆帛书本这三句作："视之而弗见，名之曰微；听之而弗闻，名之曰希；捪（mín）之而弗得，名之曰夷。""夷"和"微"互换位置，意思可通。"搏"作"捪"，"搏"太用力了。"捪"的意思是"摸"，摸不到叫作"夷"，分寸感更好。

4　致诘：追问，推究。不可致诘，犹言不可思议。

释德清《老子道德经解》："致诘，犹言思议。"

5　混而为一：任继愈："'一'即是'道'。"

6　其上、其下：两个"其"，都代指道。皦（jiǎo）：光亮。昧：昏暗。

任继愈："因为任何有形体的东西，由于光线投射的关系，它的上面显得亮些，下面显得有阴影，而'道'它无所谓上面、下面。"

7　绳绳兮不可名：渺茫荒远，无始无终，无边无际，不可命名。

8　复归于无物：无物：无物之初。万物出现之前的状态，就是"道"的状态。四十二章："道生一，一生二，二生三，三生万物。"万物未生之前，就是"道"；复归无物，就是复归道。

9　惚恍：若有若无，微妙莫测。

10　执古之道以御今之有：有：有形之物。全句意思是：执道御物，从万物本原本质来驾驭万物。

帛书甲乙本"执古之道"作"执今之道"："执今之道，以御今之有，能知古始，是谓道纪。"执今御今，再上推古始，古始之时，亦不过以道御世。古之道，今之道，其实是一个道，用之于今，即今之道；施之于古，即古之道。道岂有古今，唯道之用有古今耳。

11　古始：宇宙之始，亦指"道"。

12 道纪:“道”的纲目、纲纪、要领,“道”的本质与功能。

导读

本章是对“道”做描述,却一开始就告诉我们,“道”不可描述,甚至不可把握。而这,正是“道”的本质:道是抽象的存在,又是先验的存在。它看不见听不见摸不着,它无色无声无形。无色无声无形,这三个特点混成的东西,你如何究诘?如何思议?如何描述?

而这,正是道。“道”,正是万物的本质。所以,要究诘万物,发现规律,必须直探源头,从万物的来处——道——来认知万物并驾驭万物。

也正因为道“视之不见”“听之不闻”“搏之不得”,所以,人类的感官(官知)的局限性就显示了出来。在庄子看来,连解牛这样的形而下之事,也需要形而上的智慧——“官知止而神欲行”。所以,老子问我们:“明白四达,能无知乎?”(十章)告诉我们,“知止可以不殆”(三十二章),还说“不出户,知天下;不窥牖,见天道。其出弥远,其知弥少。是以圣人不行而知,不见而明,不为而成”(四十七章)。这都是些什么意思?关闭感知,唤醒直觉,直接大道,才能明白四达!

链接

十章;十五章;二十一章;二十五章;三十二章;四十七章

成语

视而不见　听而不闻

第十五章　古之善为士

古之善为士者[1]，微妙玄通，深不可识[2]。夫唯不可识，故强为之容[3]：

豫兮，若冬涉川；犹兮，若畏四邻[4]；俨兮，其若客[5]；涣兮[6]，其若冰之将释；敦兮，其若朴[7]；旷兮，其若谷[8]；混兮，其若浊[9]。（澹兮，其若海；飂兮，若无止[10]）。

孰能浊以静之徐清？孰能安以动之徐生[11]？

保此道者，不欲盈[12]。夫唯不盈，故能蔽而新成[13]。

今译

古代善于做士的人，微妙幽通，渊深而不可测度。正因为不易测度，所以只能勉强地这样描述他：

他小心谨慎啊，好像冬天踩冰过河；戒备忧惧啊，好像深陷八面埋伏；郑重庄肃啊，好像在做客；从容放松啊，好像冰块即将消融；敦厚淳朴啊，好像没经过加工的原木；旷达包容啊，好像空旷的山谷；含混藏纳啊，好像一汪浊水。（浩瀚辽阔啊，好像大海；随风飘扬啊，好像永无休止。）

谁能使浊水静止下来慢慢澄清？谁能在安寂中生机发动让生命缓缓苏醒？

葆有“道”的人，不会追求满盈。正因为不满盈，所以能以敝成新。

注释

1　善为士者：士，帛书乙本作“道”。贾谊《新书·道术》：“守道者谓之士。”为道者为士者，其意相通：为道者即是士，为士者必为道。

2　玄通：深远通达。深不可识：幽深不可识别。

3　容：形容，描述。

4　豫与犹：犹豫，双声联绵词，迟疑、警觉、戒备、慎重。

旧注多以为两种野兽者，以“豫”为象一类的野兽，生性好疑；以“犹”为猴一类的野兽，机灵而胆小多疑。后喻警觉、戒备、迟疑、慎重。然，“犹豫”是双声联绵词，联绵词不可以拆开单独解释。王念孙《广雅疏证》：“犹豫，双声字也。字或作‘犹与’。分言之，则曰‘犹’，曰‘豫’……合言之，则曰‘犹豫’。转之则曰‘夷犹’、曰‘容与’，皆迟疑之貌也。”王说是。苏辙：“戒而后动曰豫……疑而不行曰犹，其所不欲，迟而难之，犹然如畏四邻之见之也。”

冬涉川：严冬季节通过冰封的河面。

《诗经·小雅·小旻》：“战战兢兢，如临深渊，如履薄冰。”

若畏四邻：如同四面楚歌，危机四伏，因而处处小心谨慎。

5　俨：庄重，严肃。若客：如做客一样庄重不造次。

苏辙：“无所不敬，未尝惰也。”

6　涣：涣然放松，从容自在。

7　敦：朴拙，敦厚。若朴：如同未经雕刻的原木。

苏辙：“人伪已尽，复其性也。”

8　旷：旷达。若谷：如同山谷一般包容含蓄。

苏辙：“虚而无所不受也。”

9　混：含混藏纳。若浊：好像混浊不纯。

苏辙：“和其光，同其尘，不与物异也。”

10　王弼本、帛书本此二句在二十章。严灵峰等考证认为应该在此处，句式、句意与此处甚合，故以括号形式移植此处，以备一说。

11　孰能浊以静之徐清？孰能安以动之徐生：谁能在混浊时安静下来慢慢澄清？谁能在安寂中生机发动缓缓苏醒？徐：慢慢地。

12　保：葆，葆有。不欲盈：不要满溢。

13　蔽而新成：蔽：借为“敝”，与“新”相对，二十二章“敝则新”，二者意思一致。帛书本作“敝而不成”。“新成”与“徐生”意思相关；“不成”与“大器免成”意思相关，而且是顺其自然的结果，亦通。译文依前解。

导读

本章是对得道之人的描述。上一章描述道，道抽象存在，难以形容。这一章讲得道之人，看起来是描述具体的人，应该比较形象直观，但是，得道之人，思想微妙玄通，气质超凡脱俗，也不好用语言描述。但老子还是尽量给我们概括了这类人的特点：谨慎而庄重、从容而自在、洒脱而淳朴、包容而藏纳。

而且，他们能以自己的道，清洁世道，安宁人心，使死气沉沉的世界，生机含蓄，生机勃勃。老子用诗意的、感性的语言来描述这些古之善为士者，不仅让我们沉浸在一种美好的意境之中，还让我们有无限的想象空间。

这是道家的人格理想。老子描述的道家心目中完美的“善为道”的“士”的形象，与儒家的“志于道”的士，双峰并峙，构成中国古代人格理想的儒道两极。

值得注意的是，这一章的倒数第二个字，是“新”字。而《大学》经传文字里，第二传，即是讲“新”。汤之盘铭曰：“苟日新，日日新，又日新。”《康诰》曰：“作新民。”《诗》曰：“周虽旧邦，其命惟新。”

区别在于，儒家讲“日新”，道家讲“敝新”，有更多的辩证意味。

有意思的是，儒家用“汤之盘铭”说“日新”，老子也用器皿说“敝新”：“夫唯不盈，故能蔽而新成。”使器皿不盈的方法，一是使灌注量不超过器皿容量；二是使器皿本身不断更新增大其容量——敝新之为言，乃是这二者兼备：第一种是告诫我们不贪多，第二种是勉励我们旷如谷。老子哪里守旧？他只是守中。他哪里保守？他只是葆守。

链接 九章；十四章；二十章

成语 涣然冰释 虚怀若谷

第十六章　致虚极

致虚极，守静笃[1]。万物并作[2]，吾以观复[3]。

夫物芸芸[4]，各复归其根[5]。归根曰静，静曰复命[6]。复命曰常[7]，知常曰明[8]。不知常，妄作凶。

知常容，容乃公[9]，公乃王[10]，王乃天[11]，天乃道[12]，道乃久，没身不殆[13]。

今译

追求虚空到极致，安守宁静至始终。万物竞生，生生不息，吾以此观照天道的往复。

万物纷竞，都会归依它们的根。归根叫“静”，静是万物回归本性。回归本性的万物是皈依其永恒的宿命，能认识这个宿命就是“明”。不知宿命，胡作非为是大凶。

明了万物的常则就能容，能容就会大公，大公就能为王，为王就是天然，天然就是大道，大道就能长久，终身不会废殆。

注释

1　致虚极，守静笃：追求虚空到极点，安守宁静到最后。致：追随。极：达于极致。笃：坚定不移。全句的意思为：致虚须极，守静必笃。

苏辙解释曰："致虚不极，则有未亡也。守静不笃，则动未亡也。丘山虽去，而微尘未尽，未为极与笃也。盖致虚存虚，犹未离有；守静存静，犹陷于动，而况其他乎？不极不笃，而责虚静之用，难矣。"《道德经》中多次强调"极"字，有《大学》"止于至善"的"至"的意味，儒道两家都追求境界的极致与极至。

2　并作：竞生，一起生长。此句有蓬蓬勃勃之意，鱼跃鹰飞之象。

吴澄《道德真经注》："作，动也，植物之生长，动物之知觉，皆动也。"

3　观复：观察万物之循环往复。万物并作，动态；吾以观复，静观。

苏辙："极虚笃静以观万物之变，然后不为变之所乱。知凡作之未有不复者也，苟吾方且与万物皆作，则不足以知之矣。"

4　芸芸：众多。

5　归其根：回归其本原。

苏辙："万物皆作于性，皆复于性，譬如华叶之生于根而归于根，涛澜之生于水而归于水耳。"

6　静曰：王弼本作"是谓"，据景龙本、敦煌本改，保持上下文体例统一。复命：复归本性。

7　常：永恒不变的规则，万物的宿命。

8　明：明晰大道，明了幽微。

贾谊《新书·道术》："知道者谓之明。"

9　容乃公：容："兼容并包"之意。公：公正无私，无偏无党。

王弼注云："无所不包通，则乃至于荡然公平也。"

10　公乃王：公正无私才能为王。

王弼注云："荡然公平，则乃至于无所不周普也。"劳健、陈鼓应改"王"为"全"，缺乏版本依据。衣抚生博士在校读本书时补充注释曰：

古往今来没有任何一个版本写为“全”。不管是帛书本、北大简等出土文献，还是王弼本、河上公本等传世文献，都写作“王”。如此众口一词，改动需谨慎。

而且，劳健的两条证据，有一条肯定是错的。劳健说：“‘知常容，容乃公’，以容、公二字为韵。‘天乃道，道乃久’，以道、久二字为韵。‘公乃王，王乃天’二句韵相远。”查唐作藩《上古音手册》，“王”为阳部，“天”为真部，阳部真部旁转，这是非常标准的押韵，哪里有什么“韵相远”的问题！我正好研究过《道德经》的韵律，知道可以找到大量的阳部真部旁转的例子，比如：

一、“是以圣人常善救人，故无弃人；常善救物，故无弃物。是谓‘袭明’（阳部）。故善人（真部）（阳部真部旁转），不善人之师……”（第二十七章。“是谓袭明”与前文不押韵，只能和后文阳部真部旁转）

二、“挫其锐，解其纷，和其光（阳部），同其尘（真部）（阳部真部旁转），是谓玄同。”（第五十六章）

三、“虽有甲兵（阳部），无所陈（真部）（阳部真部旁转）之。”（第八十章）

因此，劳健说的押韵问题并不存在。这是因为劳健用的是清人比较原始的研究成果，水平不能和今日相比，不宜苛求。不是清人的实力不够，而是清人没有见过出土材料，依据的只是少量传世文献，这些传世文献在传抄的过程中，又多有改动，导致清人巧妇难为无米之炊。近几十年来，随着先秦秦汉文献不断出土，呈井喷状态，当今学者有了这些一手材料，研究水平大为提高。马叙伦等先生论述押韵，也有类似问题。

劳健最重要的证据，其实是王弼注的“无所不周普”。实际上，用“无所不周普”来解释“王”也是可以的。“王”是天子之称，天子不应该“无所不周普”吗？《说文解字》：“王，天下所归往也。”也与王弼注意思相近。

衣抚生博士这段话有理有据，当从。

11 王乃天：天：自然。意为“顺乎自然”。

王弼注：“无所不周普，则乃至于同乎天也。”

12 天乃道：顺乎自然则合乎大道。

王弼注：“体道大通，则乃至于极虚无也。”苏辙：“天犹有形，至于道则极矣。”

13 没身：终身。一作“殁身”。不殆：不废。

王弼注：“无之为物，水火不能害，金石不能残。用之于心，则虎兕无所投其爪角，兵戈无所容其锋刃，何危殆之有乎？”

导读

范应元《老子道德经古本集注》：“致虚、守静，非谓绝物离人也。万物无足以挠吾本心者，此真所谓虚极、静笃也。”他的意思是，老子的致虚守静，不是要我们隔绝人、物，而是要我们身在人群众物之中而不为所动，所谓“应物而不累于物也”。“致虚、守静”，皆是努力让心灵能一直处于虚静的状态，不为外物所攖扰。内心平静无偏倚，才能笃定地观照万物，探得万物的规律。

“万物并作，吾以观复”——这一句真有身份，有气象。有此一句，老子真圣人矣！世界生动，我心安静；世界活泼，我意寂寞；世界繁华，我生萧条；世界纷纭，我住淡漠。万物并作，吾以观复；静观大千，我心自得。任你千奇百怪，变招百出，我形如槁木衷不动；任你浩浩滚滚，昼夜不息，我心如死灰鉴常明。

“致虚极，守静笃”——谁能让鱼游于抽象之水，让花开在抽象之谷，让月悬于抽象之天？谁能让形下之兽奔跑于形上之界，让形下之鸟扇动形上之翅，让人的血肉之躯能像神一样思考？谁能浊以静之徐清？谁能安以动之徐生？——写出这样的句子，老子此时已经立在人神的边缘，跨出一步，他将为神，而后世的道教真的就把他封了神。那么，是什么让他抑制住了自己的想象，拽住了自己的脚步，让他留在人间？

“致虚极，守静笃”，有此一句，老子永恒矣，盖因他已经超越一切变动之上，一切流逝之上，在一切之上的上，是什么？是太上！

下一章的契机，就在这里。

链接　三章；十七章；二十章；二十一章；二十五章；五十二章；五十六章

第十七章　太上

太上[1]，不知有之[2]；其次，亲而誉之；其次，畏之；其次，侮之。

信不足焉，有不信焉。悠兮[3]，其贵言[4]。功成事遂[5]，百姓皆谓：“我自然[6]。”

今译

治天下的最高境界，是老百姓几乎不知道有政府的存在；次一等的，是老百姓亲近和赞美政府；再次一等的，是老百姓惧怕政府；更次一等的，是老百姓蔑侮政府。

有不值得信任的政治，就会有不信任政府的百姓。政治应当事简政易悠然无事啊，精简政令不扰民。功成事遂了，老百姓都说：“我们自己自然如此。”

注释

1　太上：最高的境界，此指最高的治理模式或政府形式。

王弼注：“太上，谓大人也。大人在上，故曰太上。”似费周折。《左传·襄公二十四年》：“太上有立德，其次有立功，其次有立言，虽久不废，此之谓不朽。”“太上”与“其次”对言，是最高义，其间是价值递减序列。

2　不知有之：人民几乎不知道有政府（帝王）的存在。

王弼本、郭店竹简本作“下知”，苏辙：“以道在宥天下，而未尝治之，民不知其所以然，故亦知有之而已。”意思亦通。然吴澄本、明太祖本、焦竑本等诸本作“不知”，意义更胜。从改。《击壤歌》：“日出而作，日入而息。凿井而饮，耕田而食。帝力于我何有哉！”译文从之。

3　悠兮：自得无为的样子，事简而政易，不多事，不扰民，不折腾。

4　贵言：以“言”为“贵”。言：并非指一般人的言论和言语，而是指国家、帝王的政策法令。贵：慎重珍贵，不轻易颁布政令，不朝令夕改。

吴澄《道德真经注》：“贵，宝重也……宝重其言，不肯轻易出口……盖圣人不言无为，俾民阴受其赐，得以各安其生。”二十三章“希言”，与此义同。

5　遂：完成，成功。

6　自然：自己本来如此。《道德经》中的“自然”一词，出现五次，都并非我们今天讲的“大自然”（与社会对举）之意，而是“自然而然”之自成、自在、自得、自由等义。

导读

西方的古典自由主义者认为，“社会应当尽量从政府干预中摆脱出来，尽量地自由”，“管得最少的政府是最好的政府”（托马斯·潘恩《常识》）。老子是他们的前辈。

管得少就是管得好，可以推出来管得多就管不好，不仅管不好社会，治理不好天下，最终还管不好自己——政府不但不能解决相应的社会问题，其本身恰恰成了社会问题。凡是自以为或自我宣称揽责多的政府，最终都是揽权多的政府。而揽权，最终一定滥权，一定权力寻租，一定社会溃败。中国历代政治印证了老子的观点：每一个朝代在灭亡的时候，最大的问题，恰恰是政府自身出了问题——政府的失范行为，引出了层出不穷的社会问题，政府不但不能解决社会问题，政府恰恰成了社会要解决的问题。而中国历代的农民起义，其实没有解决任何其他问题，其动机和最终结果，就是解决了当地政府，实现了改朝换代。

全权政府导致全责政府，全责政府必然要求全能政府；全责政府必然面对全社会的压力，面对全社会的压力必然要求政府具有无限的能力和全心全意担当与解决社会问题的愿力。而政府本身的能力是有限的，且政治伦理是无保障的，而且越是全权政府越是无法保证自身的政治德性和行政行为的理性。以能力有限、德性不足的政府去承担无限的责任，结果是什么？结果就是无限垄断社会资源，这个做法又加大了政府的责任以及对能力的要求，如此恶性循环，最终当然是老子说的：侮之。王纲解纽王朝崩溃，"内库烧为锦绣灰，天街踏尽公卿骨"（韦庄《秦妇吟》）。"冲天香阵透长安，满城尽带黄金甲。"（黄巢《不第后赋菊》）

所以，中国历史上，政治，往往变成"治政"：巨量的社会资源，都用到了庞大的官僚体系和复杂而低效的行政运行上。这样的政治，其实是内耗政治，而其内耗的，却是社会资源，是民脂民膏。

从另一个角度说，汉语的"倒转语法"里，政治，本来就是治政。好的政府是管好自己，而尽量松绑社会。养护社会自身的生长点，警惕政府权力对社会自发生机的破坏；解放乃至激发个人的生命力和创造力，相信他们会管理好自己，会运用好自己的理性和自由意志来创造自己的生活，完善自己的生命——这是非常了不起的政治智慧，也是最好的政府行为。

从某种意义上说，道家思想，就是中国的古典自由主义。

链接 二章；十六章；二十三章；二十五章；三十八章；四十三章；五十一章；五十六章；六十四章；七十三章

第十八章　大道废

大道废，有仁义[1]；智慧出，有大伪[2]；六亲不和[3]，有孝慈；国家昏乱[4]，有忠臣。

今译

大道废弃了，才有仁义的倡导；智慧出来了，才有人为的伦理；六亲不和了，才有孝慈的引导；国家昏乱，忠臣才会显示。

注释

1　废：废殆。

王弼："失无为之事，更以施慧立善，道进物也。"苏辙："大道之隆也，仁义行于其中，而民不知。道既废，而后仁义见矣。"

2　伪：人为。人为者，非自然也。

王弼："行术用明，以察奸伪。趣睹形见，物知避之。故智慧出，则大伪生也。"则以"奸"释"伪"。然《荀子·性恶》："人之性恶，其善者伪也。""伪"不作"虚伪"解，作"人为"解，与道之"无为"相对。"化性起伪"，是人类自身道德建设的必要过程。"智慧出，有大伪"一句，郭店竹简本无此句，陈鼓应认为老子并不贬抑"仁义""孝慈""忠臣"，与"大伪"并列，易使人误解为老子对仁义等行为的否定；同时，参校下一章也是三个对等句，陈鼓应依照郭店竹简本，删除了这一句。

但我认为，“大伪”与“仁义”“孝慈”“忠臣”一样，同属于人为，并无特别否定义，可以保留。

3 六亲：父子、兄弟、夫妇。

4 昏乱：上昏下乱。上有昏君，下有乱民。

王弼：“甚美之名，生于大恶，所谓美恶同门。六亲，父子、兄弟、夫妇也。若六亲自和，国家自治，则孝慈、忠臣不知其所在矣。鱼相忘于江湖之道，则相濡之德生也。”苏辙：“六亲方和，孰非孝慈？国家方治，孰非忠臣？尧非不孝也，而独称舜，无瞽叟也。伊尹、周公非不忠也，而独称龙逢、比干，无桀纣也。涸泽之鱼，相呴以沫，相濡以湿，不如相忘于江湖。”范应元注：“六亲和，则谁非孝慈？国家治，则谁非贞臣？大道不废，则安取仁义？故六亲不和然后有孝慈之名，国家昏乱然后有贞臣之号，亦犹大道废而后有仁义也。”

导读

在老子看来，人类生活和德性的最高境界，是无为之道。但道被废弃了，只好退而求其次，以仁义等道德规范来约束。因为有恶，所以才需要有善来平衡；因为有不义，所以义才显示出来。所以，最好的治世之道，不是弘扬仁义道德忠孝慈爱，而是回归无知无识一任大道的状态——这，就是道家和儒家的区别。老子其实并不否定尧舜禹汤文武周公以及后来儒家高扬的道德旗帜上的那些价值观，他只是觉得这些价值观都是对人类堕落的被动因应，不是根本的解决之道。这个意思，在三十八章里表现得更加明确：

> 故失道而后德，失德而后仁，失仁而后义，失义而后礼。夫礼者，忠信之薄而乱之首。

值得提醒的是，马王堆帛书甲乙本，此章为：

故大道废，安有仁义；智慧出，安有大伪；六亲不和，安有孝慈；国（邦）家昏乱，安有贞臣。（甲本“安”作“案”）

竹简本作：

故大道废，安有仁义；六亲不和，安有孝慈；邦家昏乱，安有正臣。

在这样的文本里，我们看到的，是这样的逻辑：大道废了，仁义孝慈等也就不复存在。这个因果关系，和王弼本所显示的因果关系正相反。

王弼本的逻辑是：大道废了，仁义孝慈等才被创造出来。马王堆帛书本和郭店竹简本里，大道是仁义孝慈等道德观的凭借和根据。

在王弼本里，大道的消失是仁义孝慈等价值观出现的前提，仁义孝慈是大道的迭代；在帛书本和竹简本里，大道是仁义孝慈的渊源和依托，双方是并生关系。

不管是王弼本里的因果还是马王堆帛书本里的因果，总之有因果。有了因果，就有了逻辑之先后，就有了历史，在儒家那里绝对的价值观——仁义忠孝，就不再是“天不变道亦不变”的绝对，而是一种历史产物。文化、文明、价值观，都是历史产物，在老子眼里，它们都不是自古就有，也不会永恒不变。对儒家宣称的绝对价值观做这样的判断，是对儒家的巨大挑战。

高明《帛书老子校注》、李零《人往低处走——〈老子〉天下第一》都认为，帛书本的“安”是“乃”“于是”的意思。高明：“‘安’……作‘于是’解。”李零：“是乃的意思。”如此，帛书本与王弼本是一致的。

但我认为这是高明和李零先生为了弥合两个文本差异而做的文字学

努力。“安”字即使可以解释为“乃”“于是”，老子又何必冒如此大的误读风险。故不从。

链接 三十八章

第十九章　绝智弃辩

绝智弃辩[1]，民利百倍；绝伪弃诈[2]，民复孝慈[3]；绝巧弃利[4]，盗贼无有。此三者，以为文不足，故令有所属[5]。见素抱朴[6]，少私寡欲，绝学无忧[7]。

今译

绝弃智巧辩慧，人民能有百倍之利；绝弃人为巧诈，人民就能回归孝慈；绝弃机巧货利，盗贼就会消失。智辩、伪诈、巧利，这三样东西为人所重，是世人以为天下人文明不足，所以要让人民有所追求。呈现本色守朴质，减少私心控贪欲，弃绝所学无忧虑。

注释

1　绝智弃辩：绝弃智巧辩慧。

王弼本作“绝圣弃智”，郭店竹简本作“绝智弃辩”。陈鼓应本据改。他认为：“通观《老子》全书，‘圣人’一词共三十二见，老子以‘圣’喻最高人格修养境界，而通行本‘绝圣’之词，则与全书积极肯定‘圣’之通例不合。‘绝圣弃智’一词，见于庄子后学《胠箧》《在宥》篇，传抄者据以妄改所致。”竹简本“绝智弃辩”与六十五章之“以智治国，国之贼”及八十一章之“善者不辩，辩者不善”相符，当从。

2　绝伪弃诈：弃绝伪诈。

王弼本“绝仁弃义”，郭店竹简本作“绝伪弃诈”，陈鼓应据此改正。他说：“《老子》八章主张人与人交往要尚仁（‘与善仁’），可见老子并无弃绝仁义之说，郭店竹简本出土，始知为人妄改。”因为《庄子·胠箧》有“攘弃仁义”之说，陈鼓应认为王弼本“绝伪弃诈”被臆改为“绝仁弃义”，可能是受庄子后学激烈派思想影响所致。陈鼓应所言在理，当从。

3 复：回归。

4 绝巧弃利：绝弃巧利。杜绝机巧与逐利。

苏辙：“巧所以便事也，利所以济物也，二者非以为盗，盗贼不得则不行。故绝巧弃利，盗贼无有。”

5 此三者，以为文不足，故令有所属：此三者：竹简本、帛书本作“此三言”，指智辩、伪诈、巧利。以为：以之为。文：人为之文明、文化、文饰。不足：不足以治国。

高亨《老子正诂》：“言所以如此者，因虚伪之文不足以治国也。五十七章曰：‘天下多忌讳，而民弥贫；民多利器，国家滋昏；人多伎巧，奇物滋起；法令滋彰，盗贼多有。’即申明伪文不足之意也。”马叙伦《老子校诂》则引石田羊一郎所引桂君五十郎曰：“此节虽韵叶，于义不串。且文体遽异，恐是校语，非经文也。”于是怀疑“此三者，以为文不足，故令有所属”一句为旁记之文。按：这十三个字确实不好解释，与上下文难以串通。译文姑依高亨注。

属：有所归属，有所遵循与皈依。

此句解释纷纭，高亨：“盖谓令民有所属，所属者如下文。”然苏辙认为此句乃是对上三者“圣知、仁义、巧利”（苏辙《道德真经注》此章文字与王弼本同）的总结：“世之贵此三者，以为天下之不安，由文之不足故也。是以或属之圣智，或属之仁义，或属之巧利，盖将以文治之也。”较为通达，译文从之。

6　见素抱朴：外显单纯，内守质朴。见：同“现”，外表；抱：抱持，怀抱；素：没有染色的丝；朴：没有雕琢的木。

7　绝学无忧：弃绝所学，则无有忧虑。

苏辙：“见素抱朴，少私寡欲，而天下各复其性，虽有三者，无所用之矣。”

按：这一句本在下一章（二十章）前。但马叙伦、高亨等认为当在此章后。高亨：“‘绝学无忧’与‘见素抱朴，少私寡欲’句法相同，若置在下章，为一孤立无依之句……‘见素抱朴，少私寡欲，绝学无忧’文意一贯，若置在下章，则其文意远不相关……”可从。

导读

这一章问题多多。

首先是文本问题。

王弼本和郭店竹简本区别很大，而王弼本显然受后世庄学影响，而与《道德经》全书一以贯之的观念扞格难通，所以，我赞成陈鼓应的做法，以郭店本为准。

王弼本“绝圣弃智”“绝仁弃义”，今人批评老子“反智反文明”，都是以王弼本为依据。“圣智、仁义、巧利”这三者，或为尧舜以至孔子这样的圣贤所提倡，是他们为天地立心的文化大成果；或促使了人类的科学技术大进步，但王弼本《道德经》一概毫不留情，直接绝弃。这样的言论、观点在《庄子》中能够逻辑自洽，且振聋发聩，但在《道德经》中，就不仅不能一以贯之，而且还让人觉得唐突文明。

其次是对文中“此三者，以为文不足，故令有所属”这三句的理解。

因为这三句确实与上文下文都难以贯通，有人认为是注文校语而非经文，这个观点颇可注意。我们看看，假如这三句去掉，则全章为：

> 绝智弃辩，民利百倍；绝伪弃诈，民复孝慈；绝巧弃利，盗贼

无有。见素抱朴，少思寡欲，绝学无忧。

何等精炼、简洁，意脉贯通！

但考虑到《道德经》流传两千多年，我还是谨慎保持原文。

既要保持原文，则必须对这中间插入的三个怪异句子做出合理贯通。我的译文按照苏辙《道德真经注》的逻辑。苏辙此章文句遵循王弼的本子。他此章注：

> 世之贵此三者，以为天下之不安，由文之不足故也。是以或属之圣智，或属之仁义，或属之巧利，盖将以文治之也。

这是把此三句理解为对上面三个“绝”字句所提到的世人热衷的“圣知、仁义、巧利”的解释：世人认为天下之所以纷纷攘攘不得安顿，乃是人文不足，于是就提倡“圣知、仁义、巧利”，使人民有所皈依：“或属之圣智，或属之仁义，或属之巧利，盖将以文治之也。”

苏辙接着说：

> 然而天下益以不安。

然而这样做的效果适得其反，天下反而更加混乱，于是，苏辙这样理解老子的主张：

> 曷不反其本乎？见素抱朴，少私寡欲，而天下各复其性，虽有三者，无所用之矣。故曰：“我无为而民自化，我好静而民自正，我无事而民自富，我无欲而民自朴。”此则圣智之大，仁义之至，巧利之极也。

应该说，在诸多注解里，苏辙的理解最为通达。

最后一个问题：在王弼“绝圣弃智”“绝仁弃义”的文本中，他们如何融合儒道，如何和同孔老二圣？我们不妨看看苏辙的理解：

> 然孔子以仁义礼乐治天下，老子绝而弃之，或者以为不同。《易》曰：“形而上者谓之道，形而下者谓之器。”孔子之虑后世也深，故示人以器而晦其道，使中人以下守其器，不为道之所眩，以不失为君子。而中人以上，自是以上达也。老子则不然，志于明道而急于开人心，故示人以道而薄于器，以为学者惟器之知，则道隐矣，故绝仁义、弃礼乐以明道。夫道不可言，可言皆其似者也。达者因似以识真，而昧者执似以陷于伪。故后世执老子之言以乱天下者有之，而学孔子者无大过。因老子之言以达道者不少，而求之于孔子者常苦其无所从入。二圣人者，皆不得已也，全于此，必略于彼矣。

链接　二十章；六十五章；八十一章

成语　绝圣弃智　绝仁弃义　少私寡欲　见素抱朴

第二十章　唯之与呵

唯之与呵[1]，相去几何[2]？美之与恶，相去若何[3]？人之所畏，不可不畏[4]。

荒兮，其未央哉[5]！众人熙熙[6]，如享太牢[7]，如春登台[8]。我独泊兮[9]，其未兆[10]，如婴儿之未孩[11]。

傫傫兮，若无所归[12]。众人皆有余[13]，而我独若遗[14]。我愚人之心也哉[15]！

沌沌兮[16]，俗人昭昭[17]，我独昏昏[18]；俗人察察[19]，我独闷闷[20]。

澹兮[21]，其若海；飂兮[22]，若无止[23]。

众人皆有以[24]，而我独顽且鄙[25]。

我独异于人，而贵食母[26]。

今译

顺从的唯声与呵责的呵声，相去多少？美好与丑恶，相差多大？人所敬畏的君王，他自己不可以没有敬畏。

荒乐啊，无有止境！众人兴奋竞夺，好像正在享用盛筵，又好像春日登台。独有我淡泊恬静啊，面无表情无动于衷，好像婴儿尚不会笑。

颓唐寡欢啊，若无所归。众人都丰足富余，就我自己若有所失。我有一颗愚人之心啊！

混混沌沌啊，世间人都明白精明，只有我糊涂懵懂；世间人都精细明察，只有我朴拙木讷。

浩瀚辽阔啊，好像大海；随风飘扬啊，好像永无休止。

众人都各有手段，只有我无知冥顽。

就我和别人不一样，只贵重滋养万物的道。

注释

1　唯之与呵：唯：小声答应。之与：表示两者比较。呵：大声呵斥。

王弼本此句作“唯之与阿”。然竹简本和帛书本“阿”都作“呵”，“阿”与“唯”相反之声调态度义，故据竹简本和帛书本改。另，王弼本此句前有“绝学无忧”一句，与下文了不相关，当是上一章错简至此，已并入上章。见上章注释7。

2　去：距离，差别。

3　美之与恶：美好与丑恶。

王弼本作“善之与恶”。然老子以“美恶”相对，如第二章：“天下皆知美之为美，斯恶矣。”此句王弼注曰：“唯阿美恶，相去何若”，则王弼所据之本，亦作“美”字。

若何：同“几何”，意思是“多少”。

4　人之所畏，不可不畏：若解作“人们所畏惧的，我也不能不畏惧”，则语义肤浅。帛书乙本作：“人之所畏，亦不可以不畏人。”意为：“人们都敬畏的人（君王）也不可以不敬畏他人。”意胜。译文从之。

5　荒：放纵放逸，迷乱荒淫。还有荒废、荒疏、荒亡（沉迷于打猎和酒色）、荒腆（耽迷，沉溺）、荒饮（无节制地饮酒）等义。未央：没完没了之意。此句当是对下句“众人熙熙”而言。

6　熙熙：温暖欢乐的样子。亦指拥挤嘈杂，纷纷竞夺之状。

7　享太牢：太牢：古代人用牛、羊、猪三牲的肉品祭祀。此喻享受丰盛的宴席。

8　如春登台：如同春天登上高台远眺。

河上公注："春，阴阳交通，万物感动，登台观之，意志淫淫然。"

王弼："众人迷于美进，惑于荣利，欲进心竞，故熙熙若享太牢，如春登台也。"

9　我：老子自称，也可理解为"体道之士"。泊：淡泊、恬静。

10　未兆：兆：表征。未兆，喻指我对众人所追逐热衷的东西无动于衷，心如止水，面无表情，故下文曰"若婴儿之未孩"。

11　孩：小儿的笑声。帛书本作"咳"。《说文》："咳，小儿笑也。从口，亥声。孩，古文咳，从子。"如婴儿之未孩：如同婴儿还没有学会笑时那样的淡然漠然。

苏辙："人各溺于所好，其美如享太牢，其乐如春登台，嚣然从之，而不知其非。唯圣人深究其妄，遇之泊然不动，如婴儿之未能孩也。"

12　儽儽（lěi lěi）：倦怠颓唐的样子。《史记·孔子世家》："累累若丧家之狗。"彷徨无所依，百无聊赖。无所归：无所归依，无所归类。

13　有余：丰足有余。

14　遗：若有所失。或同"匮"，不足、匮乏。

15　愚人：朴拙单纯的人。《道德经》中"愚"字出现三次，都作褒义用。

16　沌沌：混沌的样子。

17　昭昭：明白、精明的样子。

18　昏昏：糊涂、懵懂的样子。

19　察察：精细、明察的样子。

20　闷闷：淳朴、木讷的样子。

21　澹：淡泊。

22　飂（liú）：高风，表示行迹自由飘逸。

王弼注："无所系絷。"

23　无止：没有止境。严灵峰等考证认为这两句应该在十五章之

“混兮，其若浊”后，句式、句意甚合。可备一说。

24　有以：有作为，有所追求。

25　顽且鄙：顽愚而且鄙陋。

26　食（sì）母：食：养育。食母：养育万物的母体。母：喻道。王弼注：“食母，生之本也。”范应元注：“食者，养人之物，人之所不可无者也。母者，指道而言也。”王力《老子研究》：“谓我独贵生民之本，众皆贵末饰之华也。”

导读

上一章讲绝圣弃智，绝学无忧，是抽象原则；这一章则是这种生活原则的具体体现：以“我”为榜样，说一种依存大道的生存方式。这种生存方式，与世俗人的爱好追求，拉开了绝大的距离。由于“无为”，由于弃绝三种“文饰”（智辩、伪诈、巧利）回归本原，由于见素抱朴、少私寡欲，得道之人的生活方式，乃至性格气质，都呈现出一种高古朴拙的气象，与一般人之精细明察、孜孜矻矻、孜孜以求，形成绝大反差。

老子用“正言若反”的句子写出的昏昏、闷闷、顽且鄙的得道之人，其实是德性、智慧的代表：其德性，使之超拔流俗；而其智慧，又能使之洞悉迷妄，直归生命的本质。

本章也可以看作老子的自画像。鲁迅说老子时有愤激之辞，此章即是，足见老子的个人性情。

另，十五章、十六章，都写到了得道者的自身形象。十五章是写“古之善为士者”，而十六章直接用了“吾”，本章则是“我”。虽然用了“士”“吾”“我”不同的词，这三章，都是老子自身形象，是老子对自己的认知。

我们不妨涵咏这一章的一段，感受老子对自我的觉知：

众人熙熙，如享太牢，如春登台。我独泊兮，其未兆，如婴儿之未孩。

傫傫兮，若无所归。众人皆有余，而我独若遗。我愚人之心也哉！

沌沌兮，俗人昭昭，我独昏昏；俗人察察，我独闷闷。

……

众人皆有以，而我独顽且鄙。

我独异于人，而贵食母。

他是不是把自己描写成了在人间流浪的神？

注意这最后一句："贵食母"——与道同在时，他在哪里？他是谁？与道同在者，他能是谁？

链接 十五章；十六章；十九章；五十八章；六十五章

成语 相差无几　如登春台

第二十一章　孔德之容

孔德之容[1]，惟道是从[2]。

道之为物，惟恍惟惚[3]。惚兮恍兮，其中有象；恍兮惚兮，其中有物[4]。窈兮冥兮，其中有精[5]；其精甚真[6]，其中有信[7]。

自今及古，其名不去，以阅众甫[8]。吾何以知众甫之状哉？以此[9]！

今译

大德的运作与成形，只以大道为依从。

大道的物象，是恍又是惚。恍恍惚惚啊，其中有大象；恍恍惚惚啊，其中有真物。深远暗昧啊，其中有精质；此精最真实，其中有征信。

从今上溯古，道名不废除，据它察物初。我依据什么了解万物初始之性状？以“道”！

注释

1　孔德之容：大德的形状与运作。孔：甚，大。

王弼释“孔”为“空”：“孔，空也。惟以空为德，然后乃能动作从道。”亦通。

德：指个体事物从道所得的特性。道是德之本质，德是道的具体。《庄子·天地》：“物得以生，谓之德。”《管子·心术上》：“德者道之舍，物得以生。”《韩非子·解老》：“德者，道之功。”

容：样态，运行。“容”有“动”义，如“容止”即指动静。

高亨说：“‘容’疑借为‘搈’，动也。《说文》：‘搈，动搈也。’”

2 惟道是从：永远只是遵循着道而运作。

3 道之为物，惟恍惟惚：道其实也是一种客观存在之物，只是这种物与我们一般所理解的有形之物不一样，它是一种不可见不可指认的存在，是万物之上万物之先的物，故“惟恍惟惚”。

王弼：“恍惚，无形不系之叹。”释德清注：“恍惚，谓似有若无，不可指之意。”

4 象：迹象。物：实体。这两句中的“象”与“物”都意指其客观存在，而非指其有可见之象与可触摸之物。

苏辙：“道非有无，故以恍惚言之。然及其运而成象，著而成物，未有不出于惚恍者也。”

5 窈兮冥兮，其中有精：窈：微不可见。冥：深不可测。精：精气，精力，指精微存在的物质原子及其功能。全句意谓：深远暗昧，其中有精微的原子存在和运作。

“精”，帛书本作“情”，高明：“训‘真’或‘实’。”也可通。

6 真：真切，切实存在且切实运作。

7 信：信验，信实，验证。其中有信：有可验证的功能与本体。

8 自今及古：从今上溯到古。通行本作“自古及今”，据帛书甲乙本及傅奕本、范应元本改正。

蒋锡昌《老子校诂》：“言道虽无形，然今古一切，莫不由之而成，故道之一名，可谓常在不去也。”

马叙伦说：“各本作‘自古及今’，非是。‘古’‘去’‘甫’韵。”高亨《试谈马王堆汉墓中的帛书〈老子〉》：“按当作‘自今及古’，因为‘其名’是指道的名。‘道’这个物，是古时就有。‘道’这个名，是老子今天给的。用‘道’的名以称‘道’的物，是用今天的名以称古时的物，乃'自今及古'，不是'自古及今'，可见今本是错了。又此三句，古、去、甫三字押韵，若作'自古及今'，则失其韵。"

以阅众甫：以观察万物的起始。阅，观察。"众甫"，帛书甲乙本作"众父"，"甫"与"父"通。

王弼注："众甫，物之始也。"

9　以此：此代表"道"，即"由道而知识"。

导读

此章与十四章都是对道的描述。一开始就从德的角度，说出道是万物之源，万物之德都源自道，并且世间芸芸并作的万物，其实都是遵循道而成其形与施其用。

道也是物，只不过它是万物之先、万物之上的物，是一切物的根本与源头，也是万物的法则。所以，它不可被辨识，但可以被体悟。

为何可以被体悟？因为它有象、有物、有精，所以"有信"——可以被证信、被证悟。

体悟什么？就是体悟道的无形无臭无色而有象有物有精的存在！

值得一提的是，有象、有物、有精是"道"呈现自己的三个层次，是能被体悟的三个层次，也是人类认知的三个不同阶段："象"是对"道"的感性美学认知；"物"是对"道"的理性科学认知；"精"是对"道"的本质与功能的哲学认知。

最后的"信"，则是近乎信仰层面的"因信称义"：对"道"的客观认知里，本来就不可缺少对"道"的主观"认同"。毕竟，每一个具体的人——"德"，遵循道，不违背道，依道而行，是我们应该树立的信念。所以，回到开头两句：孔德之容，惟道是从！

链接　四章；十四章；十六章；二十五章

第二十二章　曲则全

曲则全[1]，枉则直[2]，洼则盈[3]，敝则新[4]，少则得[5]，多则惑[6]。

是以圣人执一为天下式[7]。不自见，故明[8]；不自是[9]，故彰；不自伐[10]，故有功；不自矜，故长[11]。

夫唯不争，故天下莫能与之争。古之所谓曲则全者，岂虚言哉！诚全而归之[12]。

今译

曲则全，枉则直，洼则盈，敝则新，少则得，多则惑。

因此圣人抱守大道而做天下范式。不自我展示，因此而明晰；不自我肯定，因此而彰显；不自我夸耀，因此而有功；不自大自负，因此为尊长。

正因为不争，所以天下就没有谁能和他争。古人所说的“曲则全”，难道是一句空话吗？真的是谦让出去的一切都会全数归还自己啊！

注释

1　曲则全：不全、有缺才能趋全。曲：事物的局部，不完整的状态。《庄子·天下》：“不该不遍，一曲之士也。”严复：“曲，一部分也。”译文从之。一说，曲：“曲折受屈”之意。全者，蜷也；蜷者，全也。曲，即蜷。蜷就是闭环，闭环才是一个完整的系统，完整的系统必须是一个闭环——所以，曲则全。苏辙："圣人动必循理，理之所在，或直或曲，要于通而已。通故与物不迕，不迕故全也。"另，《庄子·逍遥游》："吾有大树，人谓之樗。其大本拥肿而不中绳墨，其小枝卷曲而不中规矩。立之途，匠者不顾。"因其曲，匠者不顾不伐，故得以自全。

2　枉则直：弯曲随物才能伸直。枉：弯曲，不直，此指因地制宜，因时制宜，随物赋形，体物无遗。虽则看起来没有自己一以贯之的"直"，其实是大直，真正的直。

苏辙："直而非理，则非直也。循理虽枉，而天下之至直也。"

3　洼则盈：低洼空虚才能充盈。洼：有"空缺""不足""欠缺"义。

苏辙："众之所归者，下也，虽欲不盈，不可得矣。"

4　敝则新：陈旧凋敝才会焕新。敝：凋敝，陈旧。

5　少则得：欠缺量少才能得到。少：与上文"曲""枉""洼""敝"，及下文"多"，俱作形容词。

6　多则惑：过多剩余就会惑乱。多：此处并非指优于"少"的"多"，而是指超过本分的"多"，故此处也是如"曲""枉""洼""敝""少"一样，取世俗的否定义，如同"过犹不及"的"过"。惑：迷惑，心神惑乱。

河上公："财多者惑于所守，学多者惑于所闻。"

7　圣人执一为天下式：圣人抱守大道为天下人做出范式。式：法式。

王弼本"执一"为"抱一"，估计是为了和十章"载营魄抱一"相一致。帛书甲乙本并作"执一"，当从。陈鼓应："'执一'，即'执道'（见《老子》十四章、《庄子·天地篇》及《文子·道原篇》）。'执一'为道家常用语词，屡见于《管子》（《心术篇》《内业篇》）等稷下道家之作，其后为荀子（《荀子·尧问篇》）与韩非（《韩非子·杨权篇》）引用。"老子的"执一"，与儒家的"允执厥中"之"执"，可以对看。

8　自见：见：音义同"现"。自现：自我彰显。

吴澄说："自见，犹云自炫。"苏辙的解释与一般不同："目不自见，故能见物；镜不自照，故能照物。如使自见自照，则自为之不暇，而何暇及物哉。"则苏辙释"见"为"看见"，释"明"为"明察"。

9　自是：自我肯定。

10　自伐：自我夸耀。

11　自矜：自大自负。长：尊长，为天下之长。"长"在此不读长短之长，而作长幼之长，乃是由"自矜"决定的。

12　归：回归，归向，回馈。全而归之：谦让出去的都会完整归还自己。

导读

从哲学角度讲，这章是讲自然之道。

从政治学角度讲，此章是讲帝王之道。

从人生角度讲，此章是讲处世之道。

后世总说帝王是"打天下坐江山"，其实，尧舜禹汤文武周公，正是因为他们不争不竞，让利天下，公平正义，才获得上天垂青而为天子，获得万民推崇而为人主。《论语·宪问》："羿善射，奡荡舟，俱不得其死然。禹、稷躬稼而有天下。"说的就是这种情形。

人总是贪多务得，细大不捐。其实，比如，"洼则盈"——洼是充盈的前提啊，无洼（虚空），你何处充盈，充盈到何处？而且，生活中诸多的"不足"，其实正丰盈。比如，你以为挣钱不足之时，可能正是时间丰盈之日；人生闲暇多，生活反而更丰盈。一只水杯，里面水多了，空余就少了；空余多了，水就少了——关键看你是要更多的水，还是要更多的容量。"枉则直"——你以为你受了冤枉，委屈得很，其实，那正是你的正直：因为你能承受委屈，体贴他人，孔子所谓："人不知而不愠，不亦君子乎？"

"曲则全，枉则直，洼则盈，敝则新，少则得，多则惑"这几句，其实也可以理解为“曲就是全，枉就是直，洼就是盈，敝就是新，少就是得，多就是惑”，这更符合道家的“道德”之意：因为“曲”“枉”“洼”“敝”“少”“多”，也是客观存在，有自身的自足自满。《庄子·齐物论》：“天下莫大于秋毫之末，而大山为小；莫寿于殇子，而彭祖为夭。”天下莫大于秋毫之末也者，小则大也；莫寿于殇子也者，殇即寿，少则得也——万物都是自足而自在。

链接　三章；八章；二十四章；六十六章；六十八章；六十九章；七十二章；七十三章；七十八章；八十一章

成语　委曲求全

第二十三章　希言自然

希言，自然[1]。

故飘风不终朝[2]，骤雨不终日[3]。孰为此者？天地。天地尚不能久，而况于人乎？

故从事于道者，同于道[4]；德者，同于德；失者，同于失[5]。

同于德者，道亦德之；同于失者，道亦失之[6]。

[信不足焉，有不信焉[7]。]

今译

少发政令，让百姓自治。

所以暴风不能持续刮一个早晨，骤雨不能持续下一整天。是谁兴起的暴风骤雨？天地。天地的过分行为都不能长久，何况人呢？

所以致力于追随道的人，与道并行；致力于完善德的人，与德并立；行为违失道德的人，德性也就背离道德。

立身于德的人，道也亲附他；违反道德的人，道也远离他。

（诚信不够，自然就不会被人信。）

注释

1　希言：少说话，此对君王言，指少发政教法令。

蒋锡昌《老子校诂》："多言者，多声教法令之治；希言者，少声教法令之治。故一即有为，一即无为也。”自然：自己如此。《论语·阳货》：“天何言哉？四时行焉，百物生焉。天何言哉？”十七章：“功成事遂，百姓皆谓：‘我自然。’”王弼：“听之不闻名曰希。下章言，道之出言，淡兮其无味也，视之不足见，听之不足闻。然则无味不足听之言，乃是自然之至言也。”

2　飘风不终朝（zhāo）：强风持续不了一个早上。飘风：大风、强风。终朝：完整的早上。

3　骤雨不终日：暴雨持续不了一整天。

王弼注此上下二句曰：“言暴兴不长也。”三十章“物壮则老，是谓不道。不道早已”句，王弼注：“飘风不终朝，骤雨不终日，故暴兴必不道，早已也。”马王堆帛书甲乙本作“暴雨”。

4　从事于道者，同于道：致力于追随“道”的人，与道并行。

王弼本“同于道”前，重复一“道者”，帛书甲乙本无，据俞樾说删。《论语·里仁》：“子曰：‘苟志于仁矣，无恶也。’”志于仁，无恶也；志于道，无不道也。二者都意味着无有动机上的不仁不道行为。

5　德者，同于德：从事于德者，同于德，“德”上省“从事于”三字。下文“失者”同，为“从事于失者”。从事于失者：指行为举止违背道、离开道的人。

苏辙：“夫苟从事于道矣，则其所为，合于道者得道，合于德者得德。不幸而失，虽失于所为，然必有得于道德矣。”

6　同于德者，道亦德之；同于失者，道亦失之：“德之”即“得之”，与下文“失之”相对。得之：与道同在，互相拥有，互相融入。

这四句，各本纷纭各异，此据帛书甲乙本。苏辙本作：“同于道者，道亦得之；同于德者，德亦得之；同于失者，失亦得之。”王弼本在苏辙本的三个“得之”前，都有一个“乐”字，陈鼓应本据帛书乙本，于义较为通达（帛书甲本同）。本书同。

7　信不足焉，有不信焉：此二句见于十七章。疑是错简重出。

导读

本章的主旨是开头的四个字：希言，自然。

希言者，十七章之“贵言”也。自然者，十七章之“我自然”也。

这是全章第一层。

第二层以飘风骤雨设喻，说明一切有为法，都不可持续，不可成功。

第三层讲自然，讲自治。这里包含两层意思：

第一，君王自治。君王不用老想着治天下，只要管好自己。这与儒家修身齐家治国平天下路径一致。只不过儒家的修身是锤炼伦理道德，老子的修身是顺应自然道德：一切顺应于道（万物规律），一切不违于德（自身属性）。

第二，百姓自治。无君王发号施令以扰民生事，百姓一切生计也都顺应自然大化，民风淳朴，无知无欲，最后自然是德性和平，天下太平，帝力于我何有哉！

链接　二章；十七章；二十四章；二十五章；四十三章；五十一章；五十六章；六十四章；七十三章

成语　飘风骤雨

第二十四章　企者不立

企者不立[1]，跨者不行[2]。

自见者不明，自是者不彰，自伐者无功，自矜者不长[3]。

其在道也[4]，曰："余食赘行[5]，物或恶之[6]。"故有道者不处。

今译

跂起脚跟难以久立，跨步行走难以走远。

自我标榜的人不能突出，自以为是的人不得彰显，自我夸耀的人不会有功，自尊自大的人得不到推崇。

从道的角度来看，称："多余的食物和附体的赘瘤，万物都会讨厌。"所以有道的人都不这样。

注释

1　企者不立：跂起脚跟难以站立。企：跂起脚跟。

《说文》："企，举踵也。"

2　跨者不行：跨步行走难以走远。跨：阔步行走。

《说文》："跨，渡也。"段玉裁《注》云："谓大其两股间，以有所越也。"

3　"自见（xiàn）者"以下四句，见二十二章注释8、9、10、11。

4　其在道也：其：代指上述"自见""自是""自伐""自矜"等做法。在道：对于道而言。

5　余食：多余的饮食，不必要的奢靡。赘（zhuì）行：赘瘤。行：通“形”。赘：多余，累赘。

《庄子·骈拇》：“附赘悬疣，出乎形哉。”

6　物或恶之：物：万物。万物都可能会讨厌它。

导读

本章接上一章。“企者不立，跨者不行”两句，意思和上一章之“飘风不终朝，骤雨不终日”一脉相承，都是指有难度的事勉力为之之不可持续与不见其功，莫若无为自然。而“自见者不明，自是者不彰，自伐者无功，自矜者不长”四句，又几乎是对二十二章之“不自见，故明；不自是，故彰；不自伐，故有功；不自矜，故长”的正反说明。

本章的比喻“余食赘行”，与庄子《大宗师》：“以生为附赘县（悬）疣，以死为决疣溃痈”这一段有着思维上的同一性。老子在告诉我们，生活中的很多东西，都是生命中多余的。而庄子似乎更进一步：从自然大化的角度看，生命本身，如果执着，到了贪生怕死的时候，也是多余的——问题是，生命的本质里，偏偏有着对生命的执着，一旦执着，就不自然——“今一犯人之形，而曰‘人耳人耳’，夫造化者必以为不祥之人。今一以天地为大炉，以造化为大冶，恶乎往而不可哉！”（《庄子·大宗师》）

链接　二十二章；二十三章；七十一章

成语　余食赘行

第二十五章　有物混成

有物混成，先天地生[1]。寂兮寥兮[2]，独立而不改[3]，周行而不殆[4]，可以为天下母[5]。吾不知其名，强字之曰“道”[6]，强为之名曰“大”[7]。大曰逝，逝曰远，远曰反[8]。

故道大，天大，地大，人亦大。域中有四大，而人居其一焉[9]。

人法地[10]，地法天，天法道，道法自然。

今译

有一种东西以混沌的形式存在，它先于天地之前诞生。不见其形啊不闻其声，独立万物之外永无成坏，循环运行而永无止息，可以作为天下万物的本原。我不知道它的名，勉强为它取字叫“道”，勉强给它取名叫“大”。它大而往逝，逝而远去，远去而又回归。

所以道大，天大，地大，人也大。天地间有这四大，人是其中之一。

人法地，地法天，天法道，道法自然。

注释

1　有物混成：有一个物混混沌沌的样子。物：此指“道”。《庄子·应帝王》中的混沌：“人皆有七窍以视听食息，此独无有。”

成：当理解为“成就”“成形”。混成：以混沌的面目成形。

先天地生：先于天地前诞生。

王弼注："不知其谁之子，故曰先天地生。"熊十力《十力语要》曰："道本无生，以其恒存，假说为生耳！"熊说透彻。

2 寂兮寥兮：寂：没有声音，听之不闻。寥：没有形体，视之不见。

王弼注："寂寥，无形体也。"

3 独立而不改：独立于万物之外，不因为任一事物的成住坏空而改变。道是绝对的和永恒的。

王弼注："无物之匹，故曰'独立'也；返化终始，不失其常，故曰'不改'也。"另，王弼本无"而"字，然各本皆有"而"字，如帛书乙本。无"而"字，与上句四字相对；有"而"字，与下句五字相对，委婉曲折有致，有"而"字优，从帛书乙本改。

4 周行而不殆：循环往复而且永不废殆（停止）。周：循环。殆：废殆。

范应元注："周行而不殆者，言其虚通而无所碍也。"

5 天下母：天下万物的本原。

苏辙："独立无匹而未尝变，行于群有而未尝殆，俯以化育万物，则皆其母矣。"

6 字：动词，命名。

严复曰："其物本不可思议，人谓之道。非自名也，由字得名。"

7 大：道无所不在，漫无际涯，又无所不容，故作"大"；亦可以理解为"太"，言"大"而形容犹未尽，则作"太"。

苏辙："道本无名，圣人见万物之无不由也，故字之曰道。见万物之莫能加也，故强为之名曰大。然其实则无得而称之也。"

8 大曰逝：曰：而。下面两个"曰"义同。逝：周流不息，运行无止。远：当作动词，远去。反：同"返"，复归，返回本原。与"观复"之"复"同义。

9 人亦大……人居其一焉：两处"人"字，竹简本、帛书本、河上公本、王弼本均作“王”。证以下文“人法地，地法天，天法道”，应作“人”。域中：广袤无际的空间之中。居其一：四大居一。

10　法：效法，取法。人法地：人类效法大地。道法自然：大道纯任自然。

范应元注：“人法地之静重，地法天之不言，天法道之无为，道法自然而然也……清静无为，循乎自然，此天地人之正也。”

导读

本章讲“道”的形成与特征（混成，寂兮寥兮）、性质与作用（大，逝，远，反）、绝对性与永恒性（独立不改，周行不殆）。

值得注意的是，本章从道的角度，肯定了人的价值。因为人法道，故而，人成为与天地并生的四大之一。

但问题是：人法地以至于人法道，是人的本质吗？

人是道的产物当然没有问题。但人心呢？种种有为、贪欲，如何理解？从人心的角度说，人，是不是道的异化？

第三章：

> 不见可欲，使民心不乱。
> 是以圣人之治，虚其心……

第八章：

> 居善地，心善渊，与善仁……

第十二章：

> 驰骋畋猎令人心发狂……

第二十章：

众人皆有余，而我独若遗。我愚人之心也哉！

第四十九章：

圣人无心（又作“常无心”或“无常心”），以百姓心为心。

又：

圣人在天下，歙歙焉，为天下浑其心……

第五十五章：

和曰常，知常曰明。益生曰祥。心使气曰强。
物壮则老，谓之不道，不道早已。

在这些所有关于心的文字里，除了“心善渊”之理想状态、“我愚人之心”之随机用法外，其他几乎都是负面的、否定的、需要管控的。

法道之人，为什么往往背离道？

其实，老子讲的“人法地”，人之德来源于道，应该是指人之性。而心是性的为情所动，并且常常是背离性的。

《道德经》是不是一本关于人的异化的著作？

链接 四章；十四章；十六章；十七章；二十一章；二十三章；四十章；四十五章

成语 周行不殆 道法自然

第二十六章　重为轻根

重为轻根[1]，静为躁君[2]。

是以君子终日行不离辎重[3]。虽有荣观，燕处超然[4]。奈何万乘之主[5]，而以身轻于天下[6]？

轻则失根[7]，躁则失君。

今译

重是轻的根本，静是躁的主宰。

因此君子终身行事守稳持重。虽然有华美的住宅，也能安处其中、超然其外。为什么拥有万乘兵车的大国君主，却把自己的身体看得比天下轻?

把身体看轻就失去了根本，心思躁乱就会失去主见。

注释

1　重为轻根：重是轻的根本。

2　静为躁君：静是躁的主宰。

3　君子：王弼本作“圣人”，据景龙本、傅奕本、帛书甲本改。

终日行：比喻终身行事。辎重：古代有帷盖的装载物资之车，后专指军队中承载器械、粮草的车。不离辎重：比喻不离根本，行事持重。

王弼注：“以重为本，故不离。”

4　荣观：豪华的楼观。燕处：安处。

5　万乘之主：乘：兵车。万乘：拥有万辆兵车的大国。

按：春秋时尚无万乘之国，战国时才有。“万乘之主”，帛书本作“万乘之王”，以“王”指天子，与下一句的“天下”相对应。古籍多以“万乘之主”“万乘之王”形容周天子，比如《汉书·刑法志》：“天子畿方千里，提封百万井，定出赋六十四万井，戎马四万匹，兵车万乘，故称万乘之主。”朱熹《四书章句集注》也以此注《孟子·梁惠王上》的“万乘之国”。

6　以身轻于天下：把自己的身体看得比天下轻。

王弼本作“以身轻天下”，帛书甲乙本作“以身轻于天下”，《韩非子·喻老》：“主父，万乘之主，而以身轻于天下。”据帛书改。河上公：“王者至尊，而以其身行轻躁乎？疾时王奢恣轻淫也。”苏辙：“人主以身任天下而轻其身，则不足以任天下矣。”吴澄注：“以身轻天下，谓以其身轻动于天下之上也。”

7　根：根本。

王弼本原作“本”。陈鼓应根据《永乐大典》和俞樾的说法，改“本”为“根”。最后两句是远绍开头两句做的总结，作“根”没有疑义。河上公本及多种古本作“臣”。作“本”，尚可通；作“臣”，不可通。疑此“臣”字，从“君”字来，如此，则本章首句当为：“轻为重臣，静为躁君。”曲折生事，不如即作“轻则失根”。吴澄本、释德清本亦作“根”。

导读

本章的关键词是两组反义词：重与轻，静与躁。

《论语·学而》：“君子不重则不威，学则不固。”老子、孔子，都要求君子立身持重、做事稳重、气质庄重。而这种“重”的本质，就是持守住自己的内心，稳定住自己的重心，不为外物所诱惑而偏离自己的赤子之心。从哲学的角度讲，人生最重要的事，是获得自己的主体性，保持自己对自己的主宰。孔子有弟子曰宰予，真是一个好名字。

能主宰自己，也必能静。这个“静”，是内心安详平静，不以物喜，不为己悲。躁，是自我乱了方寸。《大学》：“知止而后有定，定而后能静，静而后能安，安而后能虑，虑而后能得。”这个“静”，与老子的“静”，都是要人在纷攘中安定自己的内心，守住道，而后“得”。得什么？得德——“同于德者，道亦德之”。

轻则不足任重，躁则不可致远。

把自身身体看得比所有外物乃至整个天下都重，这才算是守住了根本。十三章：“故贵以身为天下，若可寄天下；爱以身为天下，若可托天下。”——以贵身的态度去治理天下，以爱自己身体的态度去维护天下，这才是守住根本，立足根本啊。

链接　十二章；十三章；五十四章

第二十七章　善行无辙迹

善行，无辙迹[1]；善言，无瑕谪[2]；善数，不用筹策[3]；善闭，无关楗而不可开[4]；善结，无绳约而不可解[5]。

是以圣人常善救人，故无弃人；常善救物，故无弃物[6]。是谓袭明[7]。

故善人，不善人之师；不善人，善人之资[8]。不贵其师，不爱其资，虽智大迷[9]，是谓要妙[10]。

今译

善行，无有痕迹；善言，无可指瑕；善数，不用筹策；善闭，不用门闩而打不开；善结，不用绳扣而解不开。

所以圣人总是善于救人，故而没有被抛弃的人；总是善于救物，故而没有被遗弃的物。这就叫“袭明”。

所以善人是不善人的老师；不善人是善人的镜子。不尊重老师，不爱惜镜子，即使聪明，其实是大糊涂，这就叫“要妙”。

注释

1　善行，无辙迹：善行：依乎天理，顺乎自然，随道而行。亦指合乎道德的无为政治，“太上，不知有之”之境界。

苏辙：“乘理而行，故无迹。”

2　善言，无瑕谪：善言：三个意思，一、合乎道德之言，孔子所谓仁者之言，“有德者必有言”之言；二、孔子所谓“慎言”；三、孔子所谓“时而后言”。

范应元说：“瑕，玉病也。谪，罚也，责也。”苏辙：“时然后言，故言满天下无口过。”

3　善数：数：谋划，计算。筹策：古时候计数用的象牙、竹木等做的小片工具。善数，不用筹策：不是指不用筹策而能算计，而是指圣人治天下，一任自然，何劳算计。

4　关楗：门闩。

范应元注：“楗，拒门木也。或从金傍，非也。横曰‘关’，竖曰‘楗’。”今“关键”之“键”用金旁，非。善闭，无关楗而不可开，善闭其实是无闭，无闭当然无关楗，无闭之室，何劳打开。

5　绳约：以绳捆扎。绳为体，约为用。“无绳约”即无结，无结之绳，何劳解开。

苏辙：“全德之人，其于万物，如母之于子，虽纵之而不去，故无关而能闭，无绳而能约。”范应元：“善数物者以一，故无筹策；善闭情欲者以道，故无关楗；善结人心者以德，故无绳约。”

6　善救人、善救物：“圣人不仁，以百姓为刍狗”之意。善者，不仁也；不仁者，不偏私也；不偏私，故无取；无取，故无弃。乘天地之道，全万物之性，所谓善救人、善救物也。

苏辙：“彼方执算以计，设关以闭，持绳以结，其力之所及者少矣。圣人之于人，非特容之，又善救之。我不弃人，而人安得不归我乎？”

7　袭明：袭：两义，一、保持，含藏；二、因循，遵照。明：亦有两义，一、聪明智慧；二、道德之明。十六章：“知常曰明。”

释德清说：“承其本明，因之以通其蔽，故曰袭明。‘袭’，承也，犹因也。”故，“袭明”有“含蕴智慧而不露不用”之意，亦是“袭用遵循大道而推及百姓”之意。苏辙：“救人于危难之中，非救之大者也。方其流转生死，为物所蔽，而推吾至明以与之，使暗者皆明如灯，相传相袭而不绝，则可谓善救人矣。”

8 王弼本此二句作：“故善人者，不善人之师；不善人者，善人之资。”多两个“者”字，帛书本、景龙本、苏辙本无此两个“者”字。此二“者”字与“人”字叠床架屋，不如没有简洁明了。故依帛书本删。

9 虽智大迷：即使聪明，其实是大糊涂。

王弼注：“虽有其智，自任其智，不因物于其道，必失。故曰‘虽智大迷’。”

10 要妙：要：至高至要，则“要妙”乃“至高的妙”；或作“幽”义，则“要妙”义“幽妙”，精深微妙。

导读

所谓“善行，无辙迹”，不是指路无辙迹，而是根本就路无行人，或人无行走。无行何有迹？

所谓“善言，无瑕谪”，不是言无瑕谪，而是根本就无言。无言何来瑕？

所谓“善数，不用筹策”，不是数不用筹，而是根本就不算计。不算何用筹？

“善闭，无关楗而不可开”，是根本就无闭。人家门都没有，哪有关楗？无门无关楗，你如何打开一个不存在的门？

“善结，无绳约而不可解”，不是无绳约，而是根本就没有结。你如何打开一个虚幻的结？

老子在讲什么？在讲“无为”。在讲“无为”之后，一切圆满，天衣无缝。

在这一番话之后，老子接着说：“是以圣人常善救人……”

于是出现了一个问题：这上下文是什么关系？逻辑的契合点在哪里？

善行不行，善言不言，善数不数，善闭不闭，善结不结，于是——

善救不救！

因为不救，所以于人于物无别无择、无取无舍，故无弃。

那么，“不救”是什么意思呢？就是二十三章之“希言，自然”，就是十七章所谓的“太上，不知有之”。

“无弃”是什么意思呢？就是十七章所谓的“功成事遂，百姓皆谓：‘我自然’”！

相信人民会管理好自己，照顾好自己。只要你不去干扰他们，盘剥他们，而是把他们天赋的权利还给他们。

链接　三章；五章；十七章；二十三章；六十二章

第二十八章　知雄守雌

知其雄，守其雌[1]，为天下谿[2]。为天下谿，常德不离[3]，复归于婴儿。

知其白，[守其黑，为天下式。为天下式，常德不忒，复归于无极。知其荣[4]，]守其辱，为天下谷[5]。为天下谷，常德乃足[6]，复归于朴。

朴散则为器[7]，圣人用之，则为官长[8]。

故大制不割[9]。

今译

稔知自身雄强，甘守卑下柔弱，做天下的溪流。做天下的溪流，自体之德不离不失，回归纯真的婴儿。

稔知自身洁白，甘守淤泥污黑，做天下的空谷。做天下的空谷，自体之德完美自足，回归未琢的质朴。

质朴离散就成器，圣人若以器自用，就降格为百官之长。

所以说，大的形制不可割裂。

注释

1　知其雄，守其雌：知道自己足够雄强，却甘守雌弱。“雄”比喻刚劲；“雌”比喻柔弱安静。

按：知，认知与了解，同时在此有“运用”的意思。一如孔子之“学而不思则罔，思而不学则殆”之“思”，不仅有“思考”义，亦有“行动”义。古文常如此。

王弼：“雄，先之属。雌，后之属也。知为天下之先也，必后也，是以圣人后其身而身先也。”

2　为天下谿（xī）：作为天下的溪流。谿：山间的小水沟。

王弼：“谿不求物，而物自归之，婴儿不用智，而合自然之智。”

3　常德：恒常之德，喻人之本质、本性、主体性。

4　这六句二十三字疑为后人窜入。《庄子·天下》引老聃曰：“知其雄，守其雌，为天下溪。知其白，守其辱，为天下谷。”可做参证。陈鼓应《老子今注今译》论之甚详，可参。译文不译。

5　辱：同“黷”，污黑。谷：山谷。山谷的特点是卑下而空阔，卑下则自谦自抑，空阔则包容含纳。

6　足：个体自足。道家认为个体之德来自道，道赋予个体主体性的完足。

7　朴：质朴、素朴。无雕无琢之前，不具一物之形，而具万物之质；不有一物之用，而有万物之本。朴散则为器：质朴离散就成为各种器具。

河上公注：“器，物也。”范应元注：“纯朴不散，则非器矣。”

8　圣人用之，则为官长：圣人若专主一器用，则不过一专司某职某务之官长而已。“用”即有为，故老子贬之。之：指代上一句的“器”。

《礼记·学记》：“君子曰：大德不官，大道不器。”按：王弼理解为：“真散则百行出，殊类生，若器也。圣人因其分散，故为之立官长。以善为师，不善为资，移风易俗，复使归于一也。”苏辙亦曰：“圣人既归于朴，复散朴为器，以应万物。譬如人君分政以立官长，亦因其势之自然，虽制而非有所割裂也。”

9 大制不割：制：一物之体制，形制。大制不割：大的形制不作分割偏主之用。如木之朴素，不作分割之器；圣人含混，不主一官之用。

导读

本章的关键词：守，离（散），朴，复归，足。

“守”有两义：第一，守自我。守自我中安静柔弱（雌）、谦卑（辱）的部分，因为这一部分才是内向的、内在的，是自涉而不涉他的，所以，相比雄强（雄）、光耀（白）等涉他的特点，是更加本质的自我；第二，无为。“守”有“保守”义，有按捺住自己冲动的意思。

“离”，也有两义：第一，离散，主体性澌灭，这是德的丧失；第二，背离，离开，离开道，违背道，这是道的疏离。

“朴”，是“离”的反义词。由离至朴，要复归。复归，就是离散的一切复归原型，背离的一切回归本原。这原型与本原，就是朴。“反者道之动”，反就是离散的复归，复归于道。朴是道的表达之一。

复归之后，并不是个体（物）德的丧失，恰恰相反，是德的完足。德的完足，就是个体自足。

老子特重个体的主体性。为器，则自家主体性丧失，故孔子曰：“君子不器。”“朴散则为器”，器来自道，却又是道的分裂与分别，器需要在道中追溯自己的本质，于是要复归，归常德则复朴。

万物之本为朴，其用为器。圣人守住自家为朴，入世则器。圣人之德盛大，不偏治一官之事，此为大德不官；大道之体包容，不偏主一器之用，此为大道不器。出则器，处则朴也。

链接

十五章；十九章；三十二章；三十七章；五十七章

成语

知白守黑　知雄守雌

第二十九章　将欲取天下

将欲取天下而为之[1]，吾见其不得已[2]。天下神器[3]，不可为也，不可执也[4]。为者败之，执者失之[5]。是以圣人无为，故无败；无执，故无失[6]。

夫物，或行或随[7]，或嘘或吹[8]，或强或羸[9]，或载或隳[10]。

是以圣人去甚，去奢，去泰[11]。

今译

想要以天下作凭依而妄作妄为，我看他无法收场。天下是神的器物，不能任人肆意妄为，不能被人绑架玩弄。凭借天下肆意妄为必定失败，操控天下以逞己欲必将失去。圣人不凭依天下妄自作为，所以不会失败；不操控把持天下，所以不会失去。

世间万物，有的前行有的跟随，有的要鼓励有的要降温，有的强壮有的羸弱，有的上进有的堕落。

因此圣人治天下，戒免过分，革除多余，弃绝极端。

注释

1　将欲取天下而为之："取"的意思有两个。一、获取，全句意为：为了要取得天下而"为"（比如打天下坐江山）。二、拿，全句意为：以天下为手段、工具和凭借，去"为"（实现自己的某种人间天国的梦想）。二者皆可通，而后一义更准确，因为下面有“天下神器，不可为也，不可执也”之语。今一般解此“取”为“治”，意为“想治理天下而以有为的方式去实现”，意思肤浅且拗口，不取。

2　吾：老子自称，《道德经》凡用“吾”处，都是“我”的淡化和泛化，有谦卑商榷语气，主观意见被冲淡，但也因此有了更加客观普遍的意义，于所言之事实或观点，反而有强调意味。

不得已：不得终局，有“得不到”“不可收拾”“难以了断”等义；有解“已”为“矣”，意为“不会成功”，亦通，天下自在，谁也不可据为己有。凡以为据有天下的人，都是狂妄之徒；以为自己据有了天下，然后肆无忌惮之人，如夏桀商纣，都是愚蠢之人。

苏辙：“圣人之有天下，非取之也，万物归之，不得已而受之。其治天下，非为之也，因万物之自然，而除其害耳。若欲取而为之，则不可得矣。”

3　天下神器：天下是神的器（只可被神恩荫照临或使用）。

4　不可执也：王弼本无此一句，据刘师培说补。

王弼注：“万物以自然为性，故可因而不可为也，可通而不可执也。物有常性，而造为之，故必败也；物有往来而执之，故必失矣。”则“不可为也”句后，当有“不可执也”一句。

5　为者败之，执者失之：参注释4所引王弼注。

6　此句为六十四章错简，当移于此。

7　或行或随：行：行走在前；随：跟随在后。比喻或主动或被动。

8　或嘘或吹：喻有的需要鼓劲，有的需要降温。

高亨《老子正诂》云：“缓吐气以温物谓之嘘，急吐气以寒物谓之吹。”有成语“嘘枯吹生”。《后汉书·郑太传》：“孔公绪清谈高论，嘘枯吹生，并无军旅之才，执锐之干。”

9　或强或羸（léi）：有的孔武强壮，有的瘦弱无力。强：强壮；

羸：羸弱。

10　或载或隳（huī）：有的成功，有的毁灭，比喻有的自强上进，有的自甘堕落。王弼本作“或挫或隳”，据河上公本改。

11　甚：过分。奢：多余。泰：极端。

导读

第一段讲天下，第二段讲物，第三段讲圣人。

其实，天下是指天下人、物，尤其指天下各色各类人。

天下是天下人的天下，不是任何人的试验场，不是任何人实现自己人间天国的梦工厂，任何人要以天下为代价，要拿天下作工具，只求一逞自家雄心壮志，一图自家称心快意，一圆自家梦想幻想，最后必是涂炭天下之肝脑，离散天下之子女，成为天下之大害，也必将失败，鱼烂河决，玉石俱焚。

天下各色各类人，有各色各类品性、追求、趣味和幸福观，这些都是来自“道”的“德”，自性大足，完然自得，不可抹杀，不可蔑弃，不可统一，更不可由统一的路径满足，哪怕你是出于好意。何况凡来自权力自信的意志，最终必归于恶意。

故孔子曰：“人而不仁，疾之已甚，乱也。”（《论语·泰伯》）而庄子曰：“物固有所然，物固有所可。无物不然，无物不可。”（《庄子·齐物论》）而老子曰：圣人去甚，去奢，去泰！

什么意思？帝王不要太自信！不要太自以为是！去除自信者，才是真圣人！

链接　五十七章；六十四章；六十八章；六十九章；七十三章

成语　去甚去泰

第三十章　以道佐人主

以道佐人主者，不以兵强天下。

其事好还[1]。师之所处[2]，荆棘生焉。（大军之后，必有凶年[3]。）

善有果而已[4]，不敢以取强[5]。果而勿矜，果而勿伐[6]，果而勿骄。果而不得已[7]，果而勿强。

物壮则老，是谓不道。不道早已[8]。

今译

用道辅佐君王的人，不用兵力欺霸天下。

穷兵黩武一定遭报应。战场所在之处，荆棘丛生。（大战过后，必定是灾年。）

善于用兵的人只求一个结果就是了，不会倚仗兵力来称王称霸。只求一果不自大，只求一果不自夸，只求一果不骄纵。求结果也是出于不得已，只求结果不逞强。

万物壮盛则趋于老衰，求壮盛就叫“不道”。不道会早死。

注释

1　好（hào）：容易。还：回报、报应。其事好还：指穷兵黩武一定会遭到报应。

银雀山汉墓竹简《孙膑兵法·见威王》：“然夫乐兵者亡，而利胜者辱。兵非所乐也，而胜非所利也。”范应元注：“谓为人臣者，当以常道辅佐人主，使国泰民安。不可无事生事，而专以兵强天下，盖其伤杀之事，好还报也，但有迟速耳。”

2　师之所处：战场所在之地。

3　大军之后，必有凶年：军队大战过后，一定会有凶年荒岁。

此两句帛书本等无，马叙伦曰：“证弼注曰：‘言师凶害之物也，无有所济，必有所伤，贼害人民，残荒田亩，故荆棘生焉。’是王亦无此两句。成于此两句无疏，则成亦无。盖古注文所以释上两句者也。”言颇有理，故正文以括号标出。

4　善有果而已：善：善于用兵。有果而已：有结果而止。已：停止，罢战。

一般解释此“果”乃取胜，如王安石：“果者，胜之辞。”高亨：“《尔雅·释诂》：‘果，胜也。’‘果而已’犹胜而止。”不确。若是取胜而已，老子何不直说“胜”而说“果”？其实老子反对的就是这种不胜不休的态度，三十一章“胜而不美”。“有果”，有一定结果，如达到某种政治、经济、军事目的便立刻停止军事行动，不一定要取胜。甚至，很多时候，失败也是一种结果，也当及时收手。王弼注：“果，犹济也。言善用师者，趣以济难而已矣，不以兵力取强于天下也。”

5　取强：逞强。

《孙膑兵法·客主人分》：“众者胜乎？则投筭（算）而战耳。富者胜乎？则量粟而战耳。兵利甲坚者胜乎？则胜易知矣。故富未居安也，贫未居危也；众未居胜也，少（未居败也）。以决胜败安危者，道也。……（故沟深垒高不得）以为固，甲坚兵利不得以为强，士有勇力不得以卫其将，则胜有道矣。”即使占据军事优势，也不当逞强拿强，欺人太甚。战争胜负在于是否有道义。《孙子兵法·军争》：“穷寇勿迫，此用兵之法也。”下文“果而勿强”同义。

6 矜：骄横矜夸，自大自负，不可一世。伐：自吹自擂。

《古文尚书·大禹谟》："汝惟不矜，天下莫与汝争能；汝惟不伐，天下莫与汝争功。"

7 果而不得已：求一个开战的结果也应该是出于不得已。不开战则不得其果，方可开战；战而有果，即须休战。

8 物壮则老：万物壮盛则趋于衰老。不道：不合于大"道"。早已：早早灭亡，很快失败。

范应元注："凡物之壮者必老，惟道则无壮无老。苟不体道，而久恃兵为壮，得无老乎？知壮极则老，能早止兵，则庶几于道矣。"

导读

本章讲战争。我把这一章分四段。

第一段，斩钉截铁亮出观点：以道佐人主者，不以兵强天下。也就是把用兵和道对立起来。这是对当时以及后世一切好战者的棒喝。

反对战争，是一个人的基本良知，也是我们判断一个理论主张、一个学派基本良知之有无的方便之门。《孟子·离娄上》："争地以战，杀人盈野；争城以战，杀人盈城，此所谓率土地而食人肉，罪不容于死。故善战者服上刑，连诸侯者次之，辟草莱、任土地者次之。"《孟子·梁惠王下》讲战争："杀其父兄，系累其子弟，毁其宗庙，迁其重器。"

墨子亦然。《墨子·非攻中》："今攻三里之城，七里之郭……杀人多必数于万，寡必数于千。"在这篇文章里，墨子讲到战争之危害，讲了人民生命财产以及国家诸多方面的损失，用了九个"不可胜数"，其中百姓和士兵死亡之"不可胜数"就有五个。《非攻下》则描绘了这样一幅惨景："入其国家边境，芟刈其禾稼，斩其树木，堕其城郭，以湮其沟池，攘杀其牲牷，燔溃其祖庙，劲杀其万民，覆其老弱，迁其重器……"这一方面看出墨子揭示战争的实质和最大危害就是杀人，另一方面也看出墨子内心对广大人民的巨大悲悯之情："此其为不利于人也，天下之厚害矣，而王公大人乐而行之，则此贼灭天下之万民也，岂不悖哉！”

儒道墨三家，在反对战争上，态度是一致的：一致地坚决。这是道，是道中的人道。

“以道佐人主者，不以兵强天下”这句话，在逻辑上还有这样的两个结论：不以兵强天下者，不一定有道（因为可能还有其他的无道）；但，以兵强天下者，鼓动战争叫嚣战争的人，一定无道！无良！——这就给了我们在一般情况下判断一个人的标准。

第二段，进一步说：对好战者发出警告（如果还不算是诅咒的话），小心报应！并且，这种报应，是整个国家、老百姓来承担——“师之所处，荆棘生焉”。《墨子·非攻中》“春则废耕稼树艺，秋则废民获敛”“夺民之用，废民之利”。墨子也从老子的角度反对战争。

第三段，退一步说：即使不得已而战，也要随时终止。开战的前提是“果而不得已”——必须要一个结果而不得已开战，开战的目的就是求一个“果”。注意，这个“果”，不是“战胜”，就是“战果”（参见本章注释4、7）。若是战胜，则不胜不休，对方也不胜不休，结果就如后来的秦赵长平之战，双方死撑到最后，赵国惨败，秦国惨胜。赵军全军覆没，秦亦伤亡近二十万，双方伤亡超过六十万。这死伤的，都是人啊。

只求一个果即休战，典型例子是北宋与辽的澶渊之盟。澶渊之盟之后，宋、辽之间约一百二十年没有大规模战事，“生育繁息，牛羊被野，戴白之人（白发长者），不识干戈”。虽然宋每年输辽岁币银十万两、绢二十万匹（后来重熙增币在澶渊之盟所议定的输辽岁币基础上，又增加了岁币银十万两、绢十万匹），但岁币的支出不及用兵费用的百分之一。在宋真宗时，一场中等规模的战争（约十万人参加），即需三百万缗，就算没有战争，只是重兵防备一年的开支，也十分惊人。所以，澶渊之盟对宋而言，绝对是一个理性的选择。对辽而言，岂不也可以看成大宋对落后贫穷国家的人道主义经济援助！

第四段，给出一个结论，告诉我们一个规律：物壮则老。其意思，类同于七十六章之“坚强者死之徒，柔弱者生之徒。是以兵强则灭，木强则折”。自恃兵力强大，穷兵黩武，最终会因为“不道”——既不合乎道义也不合乎利害考量——而自取灭亡！

链接 三十一章；四十六章；六十八章；六十九章；七十六章

成语 天道好还

第三十一章　兵者不祥之器

夫兵者[1]，不祥之器，物或恶之，故有道者不处[2]。

君子居则贵左，用兵则贵右[3]。兵者不祥之器，非君子之器，不得已而用之，恬淡为上[4]。胜而不美[5]，而美之者，是乐杀人。夫乐杀人者，则不可以得志于天下矣[6]。

吉事尚左，凶事尚右。偏将军居左，上将军居右，言以丧礼处之。杀人之众，以悲哀泣之[7]；战胜，以丧礼处之。

今译

战争，是不吉利的东西，人们都憎恶它，所以有道的人不置身战争。

君子平时以左为贵，用兵时则以右为贵。战争是不祥之事，不是君子使用的工具，君子只是不得已才使用它，冷淡是对待战争的最好态度。打了胜仗也不以之为美，以之为美，就是以杀人为乐。以杀人为乐的人，不可以使他得志于天下（否则他会祸害天下）。

吉庆之事以左为上，凶丧之事以右为上。偏将军居左，上将军居右，这是说军事以丧礼的规矩来处置。杀人多了，要以悲哀的感情来哭泣死者；打了胜仗，也要用丧礼来对待。

注释

1　夫兵者：兵：战争。

王弼本作“夫佳兵者”，不成文义，当为衍字，据帛书本删。

2 物或恶之：物：此指人。或：在此有“一般而言”的意思。

故有道者不处：不处：不居。不以战争为常态，也不以战争为常规手段。

3 贵左、贵右：古时人认为左阳右阴，阳代表生，阴代表杀，故贵左贱右。而战争时则贵右贱左，因为战争是凶事，故相反。

范应元注：“左阳也，主生；右阴也，主杀。是以居常则贵左，用兵则贵右。盖杀伐之事，非以为常也。”但战国后有了变化，开始尚右轻左，《史记·廉颇蔺相如列传》：“以相如功大，拜为上卿，位在廉颇之右。”

4 恬淡为上：对战争的最好态度是冷淡。

吴澄《道德真经注》：“恬者不欢愉，淡者不浓厚。谓非其心之所喜好也。”

5 胜而不美：打了胜仗也不觉得值得赞美。美：以之为美。

6 不可：一般理解为“不可能”，疑不确，当作“不可使”。

7 悲哀：王弼本作“哀悲”，据蒋锡昌说改。

导读

本章接着上章，继续评价战争。那时代战争频繁，据《中国历代战争年表》，公元前770年至公元前476年（春秋时期），战争次数达到395次，平均每年1.34次。战争带来的是人的死亡，所以，所有有良知的思想家和政治家都警惕战争、厌恶战争，即使不得已而加入战争，也如上一章所说的“善有果而已，不敢以取强”。又如本章所说，“不得已而用之，恬淡为上”。战争追求有果，而不追求胜利：“胜而不美，而美之者，是乐杀人。夫乐杀人者，则不可得志于天下矣。”叫嚣战争的，都是乐杀人之人，这样的人，不可以使之得志于天下！

通过这一章，我们能看到古人有关战争的一些规矩和看法，在这些规矩和看法中，我们能知道古人对待战争的鄙视态度。把战争变成常态的政治手段而广泛使用、随时使用，是春秋战国时的新常态，是法家的新思维。所以，老子这段怀念古代战争之礼的文字，其实有着深重的叹息。

还得提一下的是，虽然战争在人类历史上不可避免事实上也经常发生，但公开叫嚣战争，是不体面的事，也是政治不正确的事。所以，在古代，读书人和政治家很少公开鼓噪战争，这是一个人的基本教养：凡是读过圣贤书的人，为了自身的体面，也不会鼓噪战争，这是价值观的底线。

当然，还有一点：那就是现代的民族主义思潮兴起，也是战争被正义化的原因之一。但是，即便如此，基本的经典训练，还是可以有效地阻止知识人被大概念裹挟而出现判断力的坍塌。

链接 三十章；四十六章；六十八章；六十九章

成语 不得已而为之

第三十二章　道常

道：常，无名，朴[1]。虽小，天下莫能臣[2]。侯王若能守之，万物将自宾[3]。天地相合，以降甘露[4]，民莫之令而自均[5]。

始制有名[6]。名亦既有，夫亦将知止[7]。知止可以不殆[8]。

譬道之在天下，犹川谷之于江海[9]。

今译

道：恒常，无名，朴素。虽然它精微，但是天下没有谁能支配它。侯王如果能执守道，天下万物自然宾服有序。天地间阴阳之气交融，以降下甘露，老百姓无须什么人命令自然就均平公正。

万物兴作之始，相应的概念也随之而生。万物有了名称之后，也就能知道概念的边界。知道概念的边界，就可以适可而止，不会废殆。

道在天下，就犹如江海对于川谷一般（无须强迫，自然归流）。

注释

1　此句主语是“道”。常、无名、朴，都是对道的说明或命名。可以标点为：道：常，无名，朴。意思是：道恒常，道无名，道朴素。恒常是指道永恒不变且永在日常；无名是指道在万物之先，故也是概念之母，无从命名。朴：木之未琢谓之朴，既琢则成器，朴指器用之前的道体。

《论衡・量知》:“无刀斧之断者，谓之朴。”冯达甫《老子译注》:“道是永恒的自然法则，故曰常。道没有任何属性可指，没有任何形式可称，故曰无名。道是宇宙万物资生的元始材料，故曰朴。”

2　天下莫能臣：天下没有谁能支配它。

王弼本“莫能臣”后有“也”字，据帛书本删。“虽小”，楚简本作“唯妻”，“妻”字是“微”字的楚文字（参见李零《郭店楚简校读记》、廖名春《郭店楚简老子校释》），作“微”，当从。十四章:“视之不见，名曰夷；听之不闻，名曰希；搏之不得，名曰微。”则“微”，正是道之名、特征。

3　自宾：宾：有“服从”义，全句意谓“万物自动宾服于道”。又，宾有“陈列”义。《广雅・释诂一》:“宾，列也。”则“万物将自宾”意谓“万物自然有秩序而陈列”。后者意思较佳。

4　天地相合，以降甘露：天地阴阳交融，激荡而降下甘露。

5　民莫之令而自均：无人命令，而民自然均平公正。

6　始制有名：万物兴作，于是概念出现。始，开始；制，作。有名：随着万物的出现，相应的概念（名）也随之而生，以便命名与指称万物。

7　名亦既有，夫亦将知止：万物有了名称之后，也就能知道名称的分界。知止：知道事物的界限，进而知道行为的界限。

《荀子・正名》:“名定而实辨。”

8　知止可以不殆:《论语・子路》:“名不正则言不顺，言不顺则事不成，事不成则礼乐不兴，礼乐不兴则刑罚不中，刑罚不中则民无所措手足。”殆，即孔子所说的“不顺、不成、不兴、不中、无所措手足”等。

9　譬道之在天下：如果要譬喻一下道在天下的情形。犹川谷之于江海：犹如江海对于川谷一般。

蒋锡昌《老子校诂》:“此句倒文,正文当作‘道之在天下,譬犹江海之与川谷’。盖此文以江海譬道,以川谷譬天下万物。”王弼注:“川谷之求江与海,非江海召之。不召不求自归者,世行道于天下者,不令而自均,不求而自得。”

导读

上两章讲战争,这一章讲政治。战争的本质是暴力,政治的本质是权力。之所以反对战争,是因为我们必须无条件反对暴力。而国家政治运作离不开权力,但警惕权力、合理控制权力、划定权力边界,是一个政权是否合理合法的核心要素。

世俗权力的掌有者往往有着迷之自信、自负和自大,国家权力也有着无限扩张、压榨私人空间和社会生活的天然倾向。所以,老子告诫这些权力掌有者:第一,权力无法操控大道(天下莫能臣);第二,权力不可操控社会,社会有自身的道,合乎道,一切自有秩序而不可强置(万物将自宾);第三,权力不可操控百姓,百姓也有自身的人性:德。而德得自道,也顺应着道(民莫之令而自均)。

老子给予权力的告诫是:知止。万物都有自己的规定性,所以万物都有自己的领域,也必然有自己的边界。权力必须谦卑地尊重他者的领域,并谨守自己的边界——“人之所畏,不可不畏”(二十章)。最后,老子给出一个比喻:川谷之归于江海,不是由于江海的权力意志,而是自然大势,是合乎道。

警惕权力,拒绝权力对个人生活的侵犯,是老子和庄子共同的目标。

链接 十四章;二十章;二十九章;三十章;三十七章;四十四章;五十七章

成语 知止不殆

第三十三章　知人者智

知人者智，自知者明[1]。

胜人者有力，自胜者强[2]。

知足者富[3]，强行者有志[4]。

不失其所者久[5]，死而不亡者寿[6]。

今译

知人者智，自知者明。

战胜别人有勇力，战胜自己真刚强。

知足者自然富有，果决而行者有志向。

不离失根本的人会长久，身死而影响常在叫“寿”。

注释

1　智：智识，对外有识见。明：明澈，自体澄澈光明。

《荀子·子道》：“子路入，子曰：‘由！知者若何？仁者若何？’子路对曰：‘知者使人知己，仁者使人爱己。’子曰：‘可谓士矣。’子贡入，子曰：‘赐！知者若何？仁者若何？’子贡对曰：‘知者知人，仁者爱人。’子曰：‘可谓士君子矣。’颜渊入，子曰：‘回！知者若何？仁者若何？’颜渊对曰：‘知者自知，仁者自爱。’子曰：‘可谓明君子矣。’”《道德经》此处的“知人者智”，对应子贡的“知者知人”，是孔子所云的“士君子”；

而"自知者明"则对应颜回的"知者自知"，是孔子所云的"明君子"。"明君子"就是《道德经》此处的"自知者明"的"自知者"。王弼："知人者，智而已矣，未若自知者，超智之上也。"

2 有力：有力量。强：刚强。有"无欲则刚"之意。

王弼："胜人者，有力而已矣，未若自胜者，无物以损其力。用其智于人，未若用其智于己也；用其力于人，未若用其力于己也。明用于己，则物无避焉；力用于己，则物无改焉。"

3 知足者富：知足而富，是为真富。

《论语·子路》：子谓卫公子荆："善居室。始有，曰：'苟合矣！'少有，曰：'苟完矣！'富有，曰：'苟美矣！'"则公子荆之富，为知足者富。

4 强行：果决而行，不犹疑，因其志向笃定。

5 其所：其所立足之地，犹根本、基础。久：长久。

6 死而不亡：亡：当读作"无"。死而不无，人死而犹在，谓精神不死，风范长存，故曰"寿"。

导读

这一章区分不同品性，在比较中告诉我们最高境界。

"知人者智"，能知人，是很高的境界。但能知己，是更高的境界。为什么？因为，知人，只是一个"知"；自知，还需一个"德"。能知人，是智力问题，是理解他人；能自知，是自体通体透彻光明，是自身之"德"的明澈，所以，老子这个"自知者明"的"明"字，下得好。

下两句也一样，能战胜人，有力量即可；能战胜自己，那是一定要有德性的：只有自身德性具足，才能自我修正。孔子回答樊迟和子张的崇德修慝辨惑之问，侧重点都在讲判断力来自对自身情绪的控制和德性的提升（参见《论语·颜渊》）。

"知足者富"，也是把"富"建立在主观感受和德性上。德性不足者，欲壑难填；欲壑难填者，永远都会有物质上的匮乏感。而只有专注于内心修养的人，才能减少对外在物质的不厌依赖，才能从物欲中解放自己，给自己心灵以自由。所以，这个“富”，既是指相对于我们的低物质欲望，我们的内心随时可以在当下条件中获得满足；更是指我们在摆脱了物质欲望之后，能够获得更大的世界和更加丰富的人生。而这个“知”，不仅仅是“懂得”，还是“感知”的意思。能不能“感知”到“富”，是一种能力，而这种能力，是需要德性的。质言之，人的很多能力与德性有关——比如，爱的能力，就与德性有关；感知幸福的能力，与爱的能力一样，是需要德性作基础的。

“强行者有志”，说的是这样的因果关系：因为有志，而自强不息。志向成为自我强大的内在动力。很多时候，志向虽然可能不能实现，但却让我们保持孜孜不倦的人生状态和强韧的心力；立志的最大好处，不是因为我们可以到达，而是我们因此出发，且百折不挠，愈挫愈奋。

“不失其所者久”，“其所”，可以理解为人的根本，人之本分、主业、素志。如果用孔孟儒家的观念来说，这个为人的根本，就是“仁义”——孟子所言的“仁，人之安宅也；义，人之正路也”（《孟子·离娄上》）。所以，“不失其所者久”，就是“仁者安仁，知者利仁”。其反面，就是孔子在此句之前说的：“不仁者不可以久处约，不可以长处乐。”（《论语·里仁》）

“死而不亡者寿”，老子重新定义了“寿”。“寿”不是不死或生命长久，而是精神长存，影响深远，死而不朽。

链接　四｜四章

成语　自知之明　富在知足

第三十四章　大道泛兮

大道泛兮，其可左右[1]。万物恃之以生而不辞[2]，功成而不有[3]。衣养万物而不为主[4]，[常无欲[5]，]可名于小[6]；万物归焉而不为主，可名为大[7]。以其终不自为大，故能成其大[8]。

（天下皆谓我："道大，似不肖。"夫唯大，故似不肖。若肖，久矣其细也夫[9]！）

今译

大道如水漫灌，四处皆达，无所不到。万物仰赖它生长而它不自伐其功，它成就万物却不因此将万物据为己有。它护养万物却不做主宰，可以称它为"小"；万物归附它而它不为主人，可以称它为"大"。因为它至终都不自以为大，所以才能成就它的大。

（天下人都对我说："道大，似与万物都不像。"正因为它大，所以它什么都不像。如果它像了什么，它早就因此而渺小了。）

注释

1　大道泛兮：泛：水漫流无所不至曰"泛"，以此形容大道无所不在，无所不载，无所不育。其可左右：无所不到。

王弼注："言道泛滥无所不适，可左右上下周旋而用，则无所不至也。"

2　以：王弼本作"而"，据傅奕本、景龙本、苏辙本等版本改。

辞：推辞，推脱，则“不辞”意为“不推脱”，有“厚德载物”之意，与下文“衣养万物”一贯。“辞”亦可理解为“称说”“言说”，意为“自诩”“自伐”，则“不辞”意为“不言”。

《论语·阳货》：“天何言哉？四时行焉，百物生焉。天何言哉？”

3　有：据有，占有。

王弼本原作“功成不名有”。“名”字当为衍文。另，《道德经》二章、十章、五十一章都有“生而不有”之句，可见“不有”乃老子常常连用。因改。范应元：“万物依赖于道以生，而道未尝为辞。生物之功既成，未尝名为己有。”

4　衣养：傅奕本作“衣被”。“衣养”“衣被”，都有“护养”“覆帱”“遮护”“施恩”“加惠”义。不为主：不主宰，不操控。

5　这三字顾欢本、李荣本、敦煌丁本俱无，一般认为是衍文。无此三字，上下“可名于小”“可名为大”正好整齐对文。且以“无欲”来描述道，也不合适。故宜删去，译义也无此三字翻译。

6　可名为小：可以称它为“小”。

《说文》：“小，物之微也。”王弼注：“万物皆由道而生，既生而不知其所由。故天下常无欲之时，万物各得其所，若道无施于物，故名于小矣。”

7　可名为大：可以称它为“大”。

王弼：“万物皆归之以生，而力使不知其所由，此不为小，故复可名于大矣。”成克巩《御定道德经注》：“湛然常虚，则似乎小；无物不容，则似乎大。”

8　故能成其大：所以才能成就它的大。

范应元注：“是以圣人体道无欲，终不自为大也。故以其终不自为大，万物自然归之，故能成其大矣。一有纤毫之私欲，则物不归之，安能成其大也。”

9 “天下皆谓我：‘道大……’”这一段，各本都在六十七章开头，但内容与六十七章了不相关，安伦《老子指真》认为当在此三十四章后。暂从。

导读

此章讲道之“大”，“大”是本章的关键词。

道之大，有四大。第一大，万物归焉，故大；第二大，不自以为大，故大；第三大，甘于为小，处卑居下，清虚自守，涵容接纳，故大；第四大，“不为主”之大。“不为主”这三个字在这段文字里出现了两次。可见，“不为主”何等被老子看重。

第一个大，好理解，是自然的大，物理的大。

第二个大，理解起来稍微难一点，是见识的大，心理的大。与之对应的，是庄子笔下的“河伯”“坎井之蛙”（《秋水》）和“斥鴳”“蜩与学鸠”（《逍遥游》）。河伯在“百川灌河”之后，沾沾自喜，洋洋自得，以天下之美为尽在己，这自以为的大，其实，显示的，恰恰是心理上的小——一种“闻道百，以为莫己若者”的见识之小、胸襟之小。

第三个大，是超越大小的大，是无大无小的大，是自足的大，是“天地与我并生，万物与我为一”（《庄子·齐物论》）的大。

第四个大，是伦理的大，对应“物理的大”。本章“道”的论述，由此由“自然之道”，归结到“政治之道”；由“物理之道”，过渡到“伦理之道”；由自然法则，引申到权力法则。

其实，作为“君人南面之术”的《道德经》，老子讲自然之“道”，本就是为了对应伦理之“道”。老子讲自然之道的“大”，是反衬世间君主的“小”。中国古代的所谓“王道”，即是王如道，王载道，王体道，王显道。王应该与道一体不二，是道在人间的体现。然而老子看到的现实中的王，都“无道”，为什么？没有道的那种“大”。道而不大，焉能为道？“大”是道的本质。现实中的侯王，都太小了，所以“无道”。他们哪里小？见识小，胸襟小。为什么小？私欲多，占有欲多，自以为是多，宰割天下多。于是，老子表面上谈的自然之“道”，在此悄悄转化为伦理之“道”。

现实中的君王，往往不是“道”，而是“盗”，不是“万物归焉而不为主”，而是霸占万物而强为主，霸踞万类，涂炭天下，是庄子讲的“窃国”而为“诸侯”，是黄宗羲《原君》说的强盗君主：

以君为主，天下为客；凡天下之无地而得安宁者，为君也。是以其未得之也，屠毒天下之肝脑，离散天下之子女，以博我一人之产业，曾不惨然。曰：“我固为子孙创业也。”其既得之也，敲剥天下之骨髓，离散天下之子女，以奉我一人之淫乐，视为当然。曰：“此我产业之花息也。”然则为天下之大害者，君而已矣。

此章老子讲无形“人道”，正是要以此吊打、警醒世上的有形“大盗”，讲道的“生而不有”，正是为了反衬盗的“不生而有”——至少，老子这段关于“道”的议论，是从现实中“无道”的情形生出。如此，则这一章，也是鲁迅说的“时有愤词”（《汉文学史纲要》）。

故而，这一章，表面上在讲玄之又玄的“道”，其实还是在谈现实政治。老子的旨归，还是政治。

上引黄宗羲话里有“以君为主”的说法，先秦典籍中，《庄子·天地》：“人卒虽众，其主君也。”有“以君为主”的意思，但“君主”一词，《韩非子·爱臣》：“是故诸侯之博大，天子之害也；群臣之太富，君主之败也。”是所见先秦典籍中唯一一次使用的，其他诸如“十三经”，包括《庄子》《荀子》《战国策》《商君书》《管子》等，都没有“君主”一词。“君主”一词还有一个意思，就是“公主”，国君之女。《史记·六国年表》：“（秦灵公八年）初以君主妻河（伯）。”司马贞索隐：

"君主，犹公主也。"其实，在古代典籍中，"君主"一词，主要用作动词（作"君临""主宰"讲）而不是名词，即便上引韩非的"君主之败也"，似乎也可以理解为国君"主导""主宰"之败，治理之败。作为名词的"君主"被广泛使用，是到近现代，为了在政治学的意义上区分制度而创立新概念，又恰逢白话文兴起，双音节词增多，乃有"君主政体""君主立宪""君主专制""君主国"等词出现，倒逼出"君主"一词。这些词的意思，其实就是"君政体""君立宪""君专制""君国"，为了双音节，而加上"主"。

由于强悍的"民本"思想传统，"君主"（以君为主）的国家观念，在先秦，除了法家，其他各家远没有这样的主张。这是思想家的政治良知。这种良知，一直延续不绝，以至于"君主"这个词一直到近现代，在负面意义上使用它时，才蔓延开来。

对"君主"观念的阻击，道家是极其重要的力量。

导读 二章；五十一章；六十七章

第三十五章　执大象

执大象[1]，天下往[2]。往而不害，安平泰[3]。乐与饵[4]，过客止[5]。

道之出口[6]，淡乎其无味。视之不足见，听之不足闻[7]，用之不可既[8]。

今译

执守大道，天下归来。既归来而不伤害，安顿之使之平和通泰。若靠投之以美食，仅能使过客暂时留待。

“道”的表述，平淡啊没有滋味。仅凭眼睛还不足以洞见，仅凭耳朵还不足以彻闻，但它的功用内蕴却无有穷尽。

注释

1　大象：大道之象，喻道。

河上公注：“象，道也。”王弼注：“大象，天象之母也。不寒，不温不凉，故能包统万物，无所犯伤。主若执之，则天下往也。”成玄英疏：“大象，犹人道之法象也。”林希逸注：“大象者，无象之象也。”“无象之象”，即“大道无象”。上一章讲“大道”，此章承接而讲“大道法象”。

2　往：归往。“近悦远来”之意。

河上公注：“圣人守大道，则天下万民移心归往之也。”

3　不害：不伤害，不妨碍。

王弼："无形无识，不偏不彰，故万物得往而不害妨也。"陈鼓应及诸家注本以为"不害"乃"不互相伤害"，疑不确。盖此处从圣人（圣王）与归来者关系言，非自归来者相互关系言。

安平泰：安顿使之平和通泰。

严复注："安，自繇；平，平等；太，合群也。"亦有解释为"安宁""平和""通泰"者（尤侗），皆以三字并列。然彼时无此文法，亦无而今"自由"之意。《论语·季氏》："既来之，则安之。"此句正有"既来之，则安之"之意。故"安"，当作"安顿"解。

4 乐与饵：一般理解为"音乐与美食"，疑不确。此"乐"，当理解为"乐于""愿意"的意思，则"乐与饵"，意思为"乐于为人提供饮食"（"饵"的意思也更多用于施与之食）。如此，则与上文"执大象"构成对比。执大象，而天下归往；乐与饵，则趋近者只是过客，只能暂止而终去。

5 过客止：过客：过往之人，非安止于此之主人。止：暂止，驻足。

《论语·雍也》："回也，其心三月不违仁，其余则日月至焉而已矣。"拙著《〈论语〉导读》（修订增补版）："不违，是已经安居于仁，不离开，颜渊是也。至，是偶然到访，随时远离，其余是也。"此"过客止"之"止"，至也。"过客止"，亦是"偶然流连，随时远离"之意。范应元注："张乐设饵，以留过客，过客非不为之止也。然乐饵终则客去矣，岂同夫执大象者，天下自然归之而不离也哉！"

6 出口：傅奕本、帛书本作"出言"。说出口，用言辞表述，描述。

7 以上两句，有"仅凭"之意：仅凭视觉不足以洞见，仅凭听觉不足以彻闻。

8 既：穷尽。

此句王弼本作"用之不足既"，则与上两句成并列关系，不确。傅奕本、帛书甲乙本及河上公本作"用之不可既"，与上两句是转折关系，当从。

导读

上章讲道之“大”，这章讲道之“用”。而老子言说的对象，或这段话的主语，仍是君主、侯王。君主若能执守大道，则自然天下归往。若只是投之以食饵，则有乞人不屑之虞，即或为之暂留，也终将离去。

参照三十二章之“侯王若能守之，万物将自宾”“民莫之令而自均”，三十七章之“侯王若能守之，万物将自化。……天下将自正”等老子用语，可知老子的“无为”，不是一无所为，而是此章之“执大象”，乃是“执道而后可以无为”，“执大象”就是“执道”。他的“为无为”，从逻辑上看，似乎矛盾：“无为”如何“为”？如何是“无为”的“为”？其实，“无为”的“为”，就是“执大象”，执道。因为“执大象”不是直接执政治民，故是“无为”。为无为，就是执道之后，万物自为。所以，“为无为，则无不治”（三章）。

此章可以对照《论语·子路》“叶公问政，子曰：‘近者说，远者来’”和《论语·季氏》“故远人不服，则修文德以来之。既来之，则安之”。“近者说，远者来”是目标或结果，孔子并没说手段，若叶公继续问：“如何才能近悦远来?”则孔子亦当回答“无为而治”（《论语·卫灵公》）吧。而“修文德以来之”之“文德”，则也当是“夫何为哉？恭己正南面而已矣”（《论语·卫灵公》）。

链接　三章；三十二章；三十四章；三十七章

成语　淡而无味　视而不见　听而不闻

第三十六章　将欲歙之

将欲歙之[1]，必固张之[2]；将欲弱之，必固强之；将欲废之[3]，必固兴之[4]；将欲取之[5]，必固与之。是谓“微明”[6]。

柔弱胜刚强。

鱼不可脱于渊[7]，国之利器不可以示人[8]。

今译

将要收拢的东西，一定是本来扩张的东西；将要削弱的东西，一定是本来强大的东西；将要废殆的东西，一定是本来坚挺的东西；将要收取的东西，一定是本来施予的东西。这就叫“微明”。

柔弱胜刚强。

鱼不可离开水，国之利器不可以治人。

注释

1　歙（xī）：收敛，收缩。

2　固：必然，一定。亦有解释为“姑”，姑且，暂且（高亨，冯友兰），疑不确。固，“本来”义。“必固张之”“必固强之”“必固兴之”“必固与之”这几句的意思是“一定是本来扩张的、增强的、推举的、给予的”。

3　废：废弃。

4　兴：兴起，与“废”相对。

5　取：王弼本为“夺”。范应元本作“取”，从之。

6　微明：微妙而显著。微：日月亏缺；明：日月盛满。《国语·越语下》：“天道皇皇，日月以为常，明者以为法，微者则是行。阳至而阴，阴至而阳；日困而还，月盈而匡。古之善用兵者，因天地之常，与之俱行。”韦昭（韦曜）注“明、微”曰：“明谓日月盛满时，微谓亏损薄蚀时。”《国语》中范蠡所言，乃是谈用兵，谈物壮则老，阴阳转捩（liè），这里是用“微明”借喻天地之间的微妙而显明的机运转化。范应元：“几虽幽微，而事已显明也，故曰是谓微明，或者以此数句为权谋之术，非也。圣人见造化消息盈虚之运如此，乃知常胜之道是柔弱也。盖物至于壮，则老矣。”

7　鱼不可脱于渊：《庄子·大宗师》：“鱼相造乎水，人相造乎道。……鱼相忘乎江湖，人相忘乎道术。”本句即以“鱼不可脱于渊”喻人不能离开“道”。

8　利器：诸家注解多有不同，有认为“利器”为“权道”的（河上公），有认为“利器”为“赏罚”的（韩非），也有认为是指“圣智仁义巧利”的（范应元）。范应元曰：“治国不以道，而以世俗之所谓圣智仁义巧利示天下，而使之乱者，亦犹以利器示人也。……为人主者，不以道德化人，而以利器示人，则是鱼之脱于渊也。”按：《庄子·胠箧》：

> “鱼不可脱于渊，国之利器不可以示人。”彼圣人者，天下之利器也，非所以明天下也。故绝圣弃知，大盗乃止；擿玉毁珠，小盗不起；焚符破玺，而民朴鄙；掊斗折衡，而民不争；殚残天下之圣法，而民始可与论议。擢乱六律，铄绝竽瑟，塞瞽旷之耳，而天下始人含其聪矣；灭文章，散五采，胶离朱之目，而天下始人含其明矣；毁绝钩绳而弃规矩，攦工倕之指，而天下始人有其巧矣。故曰：

> “大巧若拙。”削曾、史之行，钳杨、墨之口，攘弃仁义，而天下之德始玄同矣。彼人含其明，则天下不铄矣；人含其聪，则天下不累矣；人含其知，则天下不惑矣；人含其德，则天下不僻矣。彼曾、史、杨、墨、师旷、工倕、离朱，皆外立其德而以爚乱天下者也，法之所无用也。
>
> 子独不知至德之世乎？昔者容成氏、大庭氏、伯皇氏、中央氏、栗陆氏、骊畜氏、轩辕氏、赫胥氏、尊卢氏、祝融氏、伏牺氏、神农氏，当是时也，民结绳而用之，甘其食，美其服，乐其俗，安其居，邻国相望，鸡狗之音相闻，民至老死而不相往来。若此之时，则至治已。今遂至使民延颈举踵曰“某所有贤者”，赢粮而趣之，则内弃其亲而外去其主之事，足迹接乎诸侯之境，车轨结乎千里之外，则是上好知之过也。
>
> 上诚好知而无道，则天下大乱矣。何以知其然邪？夫弓弩毕弋机变之知多，则鸟乱于上矣；钩饵、罔罟、罾笱之知多，则鱼乱于水矣；削格、罗落、罝罘之知多，则兽乱于泽矣；知诈渐毒、颉滑坚白、解垢同异之变多，则俗惑于辩矣。故天下每每大乱，罪在于好知。故天下皆知求其所不知而莫知求其所已知者，皆知非其所不善而莫知非其所已善者，是以大乱。

则，圣人、贤人、法度、认知与机巧，都属于“不可以示人”的“利器”。而“利器”，在此作否定贬义用，“不可以示人”者，不可以以此治人、威慑人也。

导读

本章的关键词：微明，利器。

“微明”之“微”，有“暗藏隐晦”之意；而“明”，乃“显豁明亮”

之意。“微明”合词，则有“由微至明，明在微中”的意思。老子提出这个概念，是在“将欲歙之，必固张之；将欲弱之，必固强之；将欲废之，必固兴之；将欲取之，必固与之”之后，断然下一结论“是谓微明”，所以，理解“微明”必须在此语境下。反过来，理解上面的四句话，也得照顾到“是谓微明”这句结论，因此，我对“将欲歙之……”这四句话的理解和翻译，是经过反复斟酌的。而且，在“是谓微明”之后，又接上一句“柔弱胜刚强”，这一句显然是一种推论，是根据上文给出的现象描述。所以，我们可以说，前四句，是现象描述，“是谓微明”是对现象的总结，而“柔弱胜刚强”则是结论。

如是，“将欲歙之，必固张之；将欲弱之，必固强之；将欲废之，必固兴之；将欲取之，必固与之”四句，可以理解为：原先扩张的，最终要收缩；原先强大的，最终要削弱；原先兴盛的，最终要废殆；原先攫取的，最终要付出。一句话，“坚强者死之徒，柔弱者生之徒。是以兵强则灭，木强则折。坚强处下，柔弱处上”（七十六章），柔弱胜刚强。

所以，“微明”是一种必然，一种似微实明由微而明的必然，必然也就是道。故范应元曰：“张之、强之、兴之、与之之时，亦有翕之、弱之、废之、取之之几，伏在其中矣。”

当然，关于这一章，也曾有人理解为老子搞阴谋，玩弄权术手腕，比如冯友兰先生就这样解释第一层五句：“就是说，对于某一事物，想要叫它怎么样，就姑且让它先是什么样的反面。”（《中国哲学史》）任继愈先生也认为这一章“表达了老子利用权术的思想”：“对待敌人，老子主张创造一些不利于敌人的条件，使他们陷于不利。他说：‘将欲弱之，必固强之；将欲废之，必固兴之；将欲夺之，必固与之。’（三十六章）这是说，将要削弱它，必先暂时增强它；将要废毁它，必须暂时兴起它；将要夺取它，必须暂时先给予它。历代统治者往往用这种思想作为对付人民的阴谋权术；历代革命的战争和民族解放斗争也往往用它作为克服顽强敌人的武器。”（《老子新译》）但最先做出这种“权谋”解释的，是韩非《喻老》：

> 越王入宦于吴，而观之伐齐以弊吴。吴兵既胜齐人于艾陵，张之于江、济，强之于黄池，故可制于五湖。故曰：“将欲翕之，必固张之；将欲弱之，必固强之。”晋献公将欲袭虞，遗之以璧马；知伯将袭仇由，遗之以广车。故曰：“将欲取之，必固与之。”起事于无形，而要大功于天下，是谓微明。处小弱而重自卑，谓损弱胜强也。

本章的第二个关键词：利器。

在老子眼里，什么是“利器”？老子用这样的词，是肯定的意味还是否定的意味？我的意见，老子是否定的意味。二十九章：“天下神器，不可为也，不可执也。为者败之，执者失之。”三十一章：“夫兵者，不祥之器，物或恶之，故有道者不处。君子居则贵左，用兵则贵右。兵者不祥之器，非君子之器，不得已而用之。恬淡为上。”五十七章：“人多利器，国家滋昏。”八十章：“使有什伯人之器而不用。”这些例子，都说明，老子对于所谓的神器、利器、兵器、什伯之器，一概是否定的。那么，什么是老子眼里的“国之利器”？就是礼乐制度，就是仁义礼智信，就是法术势，包括上述的神器、利器、兵器、什伯之器。从这一角度看，老子毕竟不是法家，法家就是特别鼓吹执利器以宰割天下的，而老子是讲“无为”的。我们上一章讲，什么叫“为无为”？“为无为”就是“执大象”。“执大象”而不“执器”，大象为“道”，而礼乐法度等国家手段和国家机器，乃至于“仁义礼智信”等道德文化，都是“器”。

上引韩非《喻老》，就如此解释“邦之利器不可以示人”：

> 势重者，人君之渊也。君人者势重于人臣之间，失则不可复得

也。简公失之于田成，晋公失之于六卿，而邦亡身死。故曰："鱼不可脱于深渊。"赏罚者，邦之利器也，在君则制臣，在臣则胜君。君见赏，臣则损之以为德；君见罚，臣则益之以为威。人君见赏而人臣用其势，人君见罚而人臣乘其威。故曰："邦之利器不可以示人。"

韩非从法家立场，从"法术势"的角度，如此理解老子，自有他的逻辑，而《道德经》也自有如此的外延内涵可供韩非腾挪。但把描述大道玄机的文字，做如此促狭的权术化理解，确实给后世不好的导向。韩非解老也好，喻老也罢，都是从"道"到"器"——这中间固然有逻辑，所以，司马迁把老子韩非并传，但二者毕竟趣舍相反、静躁不同。

下一章"道常无为而无不为"，即是紧接此章"国之利器不可以示人"，由"器"返"道"。

链接　八章；二十九章；三十一章；三十七章；五十七章；七十六章；七十八章；八十章

成语　将夺固与

第三十七章　道常无为

道常无为而无不为。侯王若能守之，万物将自化[1]。化而欲作[2]，吾将镇之以无名之朴[3]。

无名之朴[4]，夫亦将不欲[5]。不欲以静，天下将自正[6]。

今译

道常无为而无不为。侯王若能持守道而不妄为，万物将自我化育。在自化过程中万物的自性意志和欲望自由萌生，我将以道的真朴来管辖主导它们。

以道的真朴来管辖主导它们，它们将不会有不合乎道的欲望。无欲而宁静，天下将自正。

注释

1　自化：自我化育，自我成就。

范应元注："王侯若能守道而虚静恬淡，则无为矣。万物将自化。其虚静恬淡，则是无不为矣。"

2　化而欲作：自化之时，自我本性、意志、欲望获得了生长。化：即上文"自化"。而：如果。欲：欲望。作：萌生。

此句几乎所有的注家都认为万物在自化的过程中会产生不良欲望，这种解释可能是受下文"吾将镇之以无名之朴"的影响。但这样理解，会出现一个更大的问题："自化"本来是老子所描述的最高的合乎道的自然社会运化治理境界（五十七章："故圣人云：'我无为，而民自化；我好静，而民自正；我无事，而民自富；我无欲，而民自朴。'"），如果理解为老子说自化之时又产生不良贪欲，这种解释逻辑上难以顺达。故"化而欲作"，当理解为"自化之时，自我本性、意志、欲望获得生长"。自化了，则民人之自由意志和自性智慧都可以生发出来，我们再以道来主导统领自由意志和自性智慧，它们也就不再是不合乎道德的贪欲。

3　吾将镇之以无名之朴：我将用道来安定它。《广雅·释诂》："镇，安也。""镇"有"管辖""镇守"义。无名之朴：河上公注："道也。""无名"指道的概念，"朴"指道的本质。

4　无名之朴：帛书本在此处"无名之朴"前面还有"镇之以"三字，与前一句重复，意思更加顺畅，译文从之。

5　不欲：无欲。

王弼本作"无欲"，是。唐碑本、范应元本作"不欲"，与下句"不欲"相接。其实，这两个"不欲"，都是"无欲"的意思（参见第五章注释1）。

6　自正：自己归于正道。

范应元注："君天下者，至于欲朴之心亦无，则纯于道也，安有妄动哉？无思无为，不动而化，不言而信，垂衣拱手，天下不待教令而将自平正也。"

导读

上一章讲不用器，这一章讲遵循道。

这一章的言说对象还是"侯王"。老子一直是以王者师的口吻在对统治者讲话，统治者在《道德经》里，有各种称谓，最多的，是"圣人"——《道德经》里的"圣人"，既不是儒家的人伦之圣，也不是后来庄子笔下的“无名”之圣，而是指能够以无为之道来治天下的当世之“王”。如：

圣人为腹不为目。（十二章）

君子终日行不离辎重。（二十六章）

圣人用之，则为官长。（二十八章）

故圣人云：“我无为，而民自化……”（五十七章）

圣人终不为大，故能成其大。（六十三章）

圣人无为，故无败；无执，故无失。（六十四章）

圣人处上而民不重，处前而民不害。（六十六章）

圣人为而不恃，功成而不处。（七十七章）

上述“圣人”显然都是指世俗之“王”，当然，这也是政教合一之“王”。

除了“圣人”，就是如“侯王”一类：

侯王若能守之，万物将自宾。（三十二章）

侯王若能守之，万物将自化。（三十七章）

侯王得一以为天下正……侯王无以贵高……侯王自谓孤、寡、不穀。（三十九章）

其他如“王”：

受国不祥，是为天下王。（七十八章）

“人主”或“主”：

奈何万乘之主，而以身轻于天下？（二十六章）

以道佐人主者，不以兵强天下。（三十章）

“王公”：

人之所恶，唯孤、寡、不穀，而王公以为称。（四十二章）

明乎此，我们就能知道，《道德经》确实是“君人南面之术”。“南面之术”指一种无为而治理天下的方式：所谓“垂拱而治”，垂衣裳而治。《周易·说卦》：“圣人南面而听天下，向明而治。”故本章开头即说“道常无为而无不为”，并且叹息“侯王若能守之，万物将自化”。“自化”，是指社会在没有政府意志的情况下，会自己实现自然的秩序。这自然的秩序，不仅与外在的刑政无关，甚至与内在的德性亦无关。《论语·为政》：“子曰：‘道之以政，齐之以刑，民免而无耻。道之以德，齐之以礼，有耻且格。’”孔子否定了“道之以政刑”，而提倡“道之以德礼”，老子进一步否定了“道之以德礼”，而提倡“镇之以无名之朴”。孔老区别在哪里？孔子寄望于民人的“内在之德”，此德的唤醒，即可使民人“有耻”，民人有耻，则自然行为归正而天下大化。但老子并不寄望于民人德性中善的唤醒，甚至他未必相信人性中有善——他观念中的“道”本身是无善无恶的，“德”也是不善不恶的，所以他超越善恶，不谈人性善恶，他觉得从人性善恶角度去理解政治也毫无意义。在他看来，治国平天下，既无须政刑，也无须德礼，顺应人之德即可。《庄子·徐无鬼》：“夫为天下者，亦奚以异乎牧马者哉！亦去其害马者而已矣！”马的本性是善是恶并不重要，也无须区分，为政的要领在于顺应其性，而不加干涉。不加干涉而马随性适意，就是“自化”，“自化”然后马自然能有自在的状态，这就是“自正”。

我们可以把“侯王”看作“政府”，把“天下”看作“社会”，则老子要小政府乃至于无政府，然后社会按照自然法则形成自然秩序。孔子曰:“夷狄之有君，不如诸夏之亡也。”(《论语·八佾》)岂不也是讲诸夏社会的自化自正，只是孔子的诸夏社会，是礼乐文明的道德社会，而老子的“天下”，是自然本性的自由社会而已。反政府而尚社会，是周制文明区别于后来秦制文明的最大特点。老、孔都是周制下的思想。

值得注意的是，老子在这里实际上讲到了一个统一或融合:自由个性与必然之道的高度融合。正因为“侯王”的无为，民人的自由意志和自性智慧才得以生发;而民人的自由意志和自性智慧生发之时，在“无为”的状态下，其自由意志和自性智慧必然最终“镇之以无名之朴”，最终融会贯通于大道，从而实现天人合一。这不仅是庄子的“天地与我并生，万物与我为一”(《庄子·齐物论》)，也是孔子的“从心所欲，不逾矩”(《论语·为政》)，孔、老其实是一个境界:老子瞻望的最高人生境界，孔子以身证之。而孔子修习儒家之“德礼”，最后印证的，正是老子道家之自由与道德。

链接 五章;二十八章;三十二章;三十五章;三十六章;三十九章;五十七章

《德经》导读

第三十八章　上德不德

上德不德，是以有德[1]；下德不失德，是以无德[2]。

上德无为而无以为[3]，［下德为之而有以为[4]。］上仁为之而无以为，上义为之而有以为，上礼为之而莫之应[5]，则攘臂而扔之[6]。

故失道而后德，失德而后仁，失仁而后义，失义而后礼。夫礼者，忠信之薄而乱之首[7]。

前识者，道之华而愚之始[8]。是以大丈夫处其厚，不居其薄；处其实，不居其华[9]。故去彼取此[10]。

今译

上德者浑朴无凿，无有教化刻削，所以保留了自性的全德；下德者固求坚执世俗之好，所以丧失了本性自具的天然之德。

上德者无为也无心而为，上仁者有所作为但并非有意而为，上义者有所作为且是有意作为，上礼者有所作为而得不到回应，就伸出手臂拉拽他人逼人就范。

所以，失道而后德，失德而后仁，失仁而后义，失义而后礼。那个礼，是忠信的浇薄、祸乱的开端。

认识到这种逐次崩塌的趋势，反其道而行，方可以是大道之始花、素朴之开端。因此，大丈夫身处厚重，不居浅薄；身处朴实，不居虚华。所以舍弃虚华浇薄，采取朴实敦厚。

注释

1 上德不德：第一个“德”，指自然之德，得之于道，是个性的总和；第二个“德”，指仁、义、礼等人伦之德，得之于后天教化。故此句意为“最完备的德圆融自在、浑朴无凿、无有教化刻削，所以保留了自性的全德”。

王弼：“上德之人，唯道是用，不德其德，无执无用，故能有德而无不为，不求而得，不为而成，故虽有德而无德名也。下德求而得之，为而成之，则立善以治物，故德名有焉。”则王弼的意思是：上德之人（或境界）不自彰其德，不求成其德，无为于其德，所以有德；而下德之人（或境界）努力求成其德，有为于其德，显耀其德之不失，反而无德。亦通。

2 下德不失德：下德，与上面“上德”对应，表示次一等。不失德：固执仁、义、礼等人伦之德。全句意为：下德固执人伦之德，求之成之，所以丧失了本性自具的天然之德。

王弼：“凡不能无为而为之者，皆下德也。仁义礼节是也。”

3 上德无为而无以为：上德的人无为也无心而为。此下数句“无以为”“有以为”是指无或有目标、想法而为之。“无以为”也是“无心而为”，“有以为”也是“有心而为”的意思。

林希逸：“‘以’者，有心也。‘无以为’，是无心而为之也。”

王弼：“无以为者，无所偏为也。”

4 下德为之而有以为：帛书甲乙本无此句，当是传世本据上一段“上德”“下德”之对仗而仿写，当据帛书本删。

5 上仁、上义、上礼：下德以下的最高境界，是上仁。如此，则，仁以下的最高境界为上义，义之下的最高境界为上礼。莫之应：没有人回应。

6 攘臂而扔之：伸出手臂来牵引，使人强行就范。扔：强力牵拽。

7　薄：浇薄，薄弱，不足。乱之首：祸乱的开始。

8　前识者，道之华而愚之始：前识者，即"识前者"，认识到这种逐次崩塌的趋势。道之华：道之始花而待果。愚之始：朴素的开端。

这一句几乎所有注本都以为是老子在否定和批评，如王弼注："前识者，前人而识也，即下德之伦也。竭其聪明以为前识，役其智力以营庶事。虽德（得）其情，奸巧弥密，虽丰其誉，愈丧笃实。劳而事昏，务而治秽，虽竭圣智，而民愈害。舍己任物，则无为而泰，守夫素朴，则不顺典制。听（耽）彼所获，弃此所守，（故前）识（者），道之华而愚之首。"《韩非子·解老》："先物行先理动之谓前识。前识者，无缘而忘意度也。"范应元注："前识犹言先见也。谓制礼之人，自谓有先见，故为节文，以为人事之仪则也，然使人离质尚文。"苏辙："世人视止于目，听止于耳，思止于心，冥行于万物之间，役智以求识，而偶有见焉，虽自以为明，而不知至愚之自是始也。"但这些解释，或如范应元"前识"加上"自谓"的限定（苏辙加上"自以为"），或加上"所谓"的限定，如任继愈翻译"所谓先见之明"，这都属于师心自用，以臆度义。按：此"前识者"，紧承上文"失德而后仁"诸句，当指"识前者"，指认识到这种趋势的人或情况，认识到这种逐次丧失、步步崩溃，然后反其道而行，方可以是道之始花而愚之开端。道之华而愚之始：历来注者以为"华"为浮华虚华，"愚"为愚昧愚蠢（任继愈、陈鼓应、林语堂），但"道之浮华虚华"，与逻辑事理不通，道为最高境界，何来虚华？道无名无形，何来浮华？而"愚"，《道德经》里出现了三次，另外两次都是褒义词，二十章："众人皆有余，而我独若遗。我愚人之心也哉！"六十五章："古之善为道者，非以明民，将以愚之。"《史记·老子韩非列传》："老子曰：'……君子盛德，容貌若愚。'"故"愚"在老子的概念里，是一个褒义词，相当于"朴拙""素朴"，与老子的"绝智弃辩""绝巧弃利"（十九章）相应。故，"道之华"，是道之始花而待果；"愚之始"，是见素抱朴，返归于大道的开始。

9 大丈夫：喻指真得道之人。处其厚，不居其薄：立身敦厚而不居于浇薄处。

河上公注：“处其厚者，处身于敦朴。”

处其实，不居其华：立身于朴实而不居于虚华。二句意为：立身于“道”而不居处于“礼”；处于厚实的“道”与“德”，而不处于虚华浮夸的“礼”。

范应元注：“是以大丈夫处其忠信之厚，而不处其薄；处其道之实，而不处其华，盖知仁义礼其末，必至于乱，不如相忘于道德也。故除彼薄与华，而取此厚与实矣。”

10 去彼取此：舍弃虚华浇薄之礼，跟从敦厚笃实之道。参见十二章注释7。

导读

一般认为，此章之前的三十七章是《道经》，此章开始是《德经》，全书合称《道德经》，即以此。

这个说法有道理。第一，此章开头即谈上德下德以及有德无德；第二，此章确实谈到了由道到德（失道而后德）之逻辑承接。

当然，要区分这几个“德”的不同所指。“不德”与“不失德”，这两个“德”，是指一般人为了适应社会人伦规范而刻意求之、成之、彰之的社会性人格面具和世俗价值观，相当于庄子《齐物论》“今者吾丧我”之“我”，是一种自我的突兀性存在。而“失道而后德”与“失德而后仁”的“德”，即“仁”“义”“礼”等，是指社会的伦理道德规范，是一种社会整合手段。与此相对，“上德”“有德”“无德”这三个“德”，则是老子所推崇的来自“道”的人的自然本性，是人的天赋本质，如庄子《德充符》之“受命于天”。所以，这一章，一个“德”字，有三个意思，这不能不认清。

本章注意两点。

第一，在老子看来，伦理之德是对人的自然之德自然本性的戕残刻削。从事实的角度言，这种说法没有问题，孔子也不会反对，颜回问仁，孔子的回答就是“克己复礼”，并给出四目：“非礼勿视，非礼勿听，非礼勿言，非礼勿动。”（《论语·颜渊》）这四目，就是对人的自然本性的克制。其他如“自讼”——子曰：“已矣乎！吾未见能见其过而内自讼（自己内心争辩是非折中是非）者也。”（《论语·公冶长》）“自省”——子曰：“见贤思齐焉，见不贤而内自省也。”（《论语·里仁》）“寡过”——蘧伯玉使人于孔子。孔子与之坐而问焉，曰：“夫子何为？”对曰：“夫子欲寡其过而未能也。”（《论语·宪问》）“无欲”——子曰：“吾未见刚者。”或对曰：“申枨。”子曰：“枨也欲，焉得刚？”（《论语·公冶长》）都是用道德规范（仁义礼）来与人性较量。

但问题是，老子认为这种做法不但不能提升人性，适足以戕害人性，戕害人性的自在圆融。孔子与子贡引用《诗经》“如切如磋，如琢如磨”（《论语·学而》）来说对人性的修炼，这种“琢磨”，在老子看来，显然是一种对天性的损伤，对人性本来面目自然状态的外在强暴。

而且，老子认为，这种建立在与人性较劲基础上的政治，也不但不能治理好社会，反而只会残贼天下。所以，儒家讲“政治”——以“政”治天下（孔子解释为“以正治天下”）；老子讲“自治”——顺应人的自由本性来治天下。老子的“自治”，包含两个含义：第一，自我治理；第二，自性治理。前一种反对外来强制，反对一切社会组织，所以有“小国寡民”之想；后一种反对对人性的改造。所以，老子认为，讨论人性善恶是没有意义的事——因为，人性无论善恶，都源于“道”，社会最终都会找到适合人性的秩序。更何况，人怎么可以去刻削道呢？

既然人性善恶的讨论没有意义，从自性的角度，也不存在善恶评价的前提，所以，仁义礼等伦理概念也没有意义。这就是老子的逻辑。

庄子《在宥》说“在宥天下”，意思就是“天下自在，我何不宥”，“宥”就是放手，人为加给天下的所有作为，给天下制定的所有文化标签，都是对天下的淆乱。《在宥》曰：

> 而且说（悦）明邪，是淫于色也；说聪邪，是淫于声也；说仁邪，是乱于德也；说义邪，是悖于理也；说礼邪，是相于技也；说乐邪，是相于淫也；说圣邪，是相于艺也；说知邪，是相于疵也。天下将安其性命之情，之八者，存可也，亡可也。天下将不安其性命之情，之八者，乃始脔卷獊囊而乱天下也。而天下乃始尊之惜之。甚矣，天下之惑也！岂直过也而去之邪！乃齐戒以言之，跪坐以进之，鼓歌以儛之。吾若是何哉！

能够安其性命之情，则一切人为制定的道德规范就可有可无。若不能安其性命之情，则这八种规范恰恰造成“脔卷獊囊而乱天下”的后果。这“脔卷”，就是今人的“内卷”，比“内卷”更加形象；“獊囊”，则是“内卷”的后果——你死我活的竞夺，不可超脱。

“上德无为而无以为”到“上礼为之而莫之应”为逐次下降的四个等级，十七章“太上，不知有之；其次，亲而誉之；其次，畏之；其次，侮之”也是四个等级。而且，这两章的各四个等级还可以一一对应。“上德”是“太上”境界，因为“无为而无以为”，所以民人“不知有之”；“上仁”因为“为之而无以为”，所以民人“亲而誉之”；“上义”有杀气，故民人“畏之”；“上礼”因为“莫之应，则攘臂而扔之”，只能激起民人反抗厌弃，故“侮之”。事实上，政府越是有为，社会越是不堪；为政者有为不止，民人就苦难无尽。历史上多少胸怀大志、积极有为的统治者，哪怕出于良好的动机，最终都往往天怒人怨，朝代倾覆。因为社会本身是一个自然生生不已的机体，好的政治，其实就是顺应社会自身的发展。无为不是完全地听之任之，而是顺之应之。

第二，老子的历史观是倒退观。他的“失道而后德，失德而后仁，失仁而后义，失义而后礼。夫礼者，忠信之薄而乱之首”几乎准确地描述了从尧舜之道到文武之德，再到孔子仁，孟子义，荀子礼的历史进程。而“礼者，忠信之薄而乱之首”，似乎又准确预见到了历史、文化、制度由礼入法（法家的法术势），周文化全面崩溃，秦制度碾压而来，人类进入强权时代。就这一段文字，说《道德经》成书于战国后期，未尝不可:“成书”的意思，是最后勘定的意思，不是初始著作的时候。

链接　十二章；十七章；十八章；四十九章

第三十九章　得一

昔之得一者[1]：天得一以清，地得一以宁，神得一以灵，谷得一以盈，万物得一以生，侯王得一以为天下正[2]。其致之[3]。

天无以清，将恐裂；地无以宁，将恐废[4]；神无以灵，将恐歇[5]；谷无以盈，将恐竭；万物无以生，将恐灭；侯王无以贵高[6]，将恐蹶[7]。

故贵以贱为本，高以下为基。是以侯王自谓孤、寡、不毂[8]。此非以贱为本邪？非乎？故至誉无誉。是故不欲琭琭如玉，珞珞如石[9]。

今译

太初之时得“一”是这样的情况：天因道成一而清明；地因道成一而安宁；神因道成一而威灵；河流因道成一而充盈；万物因道成一而生成；侯王因道成一而立天下正位。这些都是由道而致的。

天没有让它清明的东西，就将崩裂；地没有使它安宁的东西，就将塌陷；神没有使它威灵的东西，就将消歇；河流没有使它充盈的东西，就将枯竭；万物没有让它们生长的东西，就将灭绝；侯王没有赋予他高贵的东西，就将失位。

所以贵以贱为根本，高以下为基础。因此侯王自称孤、寡、不毂。这不正是以卑贱为根本吗？难道不是吗？所以最高的美誉是没有美誉。所以不要做华丽光彩的美玉，只做坚硬粗陋的顽石。

注释

1　昔之得一者：昔：本来，初始。一：道所生之物。“得一”，即是“因道而得以成一”。

旧注多解“一”为“道”。《韩非子·扬权》：“道无双，故曰一。”王弼注：“昔，始也。一，数之始而物之极也。”又曰：“各是一物之生，所以为主也。”（参见楼宇烈校释）苏辙：“一，道也。物之所以得为物者，皆道也。天下之人，见物而忘道。天知其清而已，地知其宁而已，神知其灵而已，谷知其盈而已，万物知其生而已，侯王知其为天下贞而已。不知其所以得此者，皆道存焉耳。”但问题是，如果此处的“一”解释为“道”，那么“道生一”又如何解释？何况，道本来无处不在，于万物言，道本来自在，哪里用得着“得道”？所以，“一”应该是道所生之物，“得一”，即是“因道而得以成一”的意思。二十五章之“可以为天下母”，即是指天下万物皆“因道而得以成为天下万物”，亦即此章之“天得一以清，地得一以宁……”

2　正：正位。

陈鼓应释此“正”为动词，作“安定”或“统治”讲，疑不确。盖此一段都在讲天地万物由道而自成其德，是做本体性说明，非做功能性阐释也。故，“正”当为侯王本体应有之本质，获此本质，而后可以做侯王，故译文译为“正位”，以显示其权力来源之正。任继愈先生释为“首领”，近是。《尔雅》：“正，长也。”《广雅》：“正，君也。”《吕氏春秋·君守》：“可以为天下正。”高亨注：“正，主也。”《墨子·尚同中》：“方今之时，复古之民始生，未有正长之时。”《穀梁传·僖公十九年》：“上无正长之治，大臣背叛，民为寇盗。”“正长”连用，“正”即“长”也，“正”方可为“长”也。下文：“侯王无以贵高，将恐蹶”，正说明“正”乃是侯王的必要条件与主体本质也。

3　其致之：指前面这些情况都是由道而致的。

王弼解释“其致之”曰:“各以其一，致此清、宁、灵、盈、生、贞。”马叙伦《老子校诂》此句作“其致之一也”，并据王弼“各以其一”说，断定王本“其致之”后亦当有“一也”二字。同时引成玄英疏曰:“通结前六字，咸得一道也。”推测成本亦有“一也”二字。按:“其致之也”:“其”，代词，指代前文的“一”;“致之”，导致，一般都是指代事情的起因，如“有以致之”。王弼解释确，译文从之。

4 废：崩圮（pǐ），毁坏。

5 歇：消歇，绝灭。

6 贵高：高贵。

7 蹶：倾覆，跌倒。

8 孤、寡、不榖（gǔ）：古代侯王的谦称，有“孤德”“寡德”“不善不祥”等自谦之意。

9 琭琭（lù lù）如玉：华丽光彩好似美玉。琭琭，形容玉之华彩。珞珞（luò luò）如石：坚硬粗恶好似顽石。珞珞，形容石之粗丑。

导读

本章第一段，说天说地，说神说谷说万物，其实他真正的告诫对象，还是最后一句出现的侯王。告诫侯王，不要忘了道的功能——正因为道，才成就了你这个“一”，没有道，你这个“一”就无从而来。所以，“一”，也是道之一体，是道之成形。

本章分三层。

第一层讲“因道成德”。道是世界的创造者，天地神灵山川万物，无不因道而生，又无不因道而获得其自身之德，这些德就是“清”“宁”“灵”“盈”“生”。在讲了天地神灵、山川万物之后，最后落脚到侯王，这才是老子的重点。侯王从道中获得的德，就是“正”，若不正，就无有侯王之德；无有侯王之德，即不是侯王。“侯王得一以为天下正”，其实是在谈侯王统治的合法性——无道即不为正长。

问题是，正因为天地、山川、万物都是无心无意无为无以为之物，所以它们不会违离正道，唯一常常违离正道的，就是人类，因为人类有心有欲有意有为又常常有以为，而侯王是人类中最具有作为能力，又最少受到制约的。所以，老子于此三致意焉。

第二层讲“由德成物”。如果第一层是讲“因道而有德”，无道则德不成；那么，第二层就是在讲“有德斯有物”，无德物澌灭。只是要特别强调一下，老子这里讲的“德”，不是伦理之德，而是自然之德，是万物自身的规定性，本质属性。

如果说第二层是在哲学层面讲万物因具德而自在，第三层就是从政治学层面讲侯王的自在之道：作为高高在上的社会政治阶层，必须学会谦恭，以贱为本，以下为基。贾谊《新书·耳痹》：“天之处高，其听卑；其牧芒（管辖范围茫远），其视察。故凡自行，不可不谨慎也。”（《贾谊集》）又《新书·大政上》：“夫民者，万世之本也，不可欺。凡居于上位者，简士苦民者是谓愚，敬士爱民者是谓智。夫愚智者，士民命之也。故夫民者，大族也，民不可不畏也。……与民为敌者，民必胜之。”贾谊是典型的儒者，倡导仁义，他是从仁义的角度来解释“民本”思想的。而老子从“道”处卑为下的思想出发，一样可以引申出类似的政治智慧。

链接　三十七章；四十二章

第四十章　反者道之动

反者道之动[1]，弱者道之用[2]。

天下万物生于有，有生于无[3]。

今译

往复性是道自我发展的动能，趋弱性是道发挥功用的基本原理。

天下万物生于有，有生于无。

注释

1　反者道之动：反，包含两层含义：一、相反，对立面。王弼注："高以下为基，贵以贱为本，有以无为用，此其反也。动皆知其所无，则物通矣，故曰'反者道之动'也。"二、通"返"，相互转化，循环往复。高亨《老子正诂》："反，旋也，循环之义。"第二义胜。因为，考虑到下面的"动"，这个"反"应该是动词，具有运作性的推动力。二十五章："大曰逝，逝曰远，远曰反。"动：动能。此句意为：道内部的循环往复是其自我发展的动能。

2　弱者道之用：弱：也不能解释为形容词或名词，而应该与上句"反"一样，是动词，"趋弱""守弱"的意思。用：功用，效用。全句意为：道本性的趋弱性是道发挥功用的基本原理。

范应元注："柔弱之至，道之用也。道无形无声，天下之弱者莫如

道，而天下之至强莫能加焉。此其所以能用万物也。”高亨：“道善利万物而不争，是以弱为用也。”

3　有：即第一章“有，名万物之母”的“有”，指构成万物的物质性基本元素，是构成万物的基础，但不是具体的事物，故与第二章“有无相生”和第十一章“有之以为利”的“有”不同，不是具体的存在物，而是存在物的构成元素。无：指抽象，无形的“道”，即第一章“无，名天地之始”的“无”。

王弼注：“天下之物，皆以有为生。有之所始，以无为本。将欲全有，必反于无也。”

导读

此章老子讲了道的动能，道自我运化的原理，以及道的功用。“反者道之动”，是最能体现老子辩证法思想的一句话，它揭示了事物内部的矛盾性存在以及这种矛盾正是事物存在的一般形式——任何事物的存在都是矛盾性存在，都是自身包含着对自身的肯定和否定两方面，而这矛盾性存在正是事物自身发展的内部动力。所以，任何事物或事物的存在，又都是一种动态的存在，“日方中方倪，物方生方死”（《庄子·天下》惠子语），正是这种动态的存在，世界才是日新月异的、不断变化的，正是这种变化，才有了自然界的春夏秋冬、草木荣枯，也才有人类社会的人事更迭历史兴衰。这是作为守藏室之史的老子深刻体会到的。

如果说“反者道之动”是讲事物发展的动力，那么“弱者道之用”，就是老子发现了事物发展的规律：任一事物，当它“在”的时候，总是趋向于“消失”，或者说，任何“在”，都最终趋向于“不在”：当春天“在”的时候，它的趋向，就是被夏天取代，最终绿肥红瘦，最终“无计留春住”（欧阳修），最终“更能消几番风雨，匆匆春又归去”（辛弃疾）。一棵树“在”这里，而最终它一定“不在”这里，哪怕我们看到的是这棵树从小到大，从枝叶扶疏到枝繁叶茂乃至长成参天大树，这个表面上看起来“趋强”的过程，其实是“趋弱”——那个“强”，只不过是趋弱必须经过的过程——最终趋于不在。一栋大楼在这里，乃至正在建构的一栋大楼，老子看到的，都是它最终会消失。这种观感，其实是一位历史学家的正常体验——眼看他起高楼，早想到会“眼看他楼塌了”。苏轼《凌虚台记》：

> 物之废兴成毁，不可得而知也。昔者荒草野田，霜露之所蒙翳，狐虺之所窜伏。方是时，岂知有凌虚台耶？废兴成毁，相寻于无穷，则台之复为荒草野田，皆不可知也。尝试与公登台而望，其东则秦穆之祈年、橐泉也，其南则汉武之长杨、五柞，而其北则隋之仁寿、唐之九成也。计其一时之盛，宏杰诡丽，坚固而不可动者，岂特百倍于台而已哉？然而数世之后，欲求其仿佛，而破瓦颓垣，无复存者，既已化为禾黍荆棘丘墟陇亩矣，而况于此台欤！夫台犹不足恃以长久，而况于人事之得丧，忽往而忽来者欤！

其实，讲任何“在”最后都趋向“不在”，不如说，任何“在”，都立足于“不在”，用庄子的句式，就是：从“在”讲“在”终将“不在”，不如从“不在”讲“在”之为“不在”——凌虚台固然终将由“在”而“不在”，但是，凌虚台横空出世而“在”的时空，不也是“昔者荒草野田，霜露之所蒙翳，狐虺之所窜伏”之“不在”吗？《庄子·齐物论》：“以指喻指之非指，不若以非指喻指之非指也；以马喻马之非马，不若以非马喻马之非马也。”这就是庄子说的：“其分也，成也；其成也，毁也。”

所以，老子讲的这个“弱”，不是讲某种“弱”的状态，而是指

“削弱”“趋弱”的趋势——这个趋势，也是必然性的体现。必然性是什么？必然性就是“道”啊！所以，“弱者道之用”！

链接　一章；四章；二十五章

成语　无中生有

第四十一章　上士闻道

上士闻道，勤而行之[1]；中士闻道，若存若亡[2]；下士闻道，大而笑之[3]。不笑，不足以为道[4]。

故建言有之[5]：明道若昧[6]，进道若退[7]，夷道若颣[8]。

上德若谷[9]，广德若不足[10]，建德若偷[11]，质德若渝[12]。

大白若辱[13]，大方无隅[14]，大器晚成[15]。大音希声[16]，大象无形[17]，道隐无名[18]。夫唯道，善贷且成[19]。

今译

上士闻道，勤勉遵行；中士闻道，半信不信；下士闻道，笑其大而无所能。不被这类人嘲笑，就不足以成就道名。

所以前人有这样的话：大道明白却好像幽昧，大道前进却似乎后退，大道平坦却似乎崎岖。

上德如山谷，广德若不足，健德似怠惰，质朴之德如秽污。

至纯之白似含垢污，至大之域无边界，至大之器无毁成。大音则希声，大象则无形，大道幽微无法指名。只有道，善于赋能万物，使万物作成。

注释

1　上士：《礼记·王制》："诸侯之上大夫卿、下大夫、上士、中士、下士凡五等。”老子此处的“上士”只是借用社会之等级来喻指认知能力的等级，喻指能透彻领悟“道”的人。下文的“中士”和“下士”，也喻指领悟力中等和下等的人。勤而行之：勤勉德行。

严复《老子道德经评点》云：“夫勤而行之者，不独有志也，亦其知之甚真，见之甚明之故。”

2 若存若亡：好像有好像无，是说“中士”对“道”将信将疑。

3 大而笑之：笑其大而无能。

王弼本、河上公本、帛书本等作“大笑之”。据王念孙说应作“大而笑之”，“犹言迂而笑之也”。《牟子》《抱朴子》所引老子，都作“大而笑之”（参见任继愈《老子新译》）。按：“大而笑之”于义为胜，且与上文“勤而行之”句式对应。奚侗云：“上智之士，信道甚笃，则勉强而行之。中材之士，守道不坚，则或日月而至焉而已。下愚之人，不知道妙，以为夸大而笑之。”

4 不笑，不足以为道，意为：道不大，下士不笑；下士笑道者，笑道之大也。然不大不为道，故“不笑，不足以为道”。

苏辙：“道非形，不可见。非声，不可闻。不先知万物之妄，廓然无蔽，卓然有见，未免于不信也。故下士闻道，以为荒唐谬悠而笑之。中士闻道，与之存亡出没而疑之。惟了然见之者，然后勤行服膺而不怠。”

5 建言：古人所立之言，指一直流行为人所认可的格言。

林希逸：“建言者，立言也，言自古立言之士有此数语。”

6 明道若昧：大道明白却好像幽昧。

王弼：“光而不耀。”范应元注：“道之明者，微妙幽玄，故如昏昧。”

7 进道若退：大道推进却似乎后退。

范应元注：“道之进者，不与物争，故如退缩。”按：上章“弱者道之用”，退者，弱也。世界演进就是万物衰退，现有衰退就是未来新生。王弼：“后其身而身先，外其身而身存。”

8　夷道若纇：大道平坦却似乎崎岖。

王弼："大夷之道，因物之性，不执平以割物。其平不见，乃更反若纇纳也。"高亨："此就行道者而言，非就道之本体而言也。"

9　上德若谷：上德如同山谷。

范应元注："德之上者，虚而能应，故如空谷。"

10　广德若不足：广博之德好像不盈满。

王弼注："广德不盈，廓然无形，不可满也。"《史记·老子韩非列传》："良贾深藏若虚，君子盛德，容貌若愚。"

11　建德若偷：建：通"健"，偷：懈怠，懒惰，偷懒，散漫。刚健之"德"好似懈怠。此指刚健之德从容不迫，淡然安详。

王弼注："建德者，因物自然，不立不施，故若偷匹。"高亨："'建德若偷'，犹言强德若弱耳。"

12　质德若渝：质德：真朴之德。渝：改变，变节，不坚定。

13　大白若辱：最大的白好像污浊漆黑。辱，同"黷"，黑垢。

按：各本此句都在"上德若谷"后，安伦调整此句至此位置，甚为有理，从。

14　大方无隅：大的平面没有边界。

王弼注："方而不割，故无隅也。"一般都做此解释，并把"隅"（角落、边角）引申为"棱角"。疑不确。其实，"方隅"本是一词，以"方"（展开的面）和"隅"指代地区、地域、地方，"方"有"面"的意思，故有"方面"一词，一个平面。故此句当作：大的平面（区域）没有边界。楼宇烈："'方'为有隅，'大方'则无隅。"

15　大器晚成：应作"大器免成"，即至大之器没有成毁。

王弼本作"大器晚成"，但帛书乙本作"大器免成"（甲本残缺），郭店竹简本作"大器曼成"。一般认为"免""曼"通假"晚"，但"大器晚成"的句式、逻辑、意义均与前后相连的四个"大"字句不类，楼宇烈认为："其他各句都是一加'大'字则其义相反……唯此'大器'则言'晚成'，非'器'之反义。"从而对"晚"字提出异议，认为帛书本中的"免"字"似非'晚'之借字，而当以'免'本字解为是"。陈柱《老子韩氏说》还曾提出："'晚'犹'免'也，'免成'犹'无成'也。"今日"免开尊口""免责""免费""免除"等都表示否定。另，郭店竹简本的"曼"，也有"无"义（《法言·五百》："行有之也，病曼之也。"）。故，王弼本"大器晚成"当据帛书本为"大器免成"。盖一切成器，都有毁成，唯大器则不毁不成也。译文从之。

16　希声：没有声音。

王弼注："听之不闻名曰希，不可得闻之音也。有声则有分，有分则不宫而商矣。分则不能统众，故有声者非大音也。"《淮南子·原道训》："无音者，声之大宗也。"

17　大象无形：最大的形象反而没有形迹。

范应元注："大道无象，而众象由是而见，乃象之大者也。"严复说："大象逾乎视之域。"

18　道隐无名：道幽隐精微无得而名。

范应元注："既无声无象，焉得有名？"

19　善贷且成：贷：施与，赋能。成：成就。道善于赋能万物，使之成就自己。

范应元注："道虽隐于无名，然而夫惟此道，善贷施万物，而且善成之也。"

导读

本章分四层。

第一层，讲人对道的领悟因人之境界不同而不同。这是老子一直的感慨，"大道甚夷，而人好径"（五十三章）、"吾言甚易知，甚易行。天下莫能知，莫能行"（七十章）、"知我者希，则我者贵"（七十章）。所以，这地方老子字面上讲不同的人对道的不同认可，其实是感叹自己不为人理解，自己的理论不为人认同。

第二层，讲道之形态。因为这一层开头一个“故”字，所以，这一层就是对上一层的展开：道因为昧、退、纇而为俗人无视、藐视和视为畏途，直至为他们所嘲笑，因为他们以为道是迂远而阔于事情的，是不切实际不够功利的，是大而无当的。他们不明白道之昧、退、纇，正是道之明、进、夷的特征，正是道之所以为道、大之所以为大的原因。

第三层，讲德之境界。从四个方面讲德之境界：上德、广德、建（健）德和质德。德很崇高，但虚若山谷；德很广大，但恒若不足；德运行刚健，但从容舒缓；德真朴淳厚，但好似巧变。这不是德内外不一，而是德浑朴圆融，不偏不倚，不倾不斜，这是什么“德”？这是“道之德”！这是上士之德，不是中士下士之德！

第四层，讲物之大者。这不是一般物理学上的体量之大数量之大，而是哲学上的本质之大本性之大。这种大，如同《中庸》中的这一段：

> 天地之道，可一言而尽也：其为物不贰，则其生物不测。天地之道：博也，厚也，高也，明也，悠也，久也。今夫天，斯昭昭之多，及其无穷也，日月星辰系焉，万物覆焉。今夫地，一撮土之多，及其广厚，载华岳而不重，振河海而不泄，万物载焉。今夫山，一卷石之多，及其广大，草木生之，禽兽居之，宝藏兴焉。今夫水，一勺之多，及其不测，鼋鼍鲛龙鱼鳖生焉，货财殖焉。

朱熹说：“天、地、山、川，实非由积累而后大。”“非由积累而后大”者，为其本来自大也；本来自大者，道也！

大方是看不见的方。大器是看不见的器。大音是听不见的音。大象是看不见的形。为何看不见听不见？因为大。这不是简单的形体的大

（“大方无隅”很容易让人有这样的错觉），而是内涵的大，逻辑的无限。所以，它们是“道”与“德”的圆融，是道之德，是德之道。德焉？却是道。道焉？却是借德表述。从看不见的角度，下文马上接上“道隐无名”，无名者何？是道。从以道成德的角度，下文马上说“夫唯道，善贷且成”，成的什么？是德。

链接　三章；五十三章；七十八章

成语　若存若无　大方无隅　大器晚成　大音希声　大象无形

第四十二章　道生一

道生一，一生二，二生三，三生万物[1]。万物负阴而抱阳[2]，冲气以为和[3]。

［人之所恶，唯孤、寡、不穀，而王公以为称。故物或损之而益，或益之而损[4]。人之所教，我亦教之[5]。强梁者不得其死[6]，吾将以为教父[7]。］[8]

今译

道生一，一生二，二生三，三生万物。万物汇阴聚阳，阴阳冲荡而圆融为一。

（人所厌恶的，就是孤、寡、不穀，但王公以此来自称。所以世间之物有时减损它反而增益了它，有时增益它反而减损了它。这前人教导我的，我也用来教导后人。强亢刚猛的人往往不得好死，我将把这作为施行教化的张本。）

注释

1　道生一，一生二，二生三，三生万物：对这几句的解释，最流行的是："一"指"元气"；"二"指"阴阳"；"三"指"和气"。陈鼓应指出，此种解释都是庄子之后乃至汉代以后的观念。其实，老子这几句话，只是要说明由"无"（道）生"有"（一），而"有"又滋生万物，这样一个由理念到实体、由实体到万物的繁衍过程。

许慎《说文解字》:“一，惟初太极，道立于一，造分天地，化成万物。”蒋锡昌《老子校诂》:“《老子》一二三，只是以三数字表示道生万物，愈生愈多之义。”二人说是。

2　负阴而抱阳：字面意思是“背阴而向阳”。负，背。抱，向。其实不必如此拘泥理解，“负”和“抱”都是“含蕴怀抱”的意思，指万物都是包阴含阳而浑然一体的。这是表达上的互文手法。

3　冲气以为和：冲：冲融，交荡。阴阳两气相互冲融，交荡，圆融调和。

4　或损之而益，或益之而损：有时减损它反而使它增益了，有时增益它反而使它减损了。

范应元:“谦受益，满招损，物皆然。物既如是，则王侯固常谦虚不自满也。”

5　人之所教，我亦教之：前人用来教导我的，我也拿来教育后人。

范应元注:“人之所行，可以教我；我之所行，亦可以教人。”

6　强梁：强横，强亢，犹子路之“行行如也”“兼人”(《论语·先进》)。任继愈、陈鼓应解释为“强暴”，疑不确，既已强暴，自然“不得其死”，何待老子论断。此“强梁”，只是行事刚猛兼人，不是德性凶险，肆行凶暴。不得其死：不得善终。

7　教父：开始，依据。

“父”，河上公注:“始也。”

8　此章“人之所恶，唯孤、寡、不穀，而王公以为称，故物或损之而益，或益之而损。人之所教，我亦教之。强梁者不得其死，吾将以为教父”数句与上文文意不相吻合，前人疑为三十九章错简，误置于此。陈鼓应认同此说。安伦更是将三十九章之“故贵以贱为本，高以下为基。是以侯王自谓孤、寡、不穀。此非以贱为本邪？非乎？故至誉无誉。是故不欲琭琭如玉，珞珞如石”和四十二章后面这几句合并后，再移植于第二章“前后相随”之后、“是以圣人处无为之事”之前，以为如此前后意思方可紧密关联，前后呼应，逻辑贯通。可备一说。

按：其实这一段文字，与下一章即四十三章内容有接卯处，可以和下一章合并，置于四十三章开头处。这样，四十三章“天下之至柔”一句，有所铺垫而来，不至于突兀。且“人之所教，我亦教之”“教父”云云，和四十三章之“不言之教”，正好接应。而“吾将以为教父”和“吾是以知无为之有益”这两句，也有了隐秘的呼应。

导读

这一章两层，逻辑上有脱节，所以，第二层现在一般觉得可能是错简。至于这第二段文字应该在哪里，我在注释8中有说明。

本章第一层是说世界之生成。探讨世界的生成和构成是哲学的两大命题。比如古希腊亚里士多德认为万物由四种元素——土、气、水、火组成，这四种元素永恒存在，化成万物，这就是探讨宇宙构成的尝试。试图在纷繁的万物中找到世界的基本元素，这是人类思维哲学化的基本特征。而老子这段“道生一，一生二，二生三，三生万物”，则是探讨宇宙的生成和起源，最后归结为“道”，这也是人类对世界认知哲学化的伟大成果。理解这一段的认识论价值，我们可以把老子说的顺序倒过来：从万物中找到基本元素——“三”，再从这些基本元素追寻到形而上的“有”（二），再上升到形而上的“无”（一），直至追寻到万物最后的“因”——道。

再看第二层。

关于损益的辩证思辨，其实来自具体生活观察和历史研究结论，这类思想老子之前就有，《尚书·大禹谟》：“惟德动天，无远弗届，满招损，谦受益，时乃天道。”与老子同时的孔子，也持这样的观点：

孔子观于周庙而有攲（qī）器焉，孔子问守庙者曰："此为何器？"对曰："盖为右坐之器。"孔子曰："吾闻右坐之器，满则覆，虚则攲，中则正，有之乎？"对曰："然。"孔子使子路取水而试之，满则覆，中则正，虚则攲。孔子喟然叹曰："呜呼，恶有满而不覆者哉！"子路曰："敢问持满有道乎？"孔子曰："持满之道，挹而损之。"子路曰："损之有道乎？"孔子曰："高而能下，满而能虚，富而能俭，贵而能卑，智而能愚，勇而能怯，辩而能讷，博而能浅，明而能暗，是谓损而不极。能行此道，唯至德者及之。《易》曰：'不损而益之，故损；自损而终，故益。'"（《说苑·敬慎》）

有意思的是，《荀子·宥坐》、《韩诗外传》卷三等都有这个故事，而"损之之道"，孔子的回答有不同。《荀子·宥坐》：

孔子曰："聪明圣知，守之以愚；功被天下，守之以让；勇力抚世，守之以怯；富有四海，守之以谦。此所谓挹而损之之道也。"

《韩诗外传》：

孔子曰："德行宽裕者，守之以恭；土地广大者，守之以俭；禄位尊盛者，守之以卑；人众兵强者，守之以畏；聪明睿智者，守之以愚；博闻强记者，守之以浅。夫是之谓抑而损之。"

《孔子家语·三恕》：

子曰："聪明睿智，守之以愚；功被天下，守之以让；勇力振世，守之以怯；富有四海，守之以谦。此所谓损之又损之之道也。"

《淮南子·道应训》:

（孔子）曰:“夫物盛而衰，乐极则悲，日中而移，月盈而亏，是故聪明睿智，守之以愚；多闻博辩，守之以俭；武力毅勇，守之以畏；富贵广大，守之以陋；德施天下，守之以让。此五者，先王所以守天下而弗失也，反此五者，未尝不危也。”

这些回答，虽然看起来不同，具体举例不同，但是，要求人们谦卑，懂得损益之道，则是相同的。

又，《文子·九守》借老子之口说类似上面孔子的话:

老子曰：天道极即反，盈即损，日月是也。圣人日损而冲气不敢自满，日进以牝，功德不衰，天道然也，人之情性皆好高而恶下，好得而恶亡，好利而恶病，好尊而恶卑，好贵而恶贱，众人为之，故不能成，执之，故不能得。是以圣人法天，弗为而成，弗执而得，与人同情而异道，故能长久。故三皇五帝有戒之器，命曰侑卮，其冲即正，其盈即覆。夫物盛则衰，日中则移，月满则亏，乐终而悲，是故聪明广智守以愚，多闻博辩守以俭，武力勇毅守以畏，富贵广大守以狭，德施天下守以让，此五者先王所以守天下也。“服此道者不欲盈，夫唯不盈，是以弊而新成。”

孔子的七世祖，宋国大夫正考父，“佐戴、武、宣，三命兹益共，故其鼎铭曰:‘一命而偻，再命而伛，三命而俯。循墙而走，亦莫余敢侮。饘于是，粥于是，以糊余口。’”（《左传·昭公七年》）也是这种谦恭和“谦受益，满招损”的典型。

与谦卑相对，就是“强梁”。“强梁”不是指强暴，不是指一种凌辱他人、霸凌社会的行为或德性，而是指一种强悍刚健的生活态度，一种敢于出头、敢为天下先、果敢任气的个性，是与谦恭、自卑、自抑相对的。孔子说子路"不得其死"，子路的个性及其最后结局，是老子此处"强梁者不得其死"的最典型案例。就是因为子路强悍自信、直率自负，即此而"不得其死"，可见这不是个性的问题，而是社会、文化、制度的问题。

链接　三十九章；四十三章；五十一章；七十章；七十八章

成语　欲益反损

第四十三章　天下至柔

天下之至柔，驰骋天下之至坚[1]。无有入无间[2]，吾是以知无为之有益。

不言之教，无为之益，天下希及之[3]。

今译

天下最柔弱的东西，穿梭于天下最坚硬的东西。无形体的事物进入无间隙的事物，我因此知道无为的益处。

无言的教诲，无为的益处，天下少有人能做得到。

注释

1　驰骋：本义是指马疾驰。陈鼓应认为此处作“驾驭”讲，疑不确。当从其本义理解为“穿越，穿透”。任继愈解释为“穿来穿去”，更贴近，和下句“入”字照应。

2　无有入无间：无形体的事物进入无间隙的事物。

陈鼓应和任继愈都翻译“无有”为“无形的力量”，则全句意为“无形的力量能穿透没有间隙的东西”，毫无意味，降低了老子这句话的哲学内涵。盖力量本来就是无形的，无形的力量穿透没有间隙的东西，更是不知所云。其实，老子原话里，“无形”与“无间”形成了一种极具张力的对应，并给予读者无限的想象空间。《庄子·养生主》：以“刀刀者无厚”然后切入牛体，“以无厚入有间，恢恢乎其于游刃必有余地矣”，之所以让人想而神往，正在于刀本有形而可以无厚。故此处“无有”可不译，以保持外延的无限；如译，则译为“东西”（事物），优于译为“力量”。

3　希：稀，少。

帛书甲乙本俱作“天下希能及之”。

导读

上一章注释8，我们提到四十二章最后一段，应该置于本章（四十三章）前面，这样内容丰实而逻辑顺畅。其逻辑是：由王公的自谦，说到损益之辩证关系，再告诫生者柔弱死者坚强之“强梁者不得其死”，以此为教训告诫后人：“天下之至柔，驰骋天下之至坚。”此等教益，乃是不言之教，无为之益。

本章“无有入无间”，是非常有意味的话，是哲学洞穿逻辑之后才能说出的话，是后世“玄学”所谓的玄机。苏辙曰：“以坚御坚，不折则碎；以柔御坚，柔亦不糜，坚亦不病。求之于物，则水是也。以有入有，捍不相受；以无入有，无未尝劳，有未尝觉。求之于物，则鬼神是也。是以圣人唯能无为，故能役使众强，出入群有。”

链接

二章；十七章；二十三章；四十二章；五十七章；七十八章

成语

不言之教

第四十四章　名与身孰亲

名与身孰亲？身与货孰多[1]？得与亡孰病[2]？

甚爱必大费[3]，多藏必厚亡[4]。

知足不辱[5]，知止不殆，可以长久。

今译

名声与生命哪一个更亲？生命与财货哪一个更重？贪得与亡身哪一个更痛？

过分吝啬必然耗财巨大，过多蓄藏必然亡失惨重。

知足才能免辱，知止才不废殆，可以平安长久。

注释

1　多：此处非“多少”之“多”，而是“轻重”之“重”。

奚侗《老子集解》：“《说文》：多，重也。译为重叠之重，引申可训为轻重之重。”苏辙《道德真经注》：“先身而后名，贵身而贱货，犹未为忘我也。夫忘我者，身且不有，而况于名与货乎？然贵以身为天下，非忘我不能。故使天下知名之不足亲，货之不足多，而后知贵身，知贵身，而后知忘我，此老子之意也。”

2　得与亡孰病：得到名利与失去生命哪一个为害？

王弼：“得多利而亡其身，何者为病也？”陈鼓应：“‘得’，指得名利。‘亡’，指亡失生命。”苏辙：“不得者以亡为病，及其既得而患失，则病又有甚于亡者。惟齐有无，均得丧，而后无病也。”则苏辙解“亡”为“无”，指“不得时之状况”。考虑到前两句都有肯定有否定，此句也当在“得”与“亡”两者之间有取舍，故译文从王弼、陈鼓应。

3 爱：悭吝，吝啬。费：耗费。

《说文》：“费，散财用也。”

4 厚：多，惨重。

苏辙：“爱之甚，则凡可以求之者无所不为，能无费乎？藏之多，则攻之者必众，能无亡乎？”释德清：“如敛天下之财，以纵鹿台之欲，天下叛而台已空，此藏之多，而不知所亡者厚矣。”

5 辱：羞辱，耻辱。

导读

这一章一开始就是三个振聋发聩的问题，主题就是告诉我们：身（生命）是最重要的。而且，这里的“身”，还不仅仅指肉体之身，它是指身心，包括人的精神、灵魂等。

老子之所以给我们提出这样的三个问题，是因为这三个问题已然成了问题。太多的人好名而忘身，太多的人以身发财，太多的人汲汲于贪多务得细大不捐而身犯险境。

贾谊的《鹏鸟赋》写得好：

贪夫殉财兮，烈士殉名；夸者死权兮，品庶每生。

庄子更是一声叹息：天下尽殉也！《庄子·骈拇》：

夫小惑易方，大惑易性。何以知其然邪？自有虞氏招仁义以挠天下也，天下莫不奔命于仁义，是非以仁义易其性与？故尝试论之：自三代以下者，天下莫不以物易其性矣。小人则以身殉利，士则以身殉名，大夫则以身殉家，圣人则以身殉天下。故此数子者，事业不同，名声异号，其于伤性以身为殉，一也。臧与谷，二人相与牧羊而俱亡其羊。问臧奚事，则挟策读书；问谷奚事，则博塞以游。二人者，事业不同，其于亡羊均也。伯夷死名于首阳之下，盗跖死利于东陵之上，二人者，所死不同，其于残生伤性均也。奚必伯夷之是而盗跖之非乎！天下尽殉也。彼其所殉仁义也，则俗谓之君子；其所殉货财也，则俗谓之小人。其殉一也，则有君子焉，有小人焉；若其残生损性，则盗跖亦伯夷已，又恶取君子小人于其间哉！

又《庄子·让王》：

道之真以治身，其绪余以为国家，其土苴以治天下。由此观之，帝王之功，圣人之余事也，非所以完身养生也。今世俗之君子，多危身弃生以殉物，岂不悲哉！凡圣人之动作也，必察其所以之与其所以为。今且有人于此，以随侯之珠弹千仞之雀，世必笑之。是何也？则其所用者重而所要者轻也。夫生者，岂特随侯之重哉！

孔子说："君子疾没世而名不称焉。"（《论语·卫灵公》）《左传》说："大上有立德，其次有立功，其次有立言，虽久不废，此之谓不朽。"（《左传·襄公二十四年》）这都算作"烈士殉名"，而庄子批评的"士则以身殉名"，正是孔儒之士立身于世的昂藏丈夫之态。这，可以算作儒道两家的不同吧。

链接　三十二章；三十三章；四十六章

成语　多藏厚亡　知足不辱

第四十五章　大成若缺

大成若缺[1]，其用不弊[2]。

大盈若冲[3]，其用不穷。

大直若屈[4]，大巧若拙[5]，大辩若讷[6]。

躁胜寒[7]，静胜热。清静为天下正[8]。

今译

最圆成的东西好像有缺陷，但它的用途永不欠缺。

最充盈的东西好像有空虚，但它的功用永无穷竭。

完美的直好像有弯曲，极致的巧好像也笨拙，无碍的辩总是显口讷。

疾走可以胜寒，沉静可以消热。清静无为可以作为天下的正长。

注释

1　大成：最圆满完成的东西。

王弼："随物而成，不为一象，故若缺也。"

2　弊：损坏，此处指欠缺。

3　冲：空虚。

4　屈：弯曲。

王弼："随物而直，直不在一，故若屈也。"

5　拙：笨拙。

王弼："大巧因自然以成器，不造为异端，故若拙也。"

6　讷：木讷。

王弼："大辩因物而言，己无所造，故若讷也。"

7　躁：急速运动。疾走。

8　正：正长，领袖，主宰。

王弼："静则全物之真，躁则犯物之性，故惟清静，乃得如上诸大也。"

导读

本章这几个"大"字句的"大"，都不是具体的大，而是抽象的大；不是形体的大，而是本质的大，是内涵无限小之后的外延无限大。

在《道德经》中，"大"不仅是形容词，也是名词，它是"道"之名，它是道、天、地、人这"域中四大"的定位（二十五章），所以，"大"字，不仅是"大小"比较中的一极，它还是道的本体属性。所以，"大白"是具有道的属性的白；"大辩"是道辩；"大成"是道成……

大成若缺——大成，不是具体可见的成，任何具体可见的成，都是有限的成，不叫"大成"。为什么大成若缺？因为不缺就成了，成了就有限了。故大成其实就是未成，只有未成，才能保持其无限性和无限可能性。未成是开放性，开放性保持其无限性，无限性的东西，才叫"大"。这种大的特征，就是：无限性，无限可能性，永远的开放性。永远的开放性，所以"其用不弊"——缺是成的必要部分。

大盈若冲——大盈是指无限的充盈。无限的充盈需要无限的虚空以接纳无限的注人。既然永续的注人需要有永在的虚空以接纳，则，大盈之存在条件，就是"冲"，这个"冲"，如同上面那个"缺"，其实是"余地"，是"空间"，只有永远预留空间的事物，才能永远具备接纳性。永远有接纳性，所以"其用不穷"——冲（虚空）是盈的必需要素。

举个例子：一个完美的经济制度，是不是让所有人都有工作，都在工作状态，都喜欢自己的工作？一句话，都有完美的工作？

其实，只有保持一定合适比例的失业率或对工作的不满意度的经济制度，才是好的经济制度——只有这样，它才能给新创建的公司预留员工。这就是“缺”和“冲”之必要性。

大直若屈——大直不是显示自己的正直，大直是应物赋形，随方就圆，还万物一个公道。万物的公道在哪里？在万物各自的情形里，在万物各自的曲折里，所以，体贴万物，方为大直。但体贴万物，随物赋形，自然就不会有自体的不管不顾的“直”。

我们还可以举孔子断案的一个例子来说明：

孔子为鲁大司寇，有父子讼者，夫子同狴（牢房）执之，三月不别，其父请止。夫子赦之焉。

季孙闻之，不悦曰：“司寇欺余，曩告余曰：‘国家必先以孝。’余今戮一不孝以教民孝，不亦可乎？而又赦，何哉？”

冉有以告孔子，子喟然叹曰：“呜呼！上失其道，而杀其下，非理也。不教以孝，而听其狱，是杀不辜。”（《孔子家语·始诛》）

还有《论语·子路》：

叶公语孔子曰：“吾党有直躬者，其父攘羊而子证之。”孔子曰：“吾党之直者异于是：父为子隐，子为父隐，直在其中矣。”

这两个故事中，在季桓子和叶公认为应该“直”的地方，孔子都“不直”，但这正是“大直”啊！不“屈”就万物万事的本来情形，如何做到对万事万物公正？“直”，在孔子的语境里，就是“公正”的意思，“以直报怨”的“直”，就是“公正”。

大巧若拙——大巧也是因自然之巧，不自为自家之巧。因自然之巧，当然需随顺自然，而不能自圆其巧。随顺自然故大，不自圆其巧故拙。

大辩若讷——思想是现实的反映，观念是事物的反映。“大辩”只是呈现现实与事物，而不是为了呈现自己而扭曲事实，扭曲事实需要技巧，呈现事实只要老实。老实则木讷。

链接　二十五章；七十八章

成语　大直若屈　大巧若拙　大辩若讷

第四十六章　天下有道

天下有道，却走马以粪[1]；天下无道，戎马生于郊[2]。

罪莫大于可欲，咎莫大于欲得，祸莫大于不知足[3]。故知足之足，常足矣[4]。

今译

天下有道，解下战马去耕田；天下无道，战马萧萧在国境。

罪过没有比显示可欲招来贪欲更大的了，过错没有比贪得更大的了，灾祸没有比不知足更大的了。所以，感知到满足的满足感，使人永远满足。

注释

1　却：屏去，退回，解下。走马：战马。粪：耕种。

傅奕本“粪”作“播”，二字古时通用。王弼：“天下有道，知足知止，无求于外，各修其内而已，故却走马以治田粪也。”苏辙：“天下各安其分，则不争而自治，故却走马而粪田。”

2　戎马：战马。生：兴。生于郊，指兴兵作战。

吴澄：“郊者，二国相交之境。”此句亦可理解为“指牝马生驹于战场”。王弼：“贪欲无厌，不修其内，各求于外，故戎马生于郊也。”

3　王弼本此句作：“祸莫大于不知足，咎莫大于欲得。”只有两句。

帛书本作:“罪莫大于可欲，祸莫大于不知足，咎莫憯于欲得。”竹简本为:“罪莫厚乎甚欲，咎莫佥(憯)乎欲得，祸莫大乎不知足。”苏辙本:“罪莫大于可欲，祸莫大于不知足，咎莫大于欲得。”都是三句。显然，三句在意思上优于两句，逻辑上更自洽圆融。而三句中，陈鼓应以为郭店竹简本次序为优，以为其第三句“祸莫大于不知足”直接下句“知足之足”。故本书综合各本，调整如此。做此调整后，这三句的意思分逻辑分明的三层，详见“导读”。

4　故知足之足，常足矣:有“感知到满足”的满足感，才会永远满足。知:感知，体会。

苏辙:“知足者，所遇而足，故无不足也。”

导读

本章两层。第一层讲战争与和平。值得注意的是，老子用“无道”和“有道”来辨识之，则褒贬之义就在其中。一言以蔽之，反对战争、呼吁和平，是思想家的基本良知:战争状态是人间的无道，鼓吹战争、发动战争是人心的无道。认识不到一个人不可以鼓吹战争歌颂战争期待战争，是基本良知的丧失。

第二层讲战争为何会发生。战争起源于对他者拥有物的欲望。这里有三个层次:作为拥有者，不要炫耀自己的所有，以引起强盗的注意，这是理智，所以“罪莫大于可欲”;作为战争发动者，意欲占有他人的东西，是最大的过错，所以“咎莫大于欲得”;并且，这样的欲望一旦发动，就不可能适可而止，而是欲壑难填，最终走上不归之路，所以“祸莫大于不知足”。苏辙在这段话下面的注解很好:

> 以其可欲者示人，固有罪矣，而不足其足者，其祸又甚。所欲必得者，其咎最大。匹夫有一于身，患必及之。侯王而为是，则戎马之所自起也。

其实，历史上，完颜亮读柳永的《望海潮》一词，见到里面有称赞杭州之辞："东南形胜，三吴都会，钱塘自古繁华……有三秋桂子，十里荷花"，"遂起投鞭渡江，立马吴山之志"，隔年以六十万大军南下攻宋（罗大经《鹤林玉露》卷一）。难道柳永有罪？人心中的贪婪以及不知足才是真正的问题，所以，下文接到"知足之足"。"知足之足"者，"知足"才能足；不知足，永远不满足也。本人《孔子如来》有一段讲孔子表彰卫国公子荆"善居室"（《论语·子路》），文字如下，移过来可以作为老子这一段的导读：

> 懂得"知足常乐"的道理，并不能真就因此而快乐。
>
> 快乐在于：我们的心灵能否在有限中感知无限？在单薄中感知丰富？在缺憾中感知圆满？在匮乏中感知充足？
>
> 一句话，能否在不完美的世界中感知幸福？
>
> 我们有感知色彩的"视觉"，感知声音的"听觉"，感知滋味的"味觉"。
>
> 但是，上帝还赋予我们更为重要的能力：一种感知幸福的知觉，这种知觉，我们可以把它称为"足觉"——一种满足的感觉。
>
> ……
>
> 失去了味觉，就不能感知滋味。失去了听觉，就不能感知音乐。失去了视觉，就不能感知色彩。而失去了"足觉"，就不能感知幸福。

此章本来讲战争与和平，战争是人心的不和平，人间的和平源于人心的和平。说到此处，这一章就不光是在警告侯王们不要发动战争，而且是在告诫我们所有人，在日常生活中应保持"知足"的心态。苏辙说："知足者，所遇而足，故无不足也。"有了这个心态，侯王们就不会发动

“一个国家对一个国家的战争”，而普通人也就不会发动“一个人对一个人的战争”，乃至杜绝“一切人对一切人的战争”。

链接　三十章；三十一章；四十三章

成语　知足常乐

第四十七章　不出户

不出户，知天下；不窥牖，见天道[1]。

其出弥远，其知弥少[2]。

是以圣人不行而知[3]，不见而明[4]，不为而成[5]。

今译

不出门外，知道天下之事理；不望窗外，了解天下之大道。

走得越远，知道的反而越少。

所以圣人无须行而能知，无须见而能明，无须为而能成。

注释

1　天下：天下之事理，不是指天下纷攘的事务和无量的事物，而是指这些事务和事物发生的原理和逻辑。天道：天下之大道。

王弼："事有宗而物有主，途虽殊而同归也，虑虽百而其致一也。道有大常，理有大致，执古之道，可以御今。虽处于今，可以知古始，故不出户窥牖而可知也。"

2　其出弥远，其知弥少：走得越远，知道的反而越少。

王弼注："无在于一，而求之于众也。道视之不可见，听之不可闻，搏之不可得。如其知之，不须出户；若其不知，出愈远愈迷也。"河上公注："谓去其家观人家，去其身观人身，所观益远，所见益少也。"成克巩《御定道德经注》："天地不可以形尽，足之所至，见其形耳。虽远，岂能尽乎！"

3　不行而知：无须行而能知。

王弼注："得物之致，故虽不行，而虑可知也。"

4　不见而明：无须目见而明察。

"明"，王弼本作"名"，"名"与"明"可通。《释名·释言语》："名，明也。"朱骏声《说文通训定声》："名，假借为明。"王弼注："识物之宗，故虽不见，而是非之理可得而名也。"

5　不为而成：无为而无不为。

《韩非子·喻老》："随时以举事，因资而立功，用万物之能，而获利其上，故曰不为而成。"

按："不行而知，不见而明，不为而成"，这三句的三个"不"，是"无"义。

另，《韩非子·喻老》："空窍者（人之五官），神明之户牖也。耳目竭于声色，精神竭于外貌，故中无主。中无主，则祸福虽如丘山，无从识之。故曰：'不出于户，可以知天下；不窥于牖，可以知天道。'此言神明之不离其实也。"《淮南子·主术训》："夫人主之听治也，清明而不暗，虚心而弱志，是故群臣辐凑并进，无愚智贤不肖，莫不尽其能，于是乃始陈其礼，建以为基，是乘众势以为车，御众智以为马，虽幽野险涂，则无由惑矣。人主深居隐处以避燥湿，闺门重袭以避奸贼，内不知闾里之情，外不知山泽之形，帷幕之外，目不能见十里之前，耳不能闻百步之外，天下之物无不通者，其灌输之者大，而斟酌之者众也。是故不出户而知天下，不窥牖而知天道。乘众人之智，则天下之不足有也，专用其心，则独身不能保也。"《淮南子》此说，有似于《吕氏春秋·本味》："黄帝立四面，尧舜得伯阳、续耳，然后成。"高诱注："黄帝使人四面出求贤人，得之，立以为佐，故曰立四面也。"《太平御览·人事部·面》引《尸子》曰："子贡问孔子曰：'古者黄帝四面，信乎？'孔子曰：'黄帝取合己者四人，使治四方，不计而耦，不约而成，此之谓四面。'"但《淮南子》这样的解释，如同孔子之解释"黄帝四面"，虽然使之理性化，却也失之肤浅，降低了老子的哲学意味。

导读

要理解这一章，还需借用下一章开头两句："为学日益，为道日损。"

是的，老子这一章，讲的不是我们的"为学"，而是"为道"，是我们对于"道"的接近、理解和把握。所谓"知天下"，不是知天下时时处处都在发生的大大小小的事情，而是知天下发生事情的机理，所以，这个"知天下"就是下一句的"见天道"。孔子说"四十不惑"，何为不惑？不是万事在胸，而是万事的理路在胸。又说"六十耳顺"，何为耳顺？就是对天下时时处处发生的事情都见怪不怪——万物既然都循道应德，则也就具有可理解性，而可理解的东西就是可以以理去解的。可以以理去解的东西，需要的，就是你心中有无这个"理"。心中有这个"理"，则自心就有智慧，就能"理解"世界而无须眼耳鼻舌身意的直接接触。如此，圣人之认知和把握世界，就如庄子笔下的庖丁面对全牛："以神遇而不以目视，官知止而神欲行。依乎天理，批大郤，导大窾，因其固然……"客体既然有其"固然"，主体自然就可以顺其"自然"，理解其"本然"，哪里用得着眼睛？《景德传灯录·志公和尚大乘赞》："不解即心即佛，真似骑驴觅驴。"既然即心即佛，何用骑驴觅驴？

理的本体是道，所以有"道理"一词；理的功能是解，所以有"理解"一词。"理解"是对这个世界万事万物的最终把握、最终认知和最终解释。心中有道理的人，"不出户，知天下；不窥牖，见天道"。

那为什么"其出弥远，其知弥少"？因为人一旦依赖"官知"（感官），则自然关闭"神欲"；执迷于术，则自然疏离于道。道之不存，理将焉附？所以，最后几句"圣人不行而知，不见而明，不为而成"中的

"不"字，不仅仅是一种被动否定，更是一种主动选择：无须脚出走，无须眼观察，无须去作为，只用道理去体会！

德国哲学家康德，一辈子没有离开过他生活的小镇，他靠什么如此广阔又如此深刻地洞悉世界和历史的奥秘？不外乎"理解"二字，而已！

链接　十四章；四十八章

第四十八章　为学日益

为学日益，为道日损[1]。损之又损，以至于无为[2]。无为而无不为。

取天下常以无事[3]，及其有事，不足以取天下。

今译

追求知识是日日做加法，追求大道是日日做减法。减少再减少，最终就会归本无为之道。无为就能最终无不可为了。

治理天下常靠的是不生事，等到造作事端了，就不能治理天下了。

注释

1　为学日益，为道日损："为学"是指掌握知识；"为道"是指把握规律。知识的学习，在于不断积累、延展和深入，故"日益"。把握规律，是不断抽象，剥离具体物象而达至对本质的把握，故"日损"。学知识是做增量，把握规律是做概括。

有解释"日益"为增益情欲——蒋锡昌："'为学者日益'，言俗主为有为之学者，以情欲日益为目的；情欲日益，天下所以生事多扰也。"范应元注："为俗学者，则日益多事，而心不虚。为常道者，则日损私欲，以致虚。"还有解释为增进政教礼乐——河上公注："'学'谓政教、礼乐之学也。日益者，情欲文饰，日以益多。'道'谓自然之道也。日损者，情欲文饰，日以消损。”且注“损之又损”曰：“‘损之者’，损情欲也。又损之者，所以渐去也。”这两种解释固然以老子一贯思想为依据，但却降低了老子这两句话的哲学意味。且“益”后加政教礼乐，“损”后加私欲文饰，属于增字翻译，而原文“日益”“日损”并列对举，所损益的东西应该相同才有对比意味。故以上两种解释都不取。苏辙注“为学日益”：“不知道而务学，闻见日多，而无以一之，未免为学者也。孔子曰：‘多闻，择其善者而从之。多见而识之，知之次也。’”注“为道日损”：“苟一日知道，顾视万物，无一非妄，去妄以求复性，而性实无几。孔子谓子贡曰：‘赐也，女以予为多学而识之者与？’对曰：‘然。非与？’曰：‘非也。予一以贯之。’”近乎得之。

2　无为：道。损之又损，以至于无为，就是不断抽象，从纷纭的物象中认知到“道”的存在，也就是从“有”到“无”。

3　取：治理。无事：无生事，顺应自然而不惹是生非。下文“有事”即造事、生事。五十七章：“以无事取天下。”

导读

本章的导读可参考上章。

为学日益，讲的是认识世界的方法之一——知识的积累和拓展。知识是什么？知识是对于事实的认知。一种事实，一旦被认知，就成为知识。所以，人类总是在做两件事：第一，记诵熟知已经被认知到的事实，这是知识的学习；第二，不断拓展认知的空间，使未被认知的被认知，使未知成为知识，这是知识边界的拓展。我们发现，无论是不断探索使未知成为知识，还是不断记诵以获知人类知识总库中的知识，这两个过程都是积累、增加的过程。这就是老子说的“为学日益”。

注意，老子并不反对我们为学，为学的价值在于：知识的边界就是世界的边界——对人类而言如此，对某个人而言也是如此。认知到的世界才是你的世界。所以，为学，求得知识总量的增加，就是拓展世界的边界。老子本人在守藏室里苦读，他获得了当时人最多的知识，尤其是历史知识，所以，他的世界就比一般人更有深度——时间的纵深感。

但世界是无限的，知识以及待探索的未知也是无限的，用学习知识增加知识总量的方法去拓展人类世界的边界是必需的，但通过这样的一点一滴的积累，试图最终认识世界的全体，是不可能的，何况，如果这是唯一认知世界的正当路径，则人类在最后获得世界所有问题的答案之前，就只能局缩于世界一隅，孤立地、割裂地认识世界的现象而不求对世界本质的总体把握？这显然是人类精神的自我矮化。

因此，人类认识世界还有一种路径，那就是找出纷繁世界纷纭万物背后的规律性的东西，找出规律，是认识的最后目标和最高境界。人类有可能在现有的、有限的知识的基础上，找出规律性的东西，并且由此去解释、推知未知事物，推动对未知事物的认知。这在哲学和逻辑学上，叫“演绎法”。老子的“道”“有”“无”等概念的提出，都是试图把握整体规律的可贵尝试。

《论语·卫灵公》：

> 子曰：“赐也，女以予为多学而识之者与？”对曰：“然。非与？”曰：“非也。予一以贯之。”

多学而识，即是“为学日益”；一以贯之，就是“为道日损”。

从多中找一，叫“归纳”；以一释多，叫“演绎”。多中找一，就是“日损”。损之又损，最终剥落万象，找出本质性的东西，这是“为道”。为道者，寻道也，闻道也，行道也。行道者，删繁就简，去除繁华，回归大要也。回归大要，则一切无为，无为而无不为也。天下之大，悠悠万事；百姓之众，芸芸众生；为政大要，不过顺应事理，顺应人性。“俗之所欲，因而与之；俗之所否，因而去之。”（司马迁《史记·管晏列传》）而已！故下章接着说："圣人无心，以百姓心为心。"

"取天下常以无事，及其有事，不足以取天下。"苏辙注曰："人皆有欲取天下之心，故造事而求之，心见于外，而物恶之，故终不可得。圣人无为，故无事，其心见于外，而物安之，虽不取天下，而天下归之矣。"世事往往如此：孜孜以求未必得到，从容淡定反而获得。更重要的是：当我们用不正当的手段或不人道的手段去占有天下时，从这一刻开始，我们就已经失去了天下——所以，"行一不义，杀一不辜，而得天下，皆不为也"（《孟子·公孙丑上》）。

还是孔子和他的学生南宫适的对话最能说明老子的这句话：

> 南宫适问于孔子曰："羿善射，奡荡舟，俱不得其死然。禹、稷躬稼而有天下。"夫子不答。
>
> 南宫适出，子曰："君子哉若人！尚德哉若人！"

禹、稷躬稼之时，何尝有取天下之想，而终于有天下，此"取天下常以无事"也。无事者，无心也。羿善射，奡荡舟之时，心里念兹在兹的都是如何巧取豪夺天下，然最后俱不得其死，此"及其有事，不足以取天下"也。不足者，道不足德有缺也。

链接　四十七章；四十九章；五十七章；五十九章；六十四章

成语　为学日益　为道日损

第四十九章　圣人无心

圣人无心[1]，以百姓心为心。

善者，吾善之；不善者，吾亦善之，德善[2]。

信者，吾信之；不信者，吾亦信之，德信。

圣人在天下，歙歙焉[3]，为天下浑其心[4]。百姓皆注其耳目[5]，圣人皆孩之[6]。

今译

圣人无心，以百姓的心作为自己的心。

善良的人，我善待他；不善良的人，我也善待他，这才是德中自有的善。

诚信的人，我诚信对他；不诚信的人，我也诚信对他，这才是德中自有的信。

圣人处天下间，总是内敛收束，使天下人心思浑朴。百姓都专用耳目自作聪明，圣人却都使他们闭明塞聪。

注释

1　无心：没有一己之心。

王弼本作“无常心”，帛书乙本作“恒无心”。“常（恒）”字位置不同。然，“无常心”逻辑可通，而意思稍浅；“恒无心”，于义为胜，而逻辑别扭。按：王安石《老子注》："圣人无心，故无思无为……以'吉凶与民同患'故也。"王雱《老子注》第二章注曰："夫圣人无心，以百姓心为心。"顾欢本、景龙本俱作"无心"，故疑此句当无"常"字，而作"圣人无心"。

2　德：一般理解为"得"，下句"德信"同。景龙本、敦煌本、傅奕本、陆希声本诸本，此两句"德"字皆作"得"。但在此，就在本来意义上理解"德"也许更好：自身德中的"善"和"信"不会因外物的影响而变化，不会改变的"善"和"信"，才是自身之德拥有的"善"和"信"，才是真正的"德善"和"德信"。

王弼注："各因其用，则善不失也。德善，无弃人也。"

3　歙歙（xī xī）：收敛、谨慎、清静无为的样子。

范应元："故圣人之在天下，收敛其心，无为无欲，顷刻不敢放纵，则百姓自化。"王弼本此句无"焉"字，但注文里却有，而各古本皆有"焉"字，据帛书本补。

4　浑其心：使人心浑朴。浑：混沌淳朴。其：代指百姓。

李零《人往低处走》："'浑'有浑融之义，这里指与民同心，即上文所说'圣人恒无心，以百姓心为心'。"则，李零理解这个"其"字是代指圣人。亦可通。

5　百姓皆注其耳目：百姓都专注于用耳听，用目视。

帛书甲乙本、王弼本都无此一句。但王弼本注中，在"为天下浑其心"下却有"各用聪明"一句，显然与此句无关，而与"百姓皆注其耳目"相应。在"圣人皆孩之"句下注最后，有这样的句子："百姓各皆注其耳目焉，吾皆孩之而已。"河上公本、傅奕本有此一句，据补。高亨："《说文》：'注，灌也。'百姓用耳以听，用目以视，即是耳目有所灌注。故河上公曰：'注，用也。'今人恒言注目注意，即此义。"

6　孩：借为"阂"，闭塞，阻碍。

王弼注："皆使和而无欲，如婴儿也。"然高亨《老子正诂》："孩借为阂。《说文》：'阂，外闭也。'……圣人皆孩之者，言圣人皆闭百姓之耳目也。上文云：'歙歙焉，为天下浑其心。'即谓使天下人心胥浑浑噩噩，而无识无知也。此文云：'百姓皆注其耳目，圣人皆阂之。'即谓闭塞百姓耳目之聪明，使无闻无见也，此老子之愚民政策耳。"从上下文语义逻辑言，高亨之说为优，从之。

导读

此章第一层讲"无心"。"无心"是"无为"的逻辑前提。所以，提倡无为的老子，必然会拈出"无心"一词。无心自然无意，无意自然无为，三十八章之"上德无为而无以为""上仁为之而无以为"，"无以为"岂不就是"无意为"。百姓心者，自然也，以百姓心为心，以自然为心也。

第二层讲"善"与"信"。"善者，吾善之；不善者，吾亦善之"，为何就"德（得）善"？此"善"，在此当作"公正""正当"讲。圣人不仁，当然也无"善恶"之"善"，只有不偏不倚之"正"。且"圣人无心，以百姓心为心"，则必然圣人无善，以百姓之"善"为善（"不善者"亦是百姓，"不善"亦是"百姓心"之一种，而"不善者"也必将其"不善"视为善）。《尚书·泰誓中》："天视自我民视，天听自我民听。"圣人以民视民，以民听民，则民何有不善？以此为善，才能得善。得善者，得善之本来面目也。善之本来面目，即是无论对方如何，我之善一以贯之，一如既往。

另，"善者，吾善之；不善者，吾亦善之，德善"与孔子"以德报德，以直报怨"相似，不因对方之不善，改变我一贯的善。盖坏人的最大祸害，是使好人因为他而变坏。"不善者，吾亦善之，德善"意思就是不被坏人改变，才能葆有（德）自身的善；而不会被改变的善，才是与德一起不可须臾离的本质本性之善。所以，这句话逻辑上非常严谨，事理上非常客观。

“信”亦作如是观。

第三层讲圣人如何以自家之“无心”，使天下浑其心；以自家之无分别心，使百姓无计较心。浑其心者，使无分别心计较心也。

链接　三十八章；四十八章

第五十章　出生入死

出生入死[1]。

生之徒[2]，十有三[3]；死之徒，十有三；人之生生[4]，动皆之死地[5]，亦十有三。夫何故？以其生生之厚[6]。

盖闻善摄生者[7]，陵行不避兕虎[8]，入军不被甲兵[9]。兕无所投其角[10]，虎无所措其爪[11]，兵无所容其刃。

夫何故？以其无死地[12]。

今译

不走生路就会自蹈死地。

天生长寿的人，占十分之三；遗传短命的人，占十分之三；为了厚生，却一举一动总是自蹈死地的人，也占十分之三。这是为什么呢？因为他们追求养生享受太过分了。

听说善于养护生命的人，在山地行走不避犀牛猛虎，参军打仗也不披坚执锐。犀牛找不到它尖角攻击的地方，猛虎找不到它利爪抓扑的位置，兵器找不到它锋刃插入之处。

这是为什么呢？因为这样的人没有致死的破绽。

注释

1　出生入死：此句可以有两种理解：第一，脱离生路即陷入死路，有孔子“人之生也直，罔之生也幸而免”之意；第二，出生为生，入没为死。第二种解释只是客观描述，不如第一种有意味，且第一种与下文逻辑衔接强，译文从之。

2　生之徒：生：长生寿考之生，蒋锡昌：“长寿之类。”徒：辈，类属。

3　十有三：十分之三。

4　人之生生：第一个“生”作动词，指养生；第二个“生”为名词，指生命。有“厚生”之意。

王弼本作“人之生”，据傅奕本及帛书本加一“生”字。

5　动皆之死地：举动都自蹈死地。

6　生生之厚：用以养生的条件、手段、追求太丰厚。

苏辙注此数句曰：“用物取精以自滋养者，生之徒也；声色臭味以自戕贼者，死之徒也。二者既分生死之道矣。吾又知作而不知休，知言而不知默，知思而不知忘，以趣于尽，则所谓‘动而之死地’者也。”

7　摄生：护养生命。河上公注：“摄，养也。”今日犹言“善自珍摄”。

8　兕（sì）：独角犀牛。先秦时黄河流域多有犀牛，古籍多有记载。兕虎，泛指各类野兽。

此句王弼本作“陆行不遇兕虎”，然帛书本作“陵行不避兕虎”，“不避”较“不遇”，义胜。盖“不避”与下文“不被”（作“披”或“备”解），都是主动行为，而“不遇”后之“不被甲兵”，只能作“不为甲兵所伤”解，为被动行为。陆行如何不遇兕虎？入军如何不被甲兵伤害？于义不通。

9　被（pī）：披，“披坚执锐”。

蒋锡昌：“其入军也，不至敌人戒线之内，故决不为甲兵所加。”然既入军，如何“不至敌人戒线之内”？于义不通。韩非《解老》：“凡兵革者，所以备害也。重生者，虽入军无忿争之心；无忿争之心，则无所用救害之备。此非独谓野处之军也。圣人之游世也，无害人之心，则必无人害；无人害，则不备人。故曰：‘陆行不遇兕虎。’入山不恃备以救害，故曰：‘入军不备甲兵。’”则韩非所见，“被”作“备”，“装备”之意，与“披坚执锐”义同。

10 投：冲撞。

11 措：措置，施放。

12 死地，即上文“生生之厚”，无生生之厚，即无死地。无死地，无入死地也。

王弼注：“善摄生者，无以生为生，故无死地也……斯诚不以欲累其身者也，何死地之有乎！”

导读

本章关键词：摄生。

老子先给一个主题，或警告——“出生入死”。生死固有命，作死也没法。孔子说“人之生也直，罔之生也幸而免”（《论语·雍也》），“罔”就是出生入死，即便不死或一时不死，也只是幸免。

然后老子给我们一个估算：天生长寿和短命的，各占三分之一。盖那个时代医学不发达，早夭者大约三分之一，而天赋体质、命运眷顾而得长寿者，也约三分之一。但还有三分之一“不得其死”者，却是作出来的。这个作，就是“妄作”，就是“有为”，就是“生生之厚”。看起来是厚自奉养，服食药饵，甘脆肥浓，洞房清宫，蛾眉皓齿，其实正是伐性腐肠，伤身损精。正如《韩非子·扬权》所说：“天有大命，人有大命。夫香美脆味，厚酒肥肉，甘口而病形；曼理皓齿，说情而损精。故去甚去泰，身乃无害。……夫物者有所宜，材者有所施，各处其宜，故上下无为。”

值得一提的是，老子讲“生生之厚”而“动皆之死地”的人，是什么人？是有条件“生生之厚”的人。所以老子是在警告谁？侯王贵族。

讲完了生生之厚的作死，老子接着讲“善摄生者”，善摄生者，其实是不刻意厚生，是后来庄子《大宗师》讲的：

> 古之真人，不知说生，不知恶死；其出不䜣（音义皆同“欣”），其入不距；翛（xiāo）然而往，翛然而来而已矣。不忘其所始，不求其所终；受而喜之，忘而复之（忘记生死，恢复自然），是之谓不以心捐（损害，帮助）道，不以人助天。

何为“不以人助天”？就是《德充符》的“常因自然而不益生”，这可以看作道家养生的核心观念。天下哪有作死之人？只有厚生之人。而厚生，往往即是作死。

接下来老子讲：“陵行不避兕虎，入军不被甲兵。兕无所投其角，虎无所措其爪，兵无所容其刃。”这段摄生理论，其实，不仅不是科学，也不是哲学，而是文学。关于这一段的注解，历来纷纭且逻辑义理常常不通，就在于注者没注意到这是一种文学语言。不避兕虎如何免于伤害？不披甲兵如何护体御敌？一己肉身，如何使“兕无所投其角，虎无所措其爪，兵无所容其刃”？这都无法从哲学、逻辑和科学角度解释得通。其实这是老子的文学手段。我们比较一下庄子的文学表达，《庄子·马蹄》：

> 故至德之世，其行填填，其视颠颠。当是时也，山无蹊隧，泽无舟梁；万物群生，连属其乡；禽兽成群，草木遂长。是故禽兽可系羁而游，乌鹊之巢可攀援而窥。夫至德之世，同与禽兽居，族与万物并，恶乎知君子小人哉！

所以，老子这段话，是用文学的手段，讲一种理想的摄生状态，不，是一种理想的人生状态。这种理想的实现，不仅需要理想的人，还需要理想的世道（庄子所谓的“至德之世”）。哪里是理想的人体无破绽无死地？其实是理想的世界无破绽无死地。哪里是德无死地？其实是道无死地。以德循道，则人无死地。

我们可以结合《道德经》五十五章一起看：

> 含德之厚，比于赤子。蜂虿虺蛇不螫，攫鸟猛兽不搏……

你若一定要从科学和逻辑角度去说明赤子何以能毒虫不螫、猛兽攫鸟不搏，是不是有点笨？

最后，附一段《韩非子·解老》以助理解：

> 是以圣人爱精神而贵处静，此甚大于兕虎之害。夫兕虎有域，动静有时。避其域，省其时，则免其兕虎之害矣。民独知兕虎之有爪角也，而莫知万物之尽有爪角也，不免于万物之害。何以论之？时雨降集，旷野闲静，而以昏晨犯山川，则风露之爪角害之。事上不忠，轻犯禁令，则刑法之爪角害之。处乡不节，憎爱无度，则争斗之爪角害之。嗜欲无限，动静不节，则痤疽之爪角害之。好用其私智而弃道理，则网罗之爪角害之。兕虎有域，而万害有原，避其域，塞其原，则免于诸害矣。凡兵革者，所以备害也。重生者，虽入军无忿争之心；无忿争之心，则无所用救害之备。此非独谓野处之军也。圣人之游世也，无害人之心。无害人之心，则必无人害；无人害，则不备人，故曰“陆行不遇兕虎”。入山不恃备以救害，故曰“入军不备甲兵”。远诸害，故曰：“兕无所投其角，虎无所措其爪，兵无所容其刃。”不设备而必无害，天地之道理也。体天地之道，故曰：“无死地焉。”动无死地，而谓之“善摄生”矣。

故，最好的养生，不是厚养肉身，而是善养其德；若使人畜不害，必使自己不害人畜。

而养生的必然要求，除了善养德性，还需善养世道。危邦不入，乱邦不居。若天下皆乱而危，则人为何趋避？故一己养生，尚须天下太平。天下一旦河决，一己岂不鱼烂？故若德赤子，必熙熙于至德之世。至德之世，无死地之世也。

链接　五十三章；五十五章

成语　出生入死

第五十一章　道生之

道生之[1]，德畜之[2]，物形之[3]，势成之[4]。是以万物莫不尊道而贵德[5]。

道之尊，德之贵，夫莫之命而常自然[6]。故道生之，德畜之，长之育之，亭之毒之，养之覆之[7]。生而不有，为而不恃，长而不宰，是谓玄德[8]。

今译

天地自道生，万物由德育，以物具其形，以势成其物。因此万物无不尊道贵德。

道的尊崇，德的高贵，是因为它们没有什么主观意志而永远顺应自然。所以道生成万物，德畜养万物，使万物成长发育，使万物成形结果，养育万物庇荫万物。生长万物却不据为己有，兴作万物却不自恃功劳，长养万物却不自作主宰，这就是最幽远深厚的德。

注释

1　道生之：万物自道而生。万物之共性为道。

2　德畜之：万物由德而育。一物之个性为德。

3　物形之：道、德具形而为物。物以其具形含蕴道、德。

4　势成之：形势使万物完成。势：一物生成之外在环境、大势、趋势和内在势能。

5　万物莫不尊道而贵德：万物既成，道为其共性，德为其个性，道、德合而一物成，万物莫不是道、德一体，故尊道贵德。

蒋锡昌："无道与德，则不能生畜；不能生畜，则物故不能形，势亦无所成。是以万物莫不尊道而贵德也。"

6　夫莫之命而常自然：没有什么主观意志只是永远顺应自然。万物生于道及道生万物，都是自然而然，无有主观意志；既非物自己的意志，亦非道、德的意志。

7　亭之毒之：河上公本和其他古本多作"成之熟之"。亭：成也。毒：熟也。养之覆之：覆：覆盖，保护、维护的意思。

8　玄德：精微幽眇的德。出于道的德性，因其幽微不可测，故谓"玄德"。以上四句重出于第十章，当缀于此。

王弼注："凡言玄德，皆有德而不知其主，出乎幽冥。"《庄子·天地》："其合缗缗，若愚若昏，是谓玄德，同乎大顺。"

导读

此章分两层。第一层讲"物"与道、德、形、势的关系。

"道生之，德畜之，物形之，势成之"，是讲"道"如何成就"万物"，"德"如何自成"一物"，"一物"何以具有其"德"。万物由"道"而自成其"德"，万物因"德"以自成其"形"。无形为道，有形为德。道为全体，德为个体。全体抽象存在，个体具象（形）存在。故道无所不在而无形，德无物不备而有形。万物自有其性其形，因德成形，以形媚道。而成就万物其性其形者，除了道、德，尚有环境大势与自身动能，如植物之成之熟，除了得生于道，成形于德，尚有气候、土壤、阳光、水分，以及自体的生长本能和遗传密码。但万物一旦成就（形），就独立具备道、德，所以，道、德是万物的本质，故万物莫不尊道而贵德。

第二层，讲道如何成就万物。老子特别强调"莫之命而常自然"，也就是说，道虽然是“造物主”，但它只“造物”而不为“主”，且其造物，也是任由万物自性自成，它只是顺应自然“长之育之，亭之毒之，养之覆之”。这或许是中国后来无法形成一神教的文化基因之一。

最后，是对道的赞美：“生而不有，为而不恃，长而不宰，是谓玄德。”何为“玄德”？就是玄牝之德。“玄牝之门，是谓天地根。绵绵若存，用之不勤。”（第六章）这是母亲般的德！

概括一下，本章核心观点是什么？是——

道的本质是自然。

德的本质是自足。

世界的本质是自由。

链接 四章；六章；十章；十七章；二十三章；三十四章；四十二章；五十二章；七十七章

第五十二章　天下有始

天下有始[1]，以为天下母[2]。既得其母，以知其子；既知其子，复守其母[3]，没身不殆[4]。

塞其兑，闭其门[5]，终身不勤[6]；开其兑，济其事[7]，终身不救[8]。

见小曰明[9]，守柔曰强。用其光，复归其明[10]，无遗身殃[11]，是为袭常[12]。

今译

天下有初始，就作为天下之母。已经得知万物初始，就能认识万物本身；已经知晓万物本身，复从万物皈依初始，这样终身没有危险。

堵塞嗜欲的孔窍，关闭嗜欲的门路，终身不会劳苦；打开嗜欲的孔窍，成就其欲望，终身不可救药。

能察见细微叫“明”，能持守谦柔叫“强”。趁着道的光芒，回归道的澄明，不给自身留下祸殃，这是因袭道法之常。

注释

1　始：初始，即道。

范应元：“道本无始，此言有始者，谓万物由此始也。”老子想到宇宙起始问题，这是哲学的一大进步。

2　母：根本、本源，指道。

范应元："道者，有而无形，无而有精，变化不测，通神达生，故谓之母。"王弼："善始之，则善养畜之矣。故天下有始，则可以为天下母矣。"

3 子：指天地万物。既得其母，以知其子；既知其子，复守其母：察知道生万物，复从万物皈依、溯源于道。

苏辙："圣人体道以周物，譬如以母知子，了然无不察也。虽其智能周之，然而未尝以物忘道，故终守其母也。"

4 没身不殆：终身没有危险。殆：危险。

5 塞其兑，闭其门：堵塞嗜欲的孔窍，关闭嗜欲的门路。

王弼注："兑，事欲之所由生；门，事欲之所由从也。"《周易·说卦》"兑为口"，引申凡有孔窍者都可曰"兑"。《淮南子·道应训》："太公曰：'塞民于兑。'"高诱注："兑，耳目鼻口也。"

6 勤：辛劳。

王弼注："无事永逸，故终身不勤也。"

7 济其事：成就俗事，满足欲望，有"成人之恶"之意。

8 终身不救：终身不可救药。盖欲壑难填，终身不可得而休歇也。

苏辙："目悦于色，耳悦于声，开其悦之之心，而以其事济之，是以终身陷溺而不能救。"

9 见小曰明：能察见细微的"玄机"，就是"明"。

苏辙："悦之为害，始小而浸大。知小之将大而闭之，可谓明矣。"

10 用其光，复归其明：运用道的光芒，回归道的澄明。

吴澄："水镜能照物谓之'光'，光之体谓之'明'。用其照外之光，回光照内，复返而归藏于其内体之明也。"陈鼓应："'光'是向外照耀，'明'是向内透亮。"自体透亮曰"明"，照亮外物曰"光"。

11 殃：灾祸。

12 袭常：承袭永恒不变的道。

导读

这一章开头就讲“天下有始”，这个“始”就是天下“母”。通过这个“始母”，我们可以认知到“子”——万物的德性。但此章的真正用意，不是让我们从本原去研究万物，而是让我们从万物去回归本原，他一开始说明万物有本原，是要在逻辑上说明万物的本质，须从本原上找。所以，本章的主题是：复归。

第一，复归于道，由万物复归其母，由此刻追寻到时间的开始。所以，“既得其母，以知其子”，可能只有知识的意义；而“既知其子，复守其母”，就有了智慧的意义，甚至有了德性的意义。它不再是关于事实，关于真相，而是关乎价值，关乎人生——“没身不殆”。这“没身不殆”在十六章也出现过，有意思的是，那一章正是讲“复”的：

> 致虚极，守静笃。万物并作，吾以观复。
>
> 夫物芸芸，各复归其根。归根曰静，静曰复命。复命曰常，知常曰明。不知常，妄作凶。
>
> 知常容，容乃公，公乃王，王乃天，天乃道，道乃久，没身不殆。

“万物并作，吾以观复”者，就是“既知其子，复守其母”啊。

第二，复归于自身。“塞其兑，闭其门，终身不勤；开其兑，济其事，终身不救。”讲的就是复归于自性自体。“用其光，复归其明”，由“光”复归“明”，就是由功能复归本体，“光”是照亮外物，而“明”是自身澄明。“光”是功能，“明”是本体。自身澄明，方能其用不竭，才能“没身不殆”。

故，这一章是从宇宙讲到社会，从社会讲到政治，从政治讲到人生，讲到人生哲学。

链接

四章；十六章；五十一章；五十六章

第五十三章　介然有知

使我介然有知[1]，行于大道，唯施是畏[2]。

大道甚夷[3]，而人好径[4]。朝甚除[5]，田甚芜，仓甚虚[6]；服文采，带利剑，厌饮食[7]，财货有余，是为盗夸[8]！非道也哉！

今译

假如我确切有些知识，我就知道要在无为的大道上行走，就怕有所施为。

大道十分平坦，侯王们却总是喜欢走偏僻小路。朝廷上宫殿豪华整洁，田园却凋败荒芜，仓储却极为空虚；穿着华美衣服，佩戴锋利宝剑，餍足珍馐美食，财物积贮多余，这就是天下的盗魁！违逆大道啊！

注释

1　使我介然有知：我：老子托言侯王，非指自我，亦非指普通人。介：坚定、确定。

陈鼓应等诸人都将“介”解作“微小、稍微”义，疑不确。《说文》段注：“介，画也。画部曰：画，界也。按界也当是本作介也。”介是“界”之本字，“介然，确然，坚定确定”之意。王弼：“言若使我可介然有知，行大道于天下，唯施为之是畏也。”帛书甲本此句作“使我挈有知”，“挈”是“提”“带”的意思，高明：《说文·手部》：“挈，县持也。”段注：“县持也。县者，系也……下文云：提，挈也。则提与挈皆谓县而持之也。今俗语云挈带。”按：“县持”即“悬持”，“使我挈有知”，谓假使我获得了智慧。亦通。

2　施：施为，有所为。

3　夷：平坦。

4　人：指人君、侯王。

王弼本作“民”。奚侗：“‘人’指人主言。各本皆误作‘民’，与下文谊不相属。盖古籍往往‘人’‘民’互用，以其可两通。此‘人’字属君言，自不能借‘民’为之，兹改正。”察下文“朝甚除”以下七句，也非“民”之可为。从奚侗，据改。

径：邪路。

《论语·雍也》：“行不由径。”王弼：“言大道荡然正平，而民犹尚舍之而不由，好从邪径，况复施为以塞大道之中乎？故曰‘大道甚夷，而民好径’。”苏辙：“大道夷易，无有险阻，世之不知者以为迂缓，而好径以求捷。故凡舍其自然而有所施设者，皆欲速者也。”

5　除：有两种解释，一训为“整洁”，王弼注：“朝，宫室也；除，洁好也。”一训为“废弛”，严灵峰注：“除，犹废也。言朝政不举而废弛也。”译文从前者。

6　虚：空。

王弼：“朝甚除，则田甚芜，仓甚虚。设一而众害生也。”

7　厌：满足。

8　盗夸：大盗。

严灵峰：“‘夸’，奢也；从大，亏声；犹‘大’也。‘盗夸’，大盗也，犹‘盗魁’也。”

衣抚生博士校读注：

“盗夸”，北大简、《韩非子》版均作“盗竽”，学者大都认为可以将“夸”和“竽”看成通假字。这两个词都不太好理解。一般的解释都是大盗,《韩非子》的解释除了大盗，还有类似“桀纣帅天下以暴，而民从之”(《大学》) 的意思。我个人感觉似乎更有韵味一些,《韩非子·解老》:“诸夫饰智故以至于伤国者，其私家必富；私家必富，故曰:‘资货有余。’国有若是者，则愚民不得无术而效之；效之，则小盗生。由是观之，大奸作则小盗随，大奸唱则小盗和。竽也者，五声之长者也，故竽先则钟瑟皆随，竽唱则诸乐皆和。今大奸作则俗之民唱，俗之民唱则小盗必和。故‘服文采，带利剑，厌饮食，而货资有余’者，是之谓盗竽矣。”

导读

本章是老子斥骂统治者穷奢极欲，要和五十章一起看。一起看就能看出老子骂人的力度。五十章讲“生生之厚”的人，“动皆之死地”，是属于作死的那十分之三。但那一章没讲他们如何“生生之厚”，这一章讲到了:“服文采，带利剑，厌饮食，财货有余”，以至于闹到“田甚芜，仓甚虚”而不以为愧。老子直接骂他们是强盗头子!

作为对比，我们可以看看孔子表扬过的大禹王,《论语·泰伯》:

> 子曰:“禹，吾无间然矣。菲饮食而致孝乎鬼神，恶衣服而致美乎黻冕，卑宫室而尽力乎沟洫。禹，吾无间然矣。”

大禹粗茶淡饭，但对鬼神却很敬畏；大禹衣服粗劣，但祭祀的礼服却很华美；大禹为什么能称圣王，并能成为后世楷模？不厚养自身而善待天下啊。

孔子讲这段话时，可能心里想着的，就是老子这一章。

链接

四十一章；五十章

第五十四章　善建者不拔

善建者不拔[1]，善抱者不脱[2]，子孙以祭祀不辍[3]。

修之于身，其德乃真；修之于家，其德乃余；修之于乡，其德乃长；修之于邦，其德乃丰；修之于天下，其德乃普[4]。

故以身观身，以家观家，以乡观乡，以邦观邦，以天下观天下[5]。吾何以知天下然哉？以此[6]。

今译

善建立的不可摇晃，善抱持的不会脱落，子孙因此祭祀不绝。

在身修道，德就真纯；在家修道，德就充盈；在乡修道，德就绵长；在国修道，德就丰盛；在天下修道，德就惠及世人。

所以以身之本质观身，以家之本质观家，以邦之本质观邦，以天下之本质观天下。我凭什么知道天下情形？就用这通过本质看现象的方法。

注释

1　拔：拔除。

范应元注："善建德者，深而不拔。"

2　脱：脱离。

王弼注："固其根，而后营其末，故不拔也；不贪于多，齐其所能，故不脱也。"

3　以：以此，即按善建、善抱的原则行事。辍：断绝。

马其昶《老子故》："建抱而至于子孙祭祀不辍，犹《中庸》言大德受命，至于宗庙飨之，子孙保之，皆修身之效也。"苏辙的理解似乎更有哲学意味："世岂有建而不拔，抱而不脱者乎？惟圣人知性之真，审物之妄，捐物而修身，其德充积，实无所立，而其建有不可拔者，实无所执，而其抱有不可脱者，故至其子孙，犹以祭祀不辍也。"

4　"修之于身"以下五句中，真：纯粹。家：西周分封制下各诸侯国卿大夫之采邑（食邑）与政治家族。余：充裕。长：悠长，绵长；亦有理解为"尊长"者，但其余四字都作形容词，故还是作"绵长"稳妥。邦：王弼本作"国"，汉代人避汉高祖刘邦的名讳，改"邦"为"国"。"邦""国"意思通，然老子是韵文，"邦"在此协韵，"国"不协。今据帛书本改回。丰：丰盛博大。普：普遍，周遍。

范应元注："自修之身，其德乃真。而至于家之有余，乡之长久，邦之丰盛，天下周普，此皆建德无为之效也。"

5　"以身观身"以下五句：以自身观照自身。范应元："以吾之身，观人之身，以至于观家、观乡、观邦、观天下，一理而已。"王弼注："彼皆然也。"疑不确。若后一个身、乡、邦、天下都作相对的彼身、彼乡、彼邦、彼天下，则天下何有另一个相对而并峙的天下耶？且，以我身、乡、邦、天下，以观彼身、乡、邦、天下，又哪里有什么哲学的意味？又有什么必然道理？按：四十七章："不出户，知天下；不窥牖，见天道。"有"因道而观天下"之意。王安石注："身有身之道，故以身观身；家有家之道，故以家观家；以至于乡、邦、天下。'吾何以知天下然哉？以此'者，盖以此道观之也。"但本章没有提到"道"，以"道"来解释此处，缺乏内在证据的支撑。结合上文"修之于身，其德乃真；修之于家，其德乃余；修之于乡，其德乃长；修之于邦，其德乃丰；修之于天下，其德乃普"来看，此五句的意思应该是：以身之德观身，以家之德观家，以邦之德观邦，以天下之德观天下。每一句中的第一个身、家、乡、邦，都是指相应之德，即相应之本质。这各自的相应之德（本质）之一，即是真、余、长、丰、普。《庄子·秋水》："以道观之，物无贵贱；以物观之，自贵而相贱；以俗观之，贵贱不在己。"故，五句乃各以身、家、乡、邦、国相应之德来观察考察身、家、乡、邦之意。下文接以"何以知天下然？以此"。"此"者，德也，天下当有本有之德也，天下本有其该有之道德本质也。"以此"者，透过本质看现象，从而发见现象之本质也。以其相应之本质特征来观察身、家、乡、邦与天下，相当于有了一个观察和评价的尺度，即可知身、家、乡、邦与天下之真实情伪。《管子·牧民·六亲五法》："以家为乡，乡不可为也。以乡为国，国不可为也。以国为天下，天下不可为也。以家为家，以乡为乡，以国为国，以天下为天下。"也是指为家之道不可以为乡，为乡之道不可以为国，为国之道不可以为天下，因其各有其德，更有其本质属性，而德各不同，本质属性各不相同也。

6　以此：以这样的观点。

范应元："谓不过以此一身之清静无欲而推之，则天下浑然可知尔。"

导读

本章三层。

第一层，讲一般原理：善于建立的根基牢固，故不可摇晃；善于保持的原则坚定，故不可滑脱。并得出结论说：子孙祭祀不绝者，都是善于建立自身以及家族根基，家风绵长的。《中庸》"舜其大孝也与！德为圣人，尊为天子，富有四海之内，宗庙飨之，子孙保之。故大德必得其位，必得其禄，必得其名，必得其寿"以及"武王缵大王、王季、文王之绪，壹戎衣而有天下。身不失天下之显名，尊为天子，富有四海之内，宗庙飨之，子孙保之"，舜和武王，都是善建者、善抱者的代表吧。

当然，注释3中我引了苏辙的说法，他的意思是，世间万事万物，无有永恒不拔不脱者，唯“无有之物”才可以无拔脱之虞，所以，真正的永恒之道，是“捐物而修身”，此说甚有道理。如家族遗泽，不过五世而斩；邦国之传，强悍而法网周密如秦者，不过二世而亡。唯孔子、佛陀、耶稣，建一理想信仰于世人心中，此真万世不拔，永恒不脱，而子孙祭祀不辍也。

白居易《简简吟》：“大都好物不坚牢，彩云易散琉璃脆。”而当代诗人聂绀弩《读刘再复〈太阳·土地·人〉漫为三绝句》其三，接过白居易的话头，说出了在瞬息幻灭的世界中，也当有永恒久坚的东西：“月落乌啼霜满天，一诗张继已千年。彩云易散琉璃脆，只有文章最久坚。”曹丕《典论·论文》：“盖文章，经国之大业，不朽之盛事。年寿有时而尽，荣乐止乎其身，二者必至之常期，未若文章之无穷。是以古之作者，寄身于翰墨，见意于篇籍，不假良史之辞，不托飞驰之势，而声名自传于后。故西伯幽而演易，周旦显而制礼……”而老子，一部《道德经》五千言，根植人类文化史，与人类同始终，何虞拔脱！

第二层，“修之于身”一段，讲“善建”的根基和“善抱”的原则，那就是“道”。“修”者，修道也。儒家讲修身以“伦理”，道家讲修身以“道理”。修，也是治，修乡修邦修天下，就是齐家治国平天下，儒家以“礼乐”治天下，道家以“道德”治天下（道家之道德与儒家之道德不同。道家之道德指自然之道和自性之德，儒家之道德指伦理之道和人际之德）。而且有意思的是，我们一般理解，儒家是修身以齐家治国平天下，而细揣老子这里的话，则是齐家治国平天下以修身，在家、邦、天下修身。儒家虽然也讲“修身为本”，其意思却是“修身为始”，乃至为手段，最终要以此既修之身去齐家治国平天下，内圣乃是为了外王。而老子这里的意思，则是家、邦、天下都只是修身之道场、之路径，治国平天下都是为了修身，是“修身为终”，为目的。这也正是老子“贵身”思想的自然表现。（十三章：“故贵以身为天下，若可寄天下；

爱以身为天下，若可托天下。”二十六章：“奈何万乘之主，而以身轻于天下?”）

第三层，讲万事各有其道，考察认知万事，必以其相应之道。以万物万事各有之道观察万物万事，自然可以了解万物万事之原委。这，其实还是要求我们尊道而贵德。《论语·里仁》“富与贵，是人之所欲也；不以其道得之，不处也”，则富贵有其道也，得富贵有其道也；韩愈《马说》“策之不以其道”，则马有其道也，策马亦有其道也；刘向《孙卿书录》“夫不以其道进者，必不以其道亡”，则出处穷通有其道也；《大学》“言悖而出者，亦悖而入；货悖而入者，亦悖而出”，则不以其道，无事不悖也。

链接　十三章；二十六章

第五十五章　含德之厚

含德之厚，比于赤子[1]。蜂虿虺蛇不螫[2]，攫鸟猛兽不搏[3]。骨弱筋柔而握固[4]，未知牝牡之合而朘作[5]，精之至也[6]。终日号而不嗄[7]，和之至也[8]。

和曰常[9]，知常曰明。益生曰祥[10]。心使气曰强[11]。

物壮则老，谓之不道。不道早已[12]。

今译

涵德深厚，就与赤子相似。蜂蝎毒蛇不蜇刺，猛兽鸷鸟不攫击。筋骨柔弱但抓握紧固，不晓男女但阳物高翘，这是精气充盈啊。整天号哭但嗓子不哑，这是元气丰沛啊。

和是“常”，知常叫“明”。纵欲贪婪叫“凶祥”。任心使气叫“逞强”。

事物强壮就衰老，这叫“不合道”。不合道就会早早消亡。

注释

1　赤子：初生的婴儿。

王弼注：“赤子，无求无欲，不犯众物。”苏辙：“老子之言道德，每以婴儿况之者，皆言其体而已，未及其用也。今夫婴儿泊然无欲，其体之者至矣，然而物来而不知应，故未可以言用也。”

2　蜂虿（chài）虺（huǐ）蛇不螫（shì）：虿：蝎子。虺：毒蛇。

螫：毒虫用尾刺此人。

此句王弼本、帛书本如此，其他诸本多作“毒虫不螫”。

3　攫（jué）鸟猛兽不搏：攫鸟，鹰隼等用爪抓取猎物的一类鸟。

此句王弼本作：“猛兽不据，攫鸟不搏。”据竹简本及帛书本改，以与上句“蜂虿虺蛇不螫”相称。

4　握固：抓握紧固。

5　牝牡之合：牝，阴也；牡，阳也。此指男女交合。朘作：王弼本作“全作”，注：“作，长也。无物以损其身，故能全长也。”帛书本作“朘怒”。朘：河上公本及诸古本作“峻”，音义同“朘”，指幼童（赤子）阳物。《玉篇》：“朘，赤子阴也。”

6　精之至也：精气充盈丰沛。

苏辙：“无执而自握，无欲而自作，是以知其精有余而非心也。”

7　嗄（shà）：嘶哑。

8　和之至也：元和之气浑厚。

9　和曰常：和谐是常道。

王弼本等诸本都作“知和曰常”，“知和”是人类心智和认知，如何曰“常”？逻辑不通。帛书甲本和郭店竹简本无“知”字，是。据改。

10　益生：纵欲贪生。祥：此处作“不祥凶兆”解。

《庄子·德充符》：“常因自然而不益生。”

苏辙：“祥，妖也。”《说文》段注：“祥，福也。凡统言则灾亦谓之祥。析言则善者谓之祥。”苏辙：“生不可益，而欲益之，则非其正矣。”

11　心使气曰强：欲念驱使、任性使气叫“逞强”。

王弼注：“生不可益，益之则夭也；心宜无有，使气则强。”

12　最后这三句三十章已有，注释见前。

苏辙：“益生使气，不能听其自然。日入于刚强而老从之，则失其赤子之性矣。”

导读

本章开头讲“赤子”，结尾讲“物壮则老”，由赤子而至壮老，离道背德而招来妖祥，人之大迷也。

故本章主旨在于“含德”，而含德者必“知常”，知常者必“守常”“守和”。“知常”是“含德”的前提，却也是“含德”的结果——“知常”方能“含德”；“含德”自能“知常”。而“和”，则是含德者、知常守常者的人格气象和生命形态。

“常”是什么？“常”就是“和”。“常”为什么是“和”呢？因为“常”是原生态，是常态，不常就是变态，就是增生态。那什么叫“和”呢？就是一切圆融，不假外求，无知无欲；做个比方或举个例子，就是赤子。赤子的状态就是“和”，“骨弱筋柔而握固，未知牝牡之合而朘作，精之至也。终日号而不嗄，和之至也”。“和”不是一种外向的侵略的力量，而是内守的含敛的力量，因为含得住，所以“握固”，所以“朘作”，所以“不嗄”；也因为不是一种侵略性的力量，所以“蜂虿虺蛇不螫，攫鸟猛兽不搏”。我们现在知道，动物对人类的伤害，大多数都是因为动物感受到了人类的威胁。

那么，“知常”也就是“知和”。这个“知”，不仅仅是“知道”“认知到”的意思，还是“做到”“履行”的意思。履行“和”、做到“常”，就是“守常”“守和”，就是不妄为，不做反常、违和的事，比如“益生”“心使气”。

链接 五十章；五十六章

第五十六章　知者不言

知者不言，言者不知[1]。

塞其兑，闭其门[2]，挫其锐，解其纷，和其光，同其尘[3]，是谓玄同[4]。

故不可得而亲，不可得而疏；不可得而利，不可得而害；不可得而贵，不可得而贱[5]。故为天下贵[6]。

今译

智者不言，言者不智。

塞住嗜欲孔窍，关闭嗜欲门路，挫钝自身锋芒，消解自身纠结，柔和自身光耀，混同周边尘俗，这就是“玄同”。

如此，则不可能亲近他，不可能疏远他；不可能加利他，不可能加害他；不可能尊贵他，不可能轻贱他。所以他被天下尊崇。

注释

1　知者不言，言者不知：智慧的人不言说，言说的人不智慧。知：音义同“智”。

王弼注前句曰：“因自然也。”注后句曰：“造事端也。”这两句可以在两种不同语境里理解：第一，在高邈的道的境界里，因为道不可言说，所以，知者不言，言者不知。苏辙说：“道非言说，亦不离言说，然能知者未必言，能言者未必知。”第二，在平实的日常境界里，智慧者总是少说，多说者智慧不足。河上公注前句：“知者贵行不贵言也。”注后句曰：“驷不及舌，多言多患。”第五章：“多言数穷，不如守中。”老子一直戒多言，既有反对统治者政令烦苛的一面，也有告诫一般人“敏于事而讷于言”的意义。

2　塞其兑，闭其门：见五十二章注释5。

3　挫其锐，解其纷，和其光，同其尘：挫钝其锋芒，化解其纷争，和柔其光耀，混同其尘垢。

王弼注“塞其兑，闭其门，挫其锐”：“含守质也。”注“解其纷”：“除争原也。”注“和其光”：“无所特显，则物无所偏争也。”注“同其尘”：“无所特贱，则物无所偏耻也。”这四句重出于第四章，应该在此。

4　玄同：玄妙混同的境界。

薛蕙《老子集解》：“玄同者，大同于物，深不可测也。”

5　六句“不可得”，指达到“玄同”境界以后，即无法与他有亲疏利害贵贱之关系。

6　为天下贵：被天下尊崇。

苏辙注：“可得而亲，则可得而疏。可得而利，则可得而害。可得而贵，则可得而贱。”王弼注：“无物可以加之也。”

导读

上一章讲含德者的功能（知常）和生命形态（和），这一章具体讲含德者的人生境界和生命智慧。这境界，就是本章关键词：玄同。

如何做到“玄同”？或者说，如何便是“玄同”？——“塞其兑，闭其门，挫其锐，解其纷，和其光，同其尘。”一句话：使自己消失，使自己和世界之间的对立消失，使自己一切自我性的东西与世界混同一体，无有分别，无有冲突。

“玄同”以后如何？会有什么境界？答案是：为天下贵。而如何才算是为天下贵呢？——“不可得而亲，不可得而疏；不可得而利，不可得而害；不可得而贵，不可得而贱。”——无法亲疏，无法利害，无法贵贱，他超越了人间一切法，摆脱了人间一切俗，人间一切价值、是非、荣辱、贵贱于他无增无减、不垢不净、不生不灭。当世俗的一切对他无能为力、无可奈何之时，他可不就是卓然独立、无上尊贵？

让自己消失乃至和光同尘，最后却是“为天下贵”，真是好辩证法。

链接　二章；四章；五章；十六章；十七章；二十三章；五十二章；五十五章；五十九章

第五十七章　以正治国

以正治国，以奇用兵[1]，以无事取天下[2]。吾何以知其然哉？以此[3]：

天下多忌讳[4]，而民弥贫；人多利器[5]，国家滋昏[6]；人多伎巧，奇物滋起[7]；法令滋彰，盗贼多有。

故圣人云：“我无为，而民自化[8]；我好静，而民自正；我无事，而民自富；我无欲，而民自朴。”

今译

用正道治国，以奇诡用兵，以无事取天下。我凭什么知道其中的奥秘？凭以下这些：

天下忌讳禁令越多，人民就越加贫困；人主的权谋志向越多，国家就越加陷入混乱；人主的谋划策略越多，邪恶的事情就越加发生；法令越是繁琐森严，盗贼就越是到处都有。

因此圣人说：“我无为，人民就自我化育；我好静，人民就自我端正；我无事，人民便自得富裕；我无欲，人民就回归淳朴。”

注释

1　以正治国：以正道治国。以奇用兵：以奇术用兵。奇：奇诡之术。《论语·颜渊》：“季康子问政于孔子。孔子对曰：‘政者，正也。子帅以正，孰敢不正？’”

2　以无事取天下：用清静无为之道治理天下。无事：无生事，无为。取：获得天下，指获取天下人心。四十八章："取天下常以无事。"

3　以此：凭以下这些。

此二字帛书甲乙本及竹简本均无。此二字引出下文，与老子惯例不同。俞樾曰："自'以正治国'至此数句，当属上章。如二十章：'吾何以知众甫之状哉？以此。'五十四章：'吾何以知天下然哉？以此。'并用'以此'二字为章末结句。是其例矣。"马叙伦《老子校诂》："'以正治国'至此乃四十八章错简。"其四十八章"及其有事，不足以取天下"下按曰："五十七章'以正治国，以奇用兵，以无事取天下。吾何以知其然哉？以此"五句，当在此下。俞樾、马叙伦二说并有理，姑存其说，而译文以原文为本。

4　忌讳：禁忌，禁令。

5　人多利器：人指人君、侯王。利器：锋利的武器，喻指统治者之权谋。

"人"，王弼本作"民"，并对此做了法家商鞅式的注解："利器，凡所以利己之器也。民强则国家弱。"苏辙本亦作"民"，其解释亦颇有法家"民强国弱"之意味："利器，权谋也。明君在上，常使民无知无欲。民多权谋，则其上眩而昏矣。"蒋锡昌说："'民'当从诸本作'人'。盖'天下多忌讳''人多利器''人多伎巧''法令滋彰'，四句皆指人主而言，以明有事之不足以治天下也。三十六章'国之利器不可以示人'，亦指人主而言，可为证也。"当从。

6　滋昏：滋：有作"滋生"解，不确，当与上文"弥"，下文"滋起""滋彰"之"滋"相同，都作程度解，更加，越加。

7　伎巧：各种谋划和策略。奇物：邪物，邪恶之事。

8　自化：自我化育。

导读

本章分三层。

第一层讲三个不同对象的治理和面对：治国以正，用兵可奇，而取天下以无为。

何以然哉？孔子说“为国以礼”，礼是一套文明规范，治国之关键在于长治久安，长治久安必须使得一切可预期可保障，故须“正”。孔子又说“政者正也”，政治就是用正当的手段推行公平正义，使得人民“有耻且格”。故不正者不足以称为“政”。

与“正”相对者是“奇”，“正”是常规手段，合法合理合礼手段；“奇”是非常手段，权变随机临时手段，只能用之于兵。盖兵是应急，是一时，是救危。

古人曰：马上得天下，不可以马上治天下，得天下以兵，用奇；治天下以政，用正。

但“马上得天下”，并非有德者之言，其实还是强盗哲学。有德者之言，是“得人心者得天下”。老子说“以无事取天下”，当然也就否定了“马上得天下”。何为“以无事取天下”？盖“取天下”不是占有天下，不是为天下主，而是使天下不受干扰、不被绑架，使天下自安、自息、自正。所以，这里的“取天下”，甚至都不是指有道之君获取天下，而是指“天下”获取了天下，天下从人类的“有为”中解放出来，获得自己。

第二层，紧承上一层，讲“以正治国”，显然，“多忌讳”“多利器”“多伎巧”“多法令”，都是“不正”。那么“正”是什么？这就进入第三层。

第三层讲“正”不是“忌讳”“利器”“伎巧”“法令”等有为的措施，而是“无为”“好静”“无事”“无欲”。与第一层的“以无事取天下”前后呼应，也从第二层的“治国”延伸到“取天下”。

链接 二章；三章；二十八章；二十九章；三十二章；三十六章；三十七章；四十三章；四十八章；五十八章；六十三章；六十四章；六十五章；七十二章

第五十八章　其政闷闷

其政闷闷[1]，其民淳淳[2]；其政察察[3]，其民缺缺[4]。

祸兮，福之所倚；福兮，祸之所伏[5]。孰知其极[6]？其无正也[7]？正复为奇，善复为妖[8]。人之迷，其日固久[9]。

是以圣人方而不割，廉而不刿，直而不肆，光而不耀[10]。

今译

政治宽缓，人民淳厚；政治严苛，人民狡狯。

祸呢，福往往依傍其中；福呢，祸常常潜伏其里。谁知道变化的终点在哪里？说没有"正"吗？"正"会转变为"奇"，（说没有善吗？）"善"会转变为"不善"。人们不明白祸福善恶的相互转化，时日已很久。

因此，圣人方正而不割伤人，锐利而不伤害人，正直而不放肆，光明而不炫耀。

注释

1　闷闷：随随便便敷衍了事漫不经心的样子。有"宽洪简重"之意。

王弼注："言善治政者无形无名，无事无政可举，闷闷然，卒至于大治，故曰'其政闷闷'也。"

2　淳淳：淳厚朴实无知无欲的样子。

王弼注："其民无所争竞，宽大淳淳，故曰'其民淳淳'也。"

3　察察：严苛琐碎精细明察的样子。

林希逸说："察察者，烦碎也。"王弼注："立刑名、明赏罚，以检奸伪，故曰'察察'也。"

4　缺缺：狡狯机诈精明算计的样子。

高亨说："'缺缺'，借为狯。《说文》：'狯，狡狯也。'狯狯，诈也。"王弼注："殊类分析，民怀争竞，故曰'其民缺缺'。"按：以上四句与上一章联系紧密，与下文反而显得疏远，可能是古人分章有误。

5　倚：跟随依傍。伏：潜伏隐藏。

《荀子·大略》："庆者在堂，吊者在闾，福与祸邻，莫知其门。"

6　极：终极，终点。孰知其极，即无人能知道变化的终点在哪里，一切永在变动转化中。

7　其无正也：王弼本无"也"字，据帛书本补。"正"，范应元说："无正，犹言不定也。"疑不确，此"正"，当为上章"以正治国"之"正"，下文"正复为奇"即"以正治国，以奇用兵"之"奇正"。此句当作问句，以引起下文"正复为奇"之答。"正"与"奇"之转化，亦如"福"与"祸"之倚伏。

8　善复为妖：妖：与"善"反义，不祥，不善。

杨树达曰："'善复为妖'上疑脱'其无善'三字。"（高亨《老子正诂》引）盖杨树达因上文"其无正"而对补"其无善"，若以帛书本"其无正也"，当补"其无善也"四字，俱作问句以引出下文"善复为妖"。范应元注此两句曰："盖政者，正也。正本无为，苟有心而为正，则生民心，故反为奇异。善本自然，苟有心而为善，则变民心，故反为妖怪。"

9　人之迷，其日固久：迷：迷惑，不明白，即不明白祸福善恶的相互转化。

高亨说："迷谓不明于祸福正奇善妖之相寻也。"

其日固久：时日已经很久了。

王弼注云：“言人之迷惑失道固久矣，不可便正善治以责。”

10　方而不割：方正而不割伤人。廉而不刿（guì）：锐利而不伤害人。廉，锋利；刿，帛书甲本作“刺”，伤害。直而不肆：正直而不放肆。光而不耀：光明而不炫耀。

导读

前面四句和后面意脉关联不密切，但却说明了一个特别重要的道理：国民性自来由政治塑造，由政治制度塑造，由政治风格塑造，由政治人物自身品格塑造。孔子告诫季康子“苟子之不欲，虽赏之不窃”，以及“君子之德风，小人之德草。草上之风，必偃”（《论语·颜渊》），可以对看。

第二层讲祸福相依、奇正转变和善不善转化，这里有辩证法，有“反者道之动，弱者道之用”，关键是一句：孰知其极？这里有老子的叹息，有他的强烈的情感，是赞叹，还是无奈？也许人类面对宇宙之无边无际，时间之无始无终，万事万物变化之滚滚不尽、绵绵不绝，人性之幽暗难测，人心惟危，就只能是一声叹息吧。

最后一层讲圣人自足于己而不碍物。圣人高于世界而不凌逼世界，光明于世界却不照耀世界，方正于世界却不碾压世界，锐利于世界却不刺戳世界。他自在，无须再证明什么；他自足，无须再获取什么；他本身是明，故无须显示什么；他已然是道，故无须说教什么。他在，世界就在；他不在，世界依然在；他安恬，世界就安然；他呼吸，世界就生长！

链接　二十章；五十七章；七十二章

成语　福倚祸伏

第五十九章　治人事天

治人事天[1]，莫若啬[2]。

夫唯啬，是谓早服[3]；早服谓之重积德[4]。

重积德则无不克，无不克则莫知其极[5]，莫知其极可以有国，有国之母可以长久[6]。

是谓深根固柢，长生久视之道[7]。

今译

治理人事奉天，没有比节省用度更重要。

节省用度，就叫早做准备；早做准备就是不断积蓄资源与财政所得。

不断蓄积所得就没有什么不能克服，没有什么不能克服就没有谁知道国家力量的极限，没有谁知道国力的极限就可以葆有国家，掌握拥有国家的根本就能够长治久安。

这就是根深蒂固，长久永存的道理。

注释

1　治人事天：治理人事奉天。天：有理解为“自然”者，有理解为“身体”者。“自然”义胜。

河上公：“治身者当爱精气不放逸。”则以天作“身”解。又《孟子·尽心上》：“存其心，养其性，所以事天也。”陈鼓应认为这是以修身养性为“事天”的最好证明。然若是作“养身”解，老子为什么不直接说“身”或“生”?《道德经》中“身”字涉及九章，出现二十三次，“生”字出现的次数更多，且“生”与“身”多有作“生命”“生养”“养身”“身心”“养性”等解，何必在此弄出一个“天”来表示?陈鼓应翻译“事天”为“养护身心”，这类意思，在《道德经》中都用“身”或“生”。而此章下文，又并无养生养身之意思。且“治人事天”，天人相对相应，正是中国古代哲学的基本思路和表述，而“治人”与“养性”，没见有类似并列对举的表达。所以，译文还是取“天”之与人相对的“自然”义。

2　啬：俭省，爱惜。

高亨：“‘啬’本收藏之义，衍为爱而不用之义。”《说文》段注：“啬者，多入而少出。”韩非《解老》：“啬之者，爱其精神，啬其智识也。”范应元：“谓去人欲以事天道，莫若自爱精气也。”韩、范都理解“啬”为爱惜自身精神。但“治理人民”如何与自身蓄养精神联系起来?故此处理解为珍惜资源、财富，简省财政用度，似乎更合适。孔子曰：“道千乘之国，敬事而信，节用而爱人，使民以时。”(《论语·学而》)正此“治人事天”义也。

3　早服：早做准备。服，同“备”。郭店竹简本“早服”正作“早备”。

4　重积德：德，得也，指国家财政所得及自然资源所蓄积。

范应元：“能及早而服事天道，谓之重积吾之所得者也。”

5　莫知其极：没有谁知道他的极限。

6　有国之母：拥有国的根本。母，指代“道”。

王弼：“国之所以安，谓之母。重积德，是唯图其根，然后营末，乃得其终也。”

7　长生久视：长久存在。

任继愈：“‘视’，活，生活。‘久视’即长久活下去，与长生是一个意思。”高亨：“久视即久立，久立即久活。”

导读

本章的关键词是“啬”。“啬”是无为在政治上的必然体现。无事之政，自然简省，不仅是事务的简省，还是用度的简省。而用度的简省，不大兴土木，不妄为折腾，自然就是“无为”。所以，五十七章“以无事取天下”，无为，首先就得无事；无事，表现出来，就是“啬”。

本章的主题是“治人事天”。对下治人，对上事天者，谁也？王也。所以，这是讲帝王之道，治国之道。在老子看来，治国之道的一个关键词，就是上述的“啬”，“啬”是无为的必然要求，又是无为的必然结果，而体现在国家事务上，就是“无事”。

另外，“啬”是农业立国的国家必然遵循的国家行政伦理。农业国的经济特点是：积累有限、有序，最高收成可预计，无有暴发的可能，却有歉收的危险。所以，节俭必然成为这种国家的基本国策，勤俭持家也必然成为国民的基本家庭财务理念。

链接　四十八章；五十七章

成语　根深蒂固　长生久视

第六十章 治大国

治大国，若烹小鲜[1]。

以道莅天下，其鬼不神[2]；非其鬼不神，其神不伤人[3]；非其神不伤人，圣人亦不伤人。夫两不相伤，故德交归焉[4]。

今译

治大国，若烹小鲜。

用道治理天下，鬼怪就不发挥神通；不是鬼怪不发挥神通，是它的神通不妨害人；不仅鬼怪的神通不妨害人，圣人也不会妨害人。鬼怪和圣人都不妨害人，所以百姓一起归德于道。

注释

1 治大国，若烹小鲜：治理大国，就好像烹饪小鱼。小鲜：小鱼。

王弼：“不扰也。躁则多害，静则全真。故其国弥大，而其主弥静，然后乃能广得众心矣。”苏辙：“烹小鲜者，不可挠；治大国者，不可烦。烦则人劳，挠则鱼烂。”范应元说：“治大国者譬若烹小鳞。夫烹小鳞者不可扰，扰之则鱼烂。治大国者当无为，为之则民伤。盖天下神器，不可为也。”

2 以道莅天下，其鬼不神：莅：临。神：通“伸”，伸张、神通、显灵、起作用的意思。不神：鬼不发挥神通。

苏辙："圣人无为，使人各安其自然。外无所求，内无所畏，则物莫能侵，虽鬼无所用神矣。"王道《老子亿》："圣人以道临天下，则公道昭明，人心纯正，善恶祸福，悉听于人。而妖诞之说，阴邪之气，举不得存乎其间，故其鬼不神。"高延第《老子证义》亦云："有道之君御天下，上下安于性命之情，不邀福，不禬祸，祈祷事绝，妖祥不兴，故其鬼不神。"

3 其神不伤人：它的神通不妨害人。伤：妨害、影响、妨碍。

王弼："神不害自然也。物守自然，则神无所加；神无所加，则不知神之为神也。"苏辙："非其鬼之不神，亦有神而不伤人耳。"则王弼、苏辙都解"神"为"神鬼""神祇"之"神"，疑不确。其"神"当承上句"其鬼不神"而来，当作"神通"解。伤：在此作"妨碍""影响""妨害"解，不作主动"伤害"解。《论语·先进》："何伤乎？亦各言其志也。"《墨子·耕柱》："子墨子曰：'去之苟道，受狂何伤！'"《荀子·王霸》："若夫贯日而治详，一日而曲列之，是所使夫百吏官人为也，不足以是伤游玩安燕之乐。"以上诸"伤"，都作"妨碍""影响""妨害"解。

4 夫两不相伤，故德交归焉：因为鬼和圣人都不妨害、影响民生，故归德于道。

韩非《解老》："上不与民相害，而人不与鬼相伤，故曰两不相伤。"德交归：王弼理解"归"为"交汇"义："神不伤人，圣人亦不伤人。圣人不伤人，神亦不伤人。故曰'两不相伤'也，神圣合道，交归之也。"然，此处"归"，当是"归往"之意。《论语·颜渊》："一日克己复礼，天下归仁焉。""归仁"，即"归仁于某某"，"称仁"的意思。如此，则这句话的问题是没有宾语，即归德的对象不明。韩非认为是归德于民，《韩非子·解老》："德交归焉，言其德上下交盛而俱归于民也。"而苏辙认为是归德于圣人："人鬼之所以不相伤者，由上有圣人耳，故德交归之。"二者疑不确。交：有"交互""一起""同时"义，如"风雨交加”“交作”，即是“齐作”“一起作”的意思；“德交归”即是“交归德”；“归德”，是“归德于”的意思，是指原先归于鬼神和圣人的德，最终都交汇而归于道，这是这一段开头“以道莅天下”决定的，本无疑义。故此句意思是：因为鬼和圣人都不妨害、影响民生，故归德于道。

导读

此章第一句话是中国人特别熟悉的名言，也是中国人对政治、政策和策略的一种理解。它是道家政治智慧的表达，却也是包括儒家在内的各家共同的政治主张。

接下来两层，讲人道迩，天道远，鬼神之道不可测，无为的政治就是无事的政治，无事就是顺应自然、遵循大道、简省人事、远避鬼神。甚至圣人也无碍于天下，因为圣人无为，圣人不仁。王弼说：“道洽则神不伤人，神不伤人，则不知神之为神。道洽则圣人亦不伤人，圣人不伤人，则亦不知圣人之为圣也。犹云非独不知神之为神，亦不知圣人之为圣也。夫恃威网以使物者，治之衰也。使不知神圣之为神圣，道之极也。”

《荀子·天论》中解释自然变异一段，正可以用来说明老子此章：

> 星队（坠）、木鸣，国人皆恐。曰：是何也？曰：无何也！是天地之变，阴阳之化，物之罕至者也。怪之，可也；而畏之，非也。夫日月之有蚀，风雨之不时，怪星之党（傥）见，是无世而不常有之。上明而政平，则是虽并世起，无伤也；上暗而政险，则是虽无一至者，无益也。夫星之队，木之鸣，是天地之变，阴阳之化，物之罕至者也；怪之，可也；而畏之，非也。

鬼神、圣人都无妨于天下百姓，则天下治理，百姓皆谓：“我自然。”

在荀子的观念里，鬼神、圣人都无妨于天下百姓，只是一个事实；在老子这里，却更是一种观点和提倡：老子就是要侯王们不要干涉民生，使民自治。做到“不伤人”，鬼才是真有神通，而侯王才可以成为圣王。

链接 七十二章

成语 治大国若烹小鲜

第六十一章　大邦下流

大邦者下流[1]，天下之交，天下之牝[2]。牝常以静胜牡，以静为下[3]。

故大邦以下小邦，则取小邦；小邦以下大邦，则取于大邦[4]。故或下以取，或下而取[5]。大邦不过欲兼畜人，小邦不过欲入事人[6]。夫两者各得所欲，大者宜为下。

今译

大邦如江河一样位居下流，是天下之交汇，是天下之雌穴。雌性常以柔静胜过雄强，以柔静自居卑下。

所以大邦对小邦谦下，就可以取得小邦归附；小邦对大邦谦下，就可以取得大邦护持。所以有的是因谦下而获取，有的是因谦下被择取。大邦不过是想兼养小邦，小邦不过是想进事大邦。两者各自满足自己的愿望，大的一方应该谦下。

注释

1　邦：王弼本此章所有“邦”都作“国”，盖由汉避刘邦讳而改。现据帛书甲本改回。下流：像江河一样处于下流。

王弼：“江海居大而处下，则百川流之。大国居大而处下，则天下流之，故曰‘大国下流’也。”

2　交：交汇归流。牝：雌性，与“牡”相对；牡：雄性。雌静柔而雄悍强。

此句帛书甲乙本作“天下之牝，天下之交也”，与王本意思可通。王弼注“天下之交”：“天下所归会也。”注“天下之牝”：“静而不求，物自归之也。”

3 牝常以静胜牡，以静为下：雌性常以柔静胜过雄强，以柔静自居卑下。

王弼注：“雄躁动贪欲，雌常以静，故能胜雄也。以其静复能为下，故物归之也。”苏辙：“众动之赴静，犹众高之赴下也。”

4 王弼及各本此处都作“则取大国（邦）”，与上文“取小国（邦）”，句式一致而逻辑不通。而帛书甲乙本此处“取”都作“取于”，如此则逻辑语义顺畅：大邦取得小邦，而小邦被大邦取得。王弼此句下注：“大国纳之也。”显然也是“小邦被取纳”之意。故据帛书本改。

苏辙：“大国能下，则小国附之。小国能下，则大国纳之。”

5 取：取得、获取。

陈鼓应以顾欢本、开元本、敦煌本等本为依据，解“取”为“聚”：“‘以取’，以聚人；‘而取’，聚于人。”按：《道德经》“取”字出现十三次，除此处四次外，都是“取得”“获取”“夺取”等义，而“取天下”出现四次，故作“取”本字解最为妥当，无须深文周纳。“下以取”“下而取”，苏辙：“大国下以取人，小国下而取于人。”易顺鼎：“以取者，取人；而取者，取于人。”（马叙伦《老子校诂》）王弼：“小国修下，自全而已，不能令天下归之。大国修下，则天下归之。故曰‘各得其所欲，大者宜为下’也。”

6 兼畜人：兼养众人。兼畜：兼而畜之。入事：入而事之。

导读

本章讲大邦与小邦之间如何相处。在老子的这段话里，我们可以看出两点。第一，老子显然认为大国小国应该和平共处，为此大邦不可以强凌弱。老子显然认为这应该是文明的基本原则，是国与国走出丛林时代的基本特征。第二，老子显然认为大国小国应该长期共存，而不是相互兼并而致最终所谓天下一统。这个观点尤其值得注意。这也与他八十章所说的“小国寡民”思想相一致。任继愈先生就认为兼并而走向全国统一是历史趋势，所以，通过战争，大邦兼并小邦，最终建立统一的王国，是正面的，所以，他说：“在我国历史上，这种兼并战争起了进步作用。”在任继愈先生眼里，进步的地主阶级要求通过兼并战争达到统一；而没落阶级的代言人，则反对这种统一。老子，就是对抗新的变革的没落阶级的代言人。

其实，任继愈先生是从否定的方面，看待老子的政治主张。

老子的主张，也许不合适他那个兼并已成不可阻挡之大势的时代（他本来就是针对这样的形势而提出自己的反对主张），但是，任先生的逻辑，也不能一直推广开来。在今天，国与国之间、民族与民族之间，尤其是大国与小国之间、先进民族与落后民族之间，其相处原则，还是依老子的主张要好一些。

值得注意的，还不仅仅是大邦小邦相处的最终结果或目标是长期共存还是天下一统，其实最重要的是相处的方式。老子在这里提出了一个关键字：下。除了两个“天下”的“下”，一连出现的七个“下”字，都是甘居下流的意思，是谦下，是自居人下，是孔子讲的“卑己而尊人，小心而畏义”（《礼记·表记》）。反对“礼”，把“礼”视为“忠信之薄而乱之首”的老子，其实心中还是有一份“礼”的，这是老子理解的自然法则、道的法则，但也是人类文明。老子本章讲的大邦小邦之关系，当然是一种理想状态。“大邦不过欲兼畜人。小邦不过欲入事人”，讲的也不是事实如此，而是老子希望如此。人类岂能没有理想？人类岂能深陷现实泥潭，而不知道想象一种理想的生活？老子的《道德经》，其实就是一直在和我们谈理想，谈理想的世界、理想的政治和理想的人生。

链接　六十六章；八十章

第六十二章　道者万物之奥

道者，万物之奥[1]，善人之宝，不善人之所保[2]。

美言可以市，尊行可以加人[3]。人之不善，何弃之有[4]？故立天子，置三公[5]，虽有拱璧以先驷马[6]，不如坐进此道[7]。

古之所以贵此道者何？不曰：求以得，有罪以免邪[8]？故为天下贵。

今译

道，万物的庇荫，善人的珍宝，不善人的护佑。

美言可以收买人，尊行可以引导人。人或不善，有什么抛弃他的道理呢？所以，扶立天子设置三公的时候，虽然有拱璧在前、驷马在后的献礼，不如就把这“不弃人”的道进献给他们。

古人推崇这个“不弃人”之道的原因是什么呢？不就是说：有求就可以得到，有罪也可得到赦免吗？所以天下的人才如此珍重这个宽容之道。

注释

1　奥：庇荫、主宰、归宿。

帛书甲乙本作“注”，有“万物归往”之意，故“注”亦“主”，第四章：“道冲，而用之或不盈。渊兮，似万物之宗。”“奥”也有“主”

义，《礼记·礼运》："故人以为奥也。"郑玄注："奥，主也。"（见高亨《老子正诂》）《论语·八佾》："王孙贾问曰：'与其媚于奥，宁媚于灶。'"奥：本义指室内的西南角，这里指室内西南角的神，地位尊贵，有一室之主的意思。王弼注："奥，犹暧也，可得庇荫之辞。"则王弼理解此"奥"为"万物之庇荫"，亦可通。综合帛书甲乙本之"注"，"奥"在此有"归宿""主宰""庇荫"诸义。

2　不善人之所保：不善人的护佑。

一般理解为"不善的人也要保持它"。陈鼓应："不善的人也要保持的。"任继愈："也是恶人所要保持的。"然保持了"道"又为何还是"不善人"？逻辑不通。严遵本、景龙本、《次解》本、赵至坚本"保"作"不保"，是为了照顾逻辑而擅改。河上公注："道者，不善人之保倚也，遭患逢急，犹自知悔卑下。"则"不善人之所保"，意思不是不善人也能保有大道，而是大道藏污纳垢，也能保护容纳不善人。故下文"人之不善，何弃之有？"亦孔子"人而不仁，疾之已甚，乱也"（《论语·泰伯》）之意也。从之。

3　美言、尊行两句，《淮南子·道应训》和《人间训》都作"美言可以市尊，美行可以加人"，以"尊"属上句，下句"行"前加一"美"字，俞樾、奚侗从之。

按：此句亦可理解为上句最后失一"人"字，两句作"美言可以市人，尊行可以加人"。"市人"意为"收买人心"，"加人"意为"对人施加影响"。原文仍谨依王弼本，而译文从"美言可以市人，尊行可以加人"。

4　人之不善，何弃之有：即使不善的人，道也不会抛弃他们。

陈鼓应翻译此句为："不善的人，怎能把道舍弃呢？"任继愈翻译："（即使）人的为恶，哪有把它（道）舍弃的道理？"两者都于事理难通：不善和为恶的人，怎么不可能舍弃道呢？不舍弃道为何还为恶、为不善？这都是由于任继愈先生和陈鼓应先生对“不善人之所保”错误理解导致的。其实本句意思很简单，就是：即使是不善的人，道也不会抛弃他们。这正是大德容下、大道容众的表现。苏辙说得好：“凡物之见于外者，皆其门堂也。道之在物，譬如其奥，物皆有之，而人莫之见耳。夫惟贤者得而有之，故曰‘善人之宝’。愚者虽不能有，然而非道则不能安也，故曰‘不善人之所保’。盖道不远人，而人则远之。今诚有人美言之，则可以为市于世；尊行之，则可以加于人矣。朝为不义，而夕闻大道，妄尽而性复，虽欲指其不善，不可得也，而又安可弃之哉？”

5 三公：指周制中的太师、太傅、太保。帛书本“三公”作“三卿”。

6 拱璧以先驷马：拱璧：双手捧着璧玉；驷马：四匹马拉的车。这是古代的献礼，轻物在前，重物在后。

蒋锡昌说：“古之献物，轻物在先，重物在后。‘拱璧以先驷马’，谓以拱璧为驷马之先也。”

7 坐进此道：进献“不弃人”之道。“此道”指“不弃人”之道。

陈鼓应、任继愈都释“此道”为“道”，陈鼓应：“不如用道来进献。”任继愈：“还不如（不用仪式）单把‘道’作为献礼。”范应元注：“虽有拱璧之异，以先驷马之良而为献，不如坐进此清静无欲之道之为贵也。”疑不确。此处既云“此道”，当非指一般意义之“道”，否则何必有一“此”字？“此”作为代词，当指前面最近所指之内容，即“不弃人”之道也，大道容众、大德容下之道也，宽容之道也。如此，则下文“求以得，有罪以免邪？”也豁然通畅。还是苏辙理解得好：“立天子，置三公，将以道救人耳。虽有拱璧之贵、驷马之良而进之，不如进此道之多也。”

8 求以得，有罪以免邪：求以得：有求就得到，善人求道得道求仁得仁。有罪以免：有罪就赦免，不善人也可因道而免除罪过（此句照应“不善人之所保”，不善人也能为道所护佑）。

陈鼓应："王弼本作'以求得'。景龙本、傅奕本、敦煌本、严遵本、顾欢本、《释文》、李约本、陆希声本、苏辙本、林希逸本、范应元本、吴澄本及其他众多古本'以求'都作'求以'，帛书甲、乙本正同。因据改。"又引俞樾说："唐景龙碑及傅奕本并作'求以得'，正与'有罪以免'相对成文，当从之。"王弼："以求则得求，以免则得免，无所而不施，故为天下贵也。"苏辙："道本在我，人患不求，求则得之矣。道无功罪，人患不知，知则凡罪不能污也。"

导读

本章主题：道不弃人。当与二十七章对看。二十七章之"圣人常善救人，故无弃人；常善救物，故无弃物。"不善人也是受道之保护的。诸家都解"不善人之所保"为"不善人也要保护道"，不确。道保护不善人，而非不善人保护道。老子的这个观点，与孔子说的"人能弘道，非道弘人"，是相辅相成的：老子强调道对人的普世护佑，孔子强调人对道的护法责任；道保护那些后知后觉者，而先知先觉者却要自觉保护道。老子、孔子的这两个观点，构成对人、道关系理解的两极，而这两极，是道家和儒家的一个区别：道家强调人的自然权利，儒家高扬人的道德责任。道家平实，儒家崇高；道家人道，儒家圣道。

从哲学角度讲，老子的"圣人善救人，无弃人"思想，后来在庄子那里有了新发展。庄子的"畸人"支离疏、哀骀它一类，不求功名利禄，乃至支离其体、支离其德者，反而成为正面形象，老子的"道不弃人"是其哲学基础。

从伦理学角度讲，"善人，不善人之师；不善人，善人之资"（二十七章），不善人也有伦理的价值，也是伦理价值链的一环，也有得到伦理关怀的价值。老子甚至说："不爱其资，虽智大迷，是谓要妙。"把对不善人的关爱，理解为一种懂得"要妙"的智慧。

从政治角度讲，不善人之不善，也要从统治者的角度来找原因。《论语·颜渊》:“季康子问政于孔子曰:‘如杀无道以就有道,何如?’孔子对曰:‘子为政,焉用杀?子欲善,而民善矣。君子之德风,小人之德草。草上之风,必偃。’”而老子说:“民之难治,以其上之有为,是以难治。”(七十五章)对不善者之不善,对难治者之难治,孔子、老子都理解为是由于统治者的无道和有为,本章之“故立天子,置三公,虽有拱璧以先驷马,不如坐进此道”显然也是老子面对天子三公时,有孔子面对季康子的那种气恼和失望。这一点,儒道两家又高度一致。

链接 二十七章;七十五章

第六十三章　为无为

为无为，事无事，味无味[1]。

大小多少[2]。[报怨以德[3]。]图难于其易[4]，为大于其细。天下难事必作于易，天下大事必作于细。是以圣人终不为大[5]，故能成其大。

夫轻诺必寡信，多易必多难。是以圣人犹难之，故终无难矣。

今译

努力达至无为的境界，专心从事于无事的事业，细心品味无味的滋味。

大生于小，多起于少。图谋烦难的事要从简易的地方入手，成就伟大的事要从细微的地方开始。天下难事必开工于容易，天下大事必兴作于细微。因此，圣人始终不做大而无当的事，所以能成就大事。

轻许诺必少兑现，多轻视必多受难。因此，圣人总是以事为难，所以终究免于困难。

注释

1　为无为：努力达至无为的境界。事无事：专心从事于无事的事业。味无味：细心品味无味的丰富滋味。

王弼注："以无为为居，以不言为教，以恬淡为味，治之极也。"范应元说："无为、无事、无味，皆指道而言也。故圣人不妄为，而常为于无为；不生事，而常事于无事；不耽味，而常味于无味也。"

2　大小多少：大生于小，多起于少。

此句前后疑有脱文，故不可确解。韩非《喻老》："有形之类，大必起于小；行久之物，族必起于少。故曰：'天下之难事必作于易，天下之大事必作于细。'是以欲制物者于其细也。故曰：'图难于其易也，为大于其细也。'"据此，则"大小多少"有"大生于小，多起于少"的意思（严灵峰《老子达解》）。可从。

3　报怨以德：据严灵峰说此句当移至七十九章"必有余怨"句后，马叙伦认为当在七十九章之"和大怨"前。故此处不译。

4　图：图谋、谋划。

5　不为大：不做大而无当的事，不好大喜功。

导读

本章讲世上事之大小难易。

就此，说了三个原则：第一，重视难；第二，作于易；第三，从"一"开始。

重视难，以难为难，最终"无难"。

作于易，从易开始，最终"成难"。

从"一"开始，"图难于其易，为大于其细"——不仅仅是字面上的在问题还不大的时候解决它。老子更强调的是，做一份伟大的事业，不要一开始就想着完美——既要求有完美的开始条件，也要求一蹴而就，这不可能；而是，如果一桩事业的圆成是一百，那么，从"一"开始，从零到一，然后从一到一百，而不是从零直接到一百。

一般人做事，理解到这一点，已经够了。但是，老子真正的意思更决绝：只作开始，不去完成。

对于这个世界而言，道"为"了什么？不过是只"生"了"一"。然后，由"一"生"二"，由"二"生"三"，"三"生了万物。

圣人依循于道，于这个世界，也只给一个开始，有了这个"一"，

“一”自身的自然趋势和内在动能，会滋生万物，自我壮大与繁衍。这就是“圣人终不为大，故能成其大”！

何为“终不为大”？就是圣人只做“一”，绝不一蹴而就、整体实现与完成。有了“一”以后，顺应自然，这就是“无为”。何为“故能成其大”？谁来“成”？自然成。自然成就其大，这就是“我自然”。

链接　五十七章；六十四章；七十九章

成本　轻诺寡信

第六十四章　其安易持

其安易持[1]，其未兆易谋[2]，其脆易泮[3]，其微易散[4]。为之于未有，治之于未乱。

合抱之木，生于毫末；九层之台[5]，起于累土[6]；千里之行，始于足下。

[为者败之，执者失之。是以圣人无为，故无败；无执，故无失[7]。]

民之从事，常于几成而败之。慎终如始，则无败事。

是以圣人欲不欲[8]，不贵难得之货；学不学，复众人之所过[9]，以辅万物之自然而不敢为。

今译

事态在稳定状态下容易把握，问题还没有苗头时容易图谋，事情在脆弱之时容易化解，事物在萌芽时段容易解散。要在事情尚未出现前采取行动，要在祸乱没有发生前做好准备。

合抱之木，生于毫末；九层之台，起于累土；千里之行，始于足下。

老百姓做事，常常在快要成功时失败。只有终了时和开始时一样慎重，才没有做不成的事情。

因此，圣人追求无所求的境界，不宝重难得的财货；学习无所学的状态，补救众人常犯的过错，以此辅助万物的自然变化而不敢妄加干预。

注释

1　其安易持：事物在稳定状态下容易把握。

2　其未兆易谋：问题还没有苗头时容易图谋。兆：预兆。

3　其脆易泮：事情在脆弱之时容易化解。泮：通“判”，分解，消散。

4　其微易散：事物在萌芽时段容易解散。

王弼：“此四者，皆说慎终也。不可以无之故而不持，不可以微之故而弗散也。无而弗持，则生有焉；微而不散，则生大焉。故虑终之患如始之祸，则无败事。”

5　九层之台：形容极高的土台。九：虚数，形容极多。

汪中《述学·释三九》：“生人之措辞，凡一二之所不能尽者，则约之以三以见其多；三之所不能尽者，则约之九以见其极多。”

6　累土：一筐泥土。

林希逸注：“一蒉之土。”高亨注：“‘累’当读蔂，土笼也。起于累土，犹言起于蒉土也。”

7　“为者败之，执者失之”数句：重见于二十九章，当是错简于此。此句之下，郭店竹简本另作一章。不译。

8　欲不欲：欲望就是不欲，即追求无所求的境界。

“欲不欲”与下“学不学”，陈鼓应解释为与众人之区别：欲众人之不欲，学众人之不学。疑不确。按：这两句句式如同上章之“为无为，事无事，味无味”，当都从自己立论：追求无所求的境界，学习无所学的状态。参四十八章之“为学日益，为道日损。损之又损，以至于无为”，则“学不学”，就是“为道”。任继愈翻译这两句作“‘圣人’的欲望就是不欲”和“‘圣人’的学问就是不学”，意思正确。

9　复：补救，挽回。

导读

本章与上一章逻辑上的联系很明显。上章关键句“图难于其易，为大于其细”，与本章的“其安易持，其未兆易谋，其脆易泮，其微易散。为之于未有，治之于未乱”，意思完全衔接。从句式看，上一章之“为无为，事无事，味无味”，与本章之“欲不欲”“学不学”也完全一致。所以，本章可以看作上一章的深入、展开。

本章分两部分，自“为者败之”以下是第二部分。前人认为这两部分的内容较为疏离，以至于郭店竹简本把这一章分成两章。

其实，这两部分的内容有其逻辑上的紧密联系。其联系就是：第一部分讲“始”，“万事有始”；第二部分讲“终”，“慎终如始”。

于是，这一章的第一部分，既告诫我们要防微杜渐，防患于未然——这是从否定的角度谈一切坏事；又告诉我们万事作成，也要有个开始，万事开头难——这是从肯定的角度谈一切好事。

第二部分则讲万事有始有终，要始终如一方能成功。《诗经·大雅·荡》：“靡不有初，鲜克有终。”可为此张目。

本章中“合抱之木，生于毫末；九层之台，起于累土；千里之行，始于足下”历久弥新，两千多年来已经成为中国人耳熟能详的人生格言。而老子善用比喻以说理的特点也在此得到最好呈现。

链接 十七章；二十三章；二十九章；四十八章；五十七章；六十三章

成语 千里之行，始于足下 慎终如始

第六十五章　古之善为道者

古之善为道者，非以明民[1]，将以愚之[2]。

民之难治，以其智多[3]。故以智治国，国之贼[4]；不以智治国，国之福。

知此两者亦稽式[5]。常知稽式，是谓玄德[6]。玄德深矣远矣，与物反矣[7]，然后乃至大顺[8]。

今译

古代善于行道的人，不是用道使人民精通伪巧，而是用道使人民淳厚朴实。

人民之所以难于管理，是因为他们有太多的智巧心机。所以用智巧心机治理国家，是国家的灾祸；不用智巧心机治理国家，是国家的幸福。

知道区分这两者也就知道了治国法则。恒常知道把握这个法则，就叫作“玄德”。玄德深啊远啊，和万物一起复归大道，然后才能达到大顺的境界。

注释

1　为道：行道，以道引导人民。明民：使人民聪明巧诈。

河上公注：“明，知巧诈也。”苏辙：“古之所谓智者，知道之大全，而览于物之终始，故足贵也。凡民不足以知此，而溺于小智，以察为明，则智之害多矣。故圣人以道治民，非以明之，将以愚之耳。盖使之无知无欲，而听上之所为，则虽有过，亦小矣。”

2 将以愚之：使人民敦厚朴实。愚：朴实，没有巧诈之心。

王弼注：“明，谓多见巧诈，蔽其朴也。愚，谓无知守真，顺自然也。”“愚”在老子哲学里多用作褒义，与“巧诈”“奸猾”等相对。故此处“愚之”不能理解为愚弄、蒙昧百姓。河上公注：“使朴质不诈伪。”高延第《老子证义》：“愚之，谓返朴还淳，革去浇薄之习，即‘为天下浑其心’之义，与秦人燔诗书，愚黔首不同。”

3 智多：巧诈增多。“智”在老子哲学里多用作贬义，常常与“大伪”“巧诈”同义。

王弼注：“多智巧诈，故难治也。”

4 贼：败坏者，祸害。

苏辙：“吾以智御人，人亦以智应之，而上下交相贼矣。”范应元：“用智治国，则下亦以智应，惟务穿凿，不循自然，奸诈斯生，上下相贼。世俗之所谓智者，非国之贼而何?”

5 此两者亦稽式：“两者”指上述“以智治国”与“不以智治国”两者。亦：乃，为。稽式：法式、法则。

王弼：“稽，同也，今古之所同则不可废。”傅奕：“稽式，今古之所同式也。”河上公本、景龙本、顾欢本等作“楷式”，义同。

6 玄德：玄妙幽深的大德。

范应元：“玄德深而莫测，远而无极，非以察察为明，与智固反。”

7 与物反矣：与万物复归于朴实。与：同，一道。反：通“返”。

8 大顺：自然。

林希逸：“大顺即自然也。”

导读

本章是《道德经》最为现代人诟病的一章，因为，从字面看，它直接宣传“愚民”，而且，它的实际影响也确实有这方面的导向：不仅后来的法家继承这种思想以期造成统治阶级和被统治阶级智力上的巨大落差，从而为权力落差制造方便；而且，历代统治阶级从他们的统治思路出发，天然对这种理论产生青睐。

但正如我们在注释里已经提到的，这里的“愚”，不是我们今天的“愚昧”的意思，而是以淳朴敦厚为其基本内涵，其包含的道德意义是正面的。正如我们今天，仍然希望看到一个人善良、天真、厚道、老实，并且愿意和这样的人组成社区，老子的意思恰是这些。

还有，我们也不要被字面迷惑。某些词或概念，其内涵外延，不仅有古今之异，不同的人也有不同所指。老子的概念“愚”，正如我们前面已经指出的，一直是正面的、褒义的，并且这种含义，后来也一直在中国文化里被继承下来。孔子说“愚不可及”(《论语·公冶长》)，庄子讲“圣人愚芚”(《齐物论》)，指的就是一种大智若愚的状态，一种戒绝小聪明的苛察而通达自然大道的智慧。与之相关，老子的“聪明”则常常是“大伪”的同义语。

更重要的是，老子不仅要人民“愚”，他更反对“以智治国”，提倡“不以智治国”。这个“不以智治国”，其实就是五十七章的“以正治国”，而“以智治国”，则相当于“以奇用兵”，把诡诈的用兵之道，用到治国上。所以，正如他在正面的褒义的意义上使用“愚”字，他也是在负面的贬义的意义上使用“智”字。如是，他不仅要求人民“愚”，他也要求统治阶级“愚”，这个统治阶级及其统治手段的“愚”，与“无为”的内涵是逻辑相同的。如五十七章：“人多利器，国家滋昏；人多伎巧，奇物滋起；法令滋彰，盗贼多有。”这说明从民的伎巧到统治阶级的法令，他都是反对的。

链接　十九章；二十章；五十七章；八十一章

第六十六章　江海为百谷王

江海所以能为百谷王者[1]，以其善下之[2]，故能为百谷王。

是以圣人欲上民[3]，必以言下之；欲先民，必以身后之。是以圣人处上而民不重[4]，处前而民不害[5]，是以天下乐推而不厌[6]。

以其不争，故天下莫能与之争。

今译

江海之所以能为百川所归往，是因为它善于处在百川之下，因此能成为百川的汇聚。

所以圣人要居人民之上，一定在言行政令上谦卑；要立人民之前，一定把自己放在人民之后。所以圣人处民之上而民并不感到负累，立民之前而民并不觉得妨碍，所以天下都乐意推戴而不觉厌烦。

因为他不与民人相争，所以天下没有人能和他相争。

注释

1　百谷王：百川汇归的集点。百谷，即百川。王：归往。所以：帛书甲本作“之所以”，然帛书乙本、王弼本、苏辙本都作“所以”。

2　善下之：善于自处百川之下。

3　圣人：王弼本无此二字，郭店竹简本、帛书甲乙本、河上公本、景龙本、傅奕本都有“圣人”二字，据补。

4　重：累，重负。

高亨："民戴其君，若有重负以为大累。"

5　害：妨害，碍事。

6　推：推崇，推重，拥戴。厌：厌倦。

范应元："自然相化，是以天下乐然推尊而不厌足也。"

导读

本章可以对看第八章：

上善若水。水善利万物而不争，处众人之所恶，故几于道。……夫唯不争，故无尤。

还有第二十二章：

曲则全，枉则直，洼则盈，敝则新，少则得，多则惑。

是以圣人执一为天下式。不自见，故明；不自是，故彰；不自伐，故有功；不自矜，故长。

夫唯不争，故天下莫能与之争。古之所谓曲则全者，岂虚言哉！诚全而归之。

普利万物而不是与万物争利，这样的人才是圣人，这样的人才能成为天下王，才能"上民""先民"。

"不与民争利"，这是中国古代儒道两家共同的政治原则。有此原则，才有《盐铁论》中"贤良文学"与"丞相御史"关于盐铁之利的争论。

链接　七章；八章；二十二章；六十一章；六十八章；七十二章；八十一章

第六十七章　天下皆谓我道大

［天下皆谓我："道大，似不肖。"夫唯大，故似不肖。若肖，久矣其细也夫[1]！］

我有三宝，持而保之：一曰慈[2]，二曰俭[3]，三曰不敢为天下先[4]。

慈，故能勇[5]；俭，故能广[6]；不敢为天下先，故能成器长[7]。

今舍慈且勇[8]，舍俭且广，舍后且先，死矣！

夫慈，以战则胜，以守则固。天将救之，以慈卫之。

今译

我有"三宝"，执守并保全着：第一件是"慈"，第二件是"俭"，第三件是"不敢为天下先"。

慈，所以能勇；俭，所以能广；不敢为天下先，所以能做万物之官长。

现在舍慈而求勇，舍俭而求广，舍居后而求先，死路！

慈，用来征战就胜利，用来防守就坚固。天将要救助谁，就用慈来呵护他。

注释

1　以上数句，与下文联系不甚紧密。安伦《老子指真》以为在三十四章结尾，暂从。见三十四章注释9及翻译，此处不再翻译。

2　慈：慈爱、珍稀、珍视。

韩非《解老》："慈于子者不敢绝衣食，慈于身者不敢离法度，慈于方圆者不敢舍规矩。故临兵而慈于士吏则战胜敌，慈于器械则城坚固。"故"慈"有"慈爱""珍惜""珍视""宝重"诸义。

3　俭：俭啬，节制，分寸。

4　不敢为天下先：不敢把自己摆放在天下人之前。

5　慈，故能勇：慈爱，所以能勇。

韩非《解老》："慈母之于弱子也，务致其福；务致其福，则事除其祸；事除其祸，则思虑熟；思虑熟，则得事理；得事理，则必成功；必成功，则其行之也不疑；不疑之谓勇。圣人之于万事也，尽如慈母之为弱子虑也，故见必行之道。见必行之道，则其从事亦不疑；不疑之谓勇。不疑生于慈，故曰：'慈，故能勇。'"王弼："夫慈，以陈则胜，以守则固，故能勇也。"苏辙："世以勇决为贤，而以慈忍为不及事，不知勇决之易挫，而慈忍之不可胜，其终必至于勇也。"

6　俭，故能广：俭啬，所以能厚重广博。

王弼注："节俭爱费，天下不匮，故能广也。"《韩非子·解老》："周公曰：'冬日之闭冻也不固，则春夏之长草木也不茂。'天地不能常侈常费，而况于人乎？故万物必有盛衰，万事必有弛张，国家必有文武，官治必有赏罚。是以智士俭用其财则家富，圣人爱宝其神则精盛，人君重战其卒则民众，民众则国广。是以举之曰：'俭，故能广。'"苏辙："世以广大盖物，而以俭约为陋，不知广大之易穷，而俭约之易足，其终必至于广也。"

7　器长：万物的官长。器，指万物。

王弼："唯后外其身，为物所归，然后乃能立成器，为天下利，为物之长也。"帛书甲本作"故能为成事长"。韩非同。韩非《解老》："圣人尽随于万物之规矩，故曰：'不敢为天下先。'不敢为天下先，则事无不事，功无不功，而议必盖世，欲无处大官，其可得乎？处大官之谓为成事长。是以故曰：‘不敢为天下先，故能为成事长。’”苏辙：“世以进锐为能，而以不敢先为耻，不知进锐之多恶于人，而不敢先之乐推于世，其终卒为器长也。盖朴散而为器，圣人用之则为官长。自朴成器，始有属有长矣。”

8 且：取。

王弼：“且犹取也。”

导读

这是老子辩证法的又一鲜明体现。一般以为，慈者必柔，柔者必弱，弱者必惧怕。而老子以为心中有所珍爱，才能焕发出维护其所珍爱者的力量。这思想很接近孔子的“仁者必有勇”。

一般又觉得，俭者必省，省者必节，节则必小气。而老子则认为敢于“俭”，正是内心自信大气的表现，且“俭”的结果，必然厚自积累，反而能广。这又很像子路“衣敝缊袍，与衣狐貉者立，而不耻”（《论语·子罕》）。子路何等简约，而子路又何等大气磊落，天地高广，胸次浩然。金碧辉煌珠光宝气者往往俗气，小家子气。

一般又觉得，领袖气质的人一定是气场强大，一呼百应，鹤立鸡群，先声夺人，占尽先机。而老子认为，敢于“后”才能“先”，不争名不争利不夺位不争强，才能获得人心，从而为人推崇。

链接 二章；十二章；三十四章

第六十八章　善为士者

善为士者[1]，不武[2]；善战者，不怒；善胜敌者，不与[3]；善用人者，为之下。

是谓不争［之德］。是谓用人[4]。是谓配天。古之极也[5]。

今译

善于做将帅的人，不逞勇；善于作战的人，不发怒；善于克敌的人，不争胜；善于用人的人，自居于人下。

这叫“不争”［之德］。这叫“用人”。这叫“配天”。这是自古以来最高的法则啊。

注释

1　为士：一说为“统率士卒”，指一种行为；一说为“做武士”，武士乃士卒之统帅，指一种身份、职业。二者意皆可通，然从后文“不武”（指个人气质和作风）看，后者为佳，译文从后者。

王弼：“士，卒之帅也。”

2　不武：不逞勇武。

王弼：“武，尚先陵人也。”苏辙：“士当以武为本，行之以怯，若以武行武，则死矣。”下文“不怒”，苏辙：“圣人不得已而后战，若出于怒，是以我故杀人也。”

3　不与：不相争。

王弼注："不与争也。"苏辙本正作"善胜敌者不争"，且注曰："以吾不争，故能胜彼之争。若皆出于争，则未必胜矣。"

4　是谓用人：这就叫作"用人"。

王弼本作"是谓用人之力"，而帛书甲乙本无"之力"二字，一则"用人"比"用人之力"更有内涵，二则与下文"是谓配天"更为整饬，故据改。按：疑上句"不争之德"之"之德"亦是衍文。盖"不争"与上文"不武""不怒""不与"一样句式与表达，且"不争"后加"之德"，多余。

5　古之极也：自古以来的最高法则。

王弼本、苏辙本作"古之极"，据帛书甲乙本都有"也"字，据改。

导读

如何理解"善为士者，不武"？

将帅不是赳赳武夫，将帅是以战争手段实现政治目的，所以，一流的军人一定是个政治家，他知道战争只是手段，并且，他知道战争是为了仁爱，而不是为了杀戮，是为了维护某些价值，而不是为了毁灭。孟子说："文王一怒而安天下之民。……一人衡行于天下，武王耻之，此武王之勇也。而武王亦一怒而安天下之民。"（《梁惠王下》）文王、武王岂不也是"为士"者，但他们更是政治家，他们心中装着的是天下之民，他们打仗，是为了仁义，而不是为了秀肌肉，不是为了显示自己的实力，以及用这种实力逼迫别人就自家之范。

如何理解"善战者，不怒"？战争更不是为了一逞自己的怒气。

如果说"善为士者，不武"，是指战争的动机和目标，那么，"善战者，不怒"，就是讲战争的起因、策略和临战时的心态。《孙子兵法·火攻》："主不可以怒而兴师，将不可以愠而致战。合于利而动，不合于利而止。怒可以复喜，愠可以复悦，亡国不可以复存，死者不可以复生。

故明主慎之，良将警之。此安国全军之道也。”上面我们引述孟子的话，讲到文王、武王“一怒而安天下之民”，则文王、武王的“怒”，是道义之怒，“怒而兴师”者，指兴师的动机是除奸去凶，解民倒悬。孟子“一怒”的“一”字下得好，说明圣王不可不怒，亦不可常怒。“一怒”者，常不怒而不得已时方才一怒也。故，“一怒”者，亦是“不怒”也。而老子的“善战者，不怒”，一方面指不能因一时之怒而轻起战端；而战争开始之后，更不可以有愤怒之心态，在具体战术布置上，要控制好自己的情绪。

如何理解“善胜敌者，不与（争）”？三十章：“善有果而已，不敢以取强。果而勿矜，果而勿伐，果而勿骄。果而不得已，果而勿强。”我在其下注释中说：“善有果而已：善：善于用兵。有果而已：有结果而止。……‘有果’，有一定结果，如达到某种政治、经济、军事目的便立刻停止军事行动，不一定要取胜。”

“不与”，就是无事时保持事态平和，不起纠纷；有事时保持心态平和，不起纠结；事发后保持理性清醒，不与纠缠。“善胜敌”，不是指一定要胜敌一筹，而是指比对方早一步看清结果，清算战果，主动终止缠斗状态，回归和平。

《道德经》中，否定性的表达非常突出，体现的，就是“否定”式的人生智慧。这种智慧，指向一种肯定式的人生：安静、安详、安全的人生。就如在本章，在“不武”“不怒”“不争”的否定中，我们获得了“善为士，善战，善胜敌，善用人”的肯定。

链接　二十二章；二十九章；三十章；三十一章；六十六章；六十九章；七十三章；八十一章

第六十九章　用兵有言

用兵有言："吾不敢为主，而为客[1]；不敢进寸，而退尺[2]。"是谓行无行[3]，攘无臂[4]，执无兵[5]——乃无敌矣[6]。

祸莫大于轻敌，轻敌几丧吾宝[7]。

故抗兵相若[8]，哀者胜矣[9]。

今译

用兵者有这样的话："我不敢做主动进犯的主，而做被动防守的客；不敢进犯一寸，而宁愿后退一尺。"这就叫行军出兵却无阵，揎拳捋袖却无臂，手执利器却无兵——试看天下谁能敌。

祸患没有比轻敌更大的了，轻敌几乎丧失了我的"三宝"。

所以两军实力相当的时候，有悲悯情怀的一方胜了。

注释

1　为主：主动进攻。为客：被动守御。

按："主""客"为古代兵学范畴。然孙子以主动进攻者为客，防御守卫者为主，取有客来犯之意，如"凡为客之道，深入则专，主人不克"(《孙子兵法·九地》)。而老子显然正相反：以主动进攻者为主，防守抵御者为客。河上公注："主，先也，不敢先举兵也。"吴澄曰："为主，肇兵端以伐人也；为客，不得已而应敌也。"

2　不敢进寸，而退尺：不敢进犯一寸，宁愿后退一尺。

苏辙："进者，有意于争者也。退者，无意于争者也。"

3　行无行：行军布阵，但没有行阵。第一个"行"，作动词，行军；第二个"行"，作名词，行列，阵势。

4　攘无臂：攘臂：因愤怒而奋起挥臂之意。"攘无臂"意谓无臂可攘，不攘之意。

5　执无兵：兵：兵器。意谓无兵可执，不执兵之意。

此句马王堆甲乙本都在"乃（扔）无敌"前。王弼本正文中此句在"扔无敌"后，然其注却作："言以谦退哀慈，不敢为物先。用战犹行无行，攘无臂，执无兵，扔无敌也。言无有与之抗也。"则"执无兵"在"扔无敌"前。依帛书本改其次序。

以上三句，马其昶《老子故》："自视若无行列可整，无臂可攘，无敌可就，无兵可执，故不敢轻敌，慎之至也。"这是从战术上讲重视敌人和谨慎对待，与为主为客之意不尽相符，且与苏辙有意无意于争的理解相比，也显得肤浅。录于此作为对比。

6　乃无敌矣：就没有敌手了。

此句王弼本作"扔无敌"，帛书甲乙本俱作"乃无敌"，甲本后面还有一个"矣"字，作"乃无敌矣"，如此，则明显此句不与上三句并列，而作收束之语。任继愈也以为如此，则"文从字顺，意义也明确"。据帛书甲本改。

7　宝：即六十七章之"三宝"（慈、俭、不敢为天下先）。

8　抗兵相若：两军相当。

"若"，王弼本作"加"，帛书甲乙本俱作"若"，据改。

9　哀：悲悯之意。

导读

因为"无行""无臂""无兵"，所以"无敌"。"无敌"的更深意思，不是无敌于天下、天下孰能御之、试看天下谁能敌等碾压一切对手的自豪自大，而是不与天下为敌，所以天下无敌的意思。这与二十二章之“夫唯不争，故天下莫能与之争”是一个意思。骆玉明《老庄随谈》：“所谓‘敌人’。所谓‘自己人’。无非是站在对立立场来分别，倘若超越了对立关系来看待，人类都是‘人’这一‘类’。”

那么，老子的“轻敌”是什么意思？就是轻易树敌。马丁·布伯《我与你》阐释了人与他者的关系性存在：当“我”把“你”当作敌人时，“你”就真的因为“我”的“观念”之敌而成为“我”的“事实”之敌；而假如“我”把“你”想象成朋友，“你”就真的成为“我”事实上的朋友。所以，敌人，往往不是客观存在的，而是主观臆断的。“树敌”的意思，就是把本来不是敌人的人，主观上树立为自己的敌人，然后客观上真的成了敌人——这是老子“轻敌”的真实意思。

《庄子·齐物论》有这个故事：

> 故昔者尧问于舜曰：“我欲伐宗、脍、胥敖，南面而不释然，其故何也？”舜曰：“夫三子者，犹存乎蓬艾之间。若不释然，何哉！昔者十日并出，万物皆照，而况德之进乎日者乎！”

万物皆照的唐尧，却要把三个如此小弱的国家作为敌人，必欲除之而后快，可是，他内心的道义感又让他为此“不释然”。庄子这里要表达的，也是这样的意思：为什么要把世界都作为敌人？

孔子反对季氏攻打颛臾，理由也是：“夫颛臾，昔者先王以为东蒙主，且在邦域之中矣，是社稷之臣也，何以伐为？”（《论语·季氏》）孔子的意思，也是：为什么我们总是把他人当作敌人？

所以，“轻敌”，包含着两层意思，不仅是字面上的“低估敌人的实力”，更是“轻易把对方树为敌人”的意思。而“轻敌几丧吾宝”，就是轻易树敌，以敌意看待世界，就使得自己失去了“三宝”（慈、俭和不敢为天下先）。“故抗兵相若，哀者胜”者，不是胜在战场，而是胜在心胸；不是消灭敌人于战场，而是泯灭敌我于胸中！

链接　二十二章；二十九章；三十章；三十一章；六十八章

成语　寸进尺退　哀兵必胜

第七十章　吾言甚易知

吾言甚易知，甚易行。天下莫能知，莫能行。

言有宗，事有君[1]。夫唯无知，是以不我知。

知我者希[2]，则我者贵[3]。是以圣人被褐而怀玉[4]。

今译

我的话很容易理解，也很容易践行。但天下没人能理解，没人能实行。

话总有所指，事总有宗旨。正因为人们对此无知，所以才不理解我。

理解我的人很少，取法于我的人难见。所以圣人总是被褐怀玉。

注释

1　言有宗，事有君：言论有主旨，事情有根据。

马王堆帛书甲本作“言有君，事有宗”。王弼：“宗，万物之宗也。君，万物之主也。”苏辙：“言者，道之筌也；事者，道之迹也。使道可以言尽，则听言而足矣；可以事见，则考事而足矣。惟言不能尽，事不能见，非舍言而求其宗，遗事而求其君，不可得也。盖古之圣人，无思无为，而有漠然不自知者存焉，此则思虑之所不及，是以终莫吾知也。”

2　希：稀，稀少。

3　则：效法。贵：因稀而贵，贵也是少的意思。

苏辙："众人之所能知，亦不足贵矣。"则我者贵：帛书本、北大简都没有"者"字，则本句的意思就是：那么我就尊贵。王弼注："唯深，故知之者希也。知我益希，我亦无匹，故曰：'知我者希，则我贵也。'""我亦无匹"之"亦"字，陶鸿庆说："当作益。"李零："理解我的人越少，说明我的话越可贵，就像圣人穿着破衣裳，却怀揣着宝玉。"其义亦甚好。

4　被（pī）褐而怀玉：穿着粗布衣而怀抱美玉。被：穿着；褐：粗布。

王弼："被褐者，同其尘；怀玉者，宝其真也。圣人之所以难知，以其同尘而不殊，怀玉而不渝，故难知而为贵也。"王弼本无"而"字，帛书甲乙本有。有一"而"字，则语意委婉有致，语音婉转有韵，据加。

导读

今本《道德经》有22个"吾"，19个"我"。其中在同一章中同时两种都出现的，是四十二章和本章。这两个字的区别是：当用"我"时，是确定地指代作者自己，而且有非常突出而强烈的自我强调、与他者对立冲突的意味。而用"吾"时，只是泛泛而言人我之别，是一种哲学意义上的表达：人不是指具体的某个人，"吾"有时也不是仅指说话者自己，更多的只是说明一种对待的情况，甚至，有些时候，"吾"还是一种普泛现象与规律的代言。

在古汉语中，"'我'比'吾'似乎更富有强调对比的意味"（蒲立本《古汉语语法纲要》），这一点在《道德经》中表现得特别突出。当老子要表达自己强烈的情绪和主张，而这种情绪又来自对方的刺激，主张又为众人所拒绝或忽视时，"我"字就跃然而出。

一个类似的例子：庄子《齐物论》中的"吾丧我"——"我"就是更加主观的、有强烈自我的"吾"，是受了世俗世界熏染之后，带上世俗价值与是非善恶观念的"吾"。而"吾"，则是本然的本我，未受世俗之污染，也没有产生与世俗之对立。则“吾丧我”，就是对格格不入而突兀的“我”的放弃，对“吾”之本体附着的世俗尘埃的剥落，从而复归于朴，复归于婴儿，与天地并生，与万物为一。

明白了这些，则本章开头之“吾言”，就不再是老子的一家之言，而是包含着普遍真理的“法言”。这些言，当然是老子说出来的，但老子说这些话的时候，他不是在表达自己，而是在表达真理，他只是代言，代帝发言，文以载道。“吾言”者，道言也。

如此理解，就能知道他后面由“吾”转“我”的悲怆意味——因为“我”代道立言，所以，无知的庸众——老子当然是指那些侯王——就“是以不我知”。

链接 四十二章

成语 披褐怀玉

第七十一章　知不知

知不知[1]，上[2]；不知知[3]，病[4]。圣人不病，以其病病[5]。夫唯病病，是以不病[6]。

今译

知“道”却不知道自己知“道”，这是最高境界；不知道应该去知“道”，这是病。圣人不犯此病，因为他以此为病。正因为他以此为病，所以他不犯此病。

注释

1　知不知：可以有两种理解：第一，知道自己有所不知；第二，知道却不知道自己知道。第二种意思更曲折有致，与二十七章之“善行无辙迹”、三十八章之“上德无为而无以为”、四十一章之“大象无形”意思更切近，而与六十三章之“为无为，事无事，味无味”句式相同而意味相同，故译文从后者。

2　上：最高境界。

帛书甲乙本、傅奕本“上”作“尚矣”。

3　不知知：也有两种理解：第一，不知道而自以为知道；第二，对于道，很多人不知道要去知道。第二种解释也深刻些。译文从之。

4　病：毛病、过失。

5　病病：第一个“病”字作动词，戒惧、担心、在意，以之为病之意。如《论语·卫灵公》：“子曰：‘君子病无能焉，不病人之不己知也。’”第二个“病”字作名词，毛病、过失。

6　本章文字各本差异很大。此处根据陈鼓应《老子今注今译》、高亨《老子正诂》、杨柳桥《老子译话》及马叙伦《老子校诂》诸本揆定。主要依据：第一，逻辑清晰而不啰唆重复；第二，音节顿挫浏亮不拖沓，比如，取“上”不取“上（尚）矣（也）”。不一一说明。

导读

此章的主旨，还不是说“病”，虽然老子所指出的是常人之“通病”，老子也是在为人治病。但如果只是从这个角度讲，讲人们往往强不知以为知，这个理解当然对，但是肤浅了。

此章的核心，可能还是“知”的对象：道，以及我们对于道的隔膜。

知“道”的最高境界，是与道浑然一体而不知“道”之存在，一举一动合乎道，却不知这就是道，此所谓日用而不知之道，是人与道合一而不二。既已合一，则人与道不分；既已“不二”，则认知主体与客体已然为一。认知主体都不在了，谁来“知”？认知客体都泯然了，“知”什么？所以自然不知“道”之何在。《庄子·大宗师》：“鱼相造乎水，人相造乎道。相造乎水者，穿池而养给；相造乎道者，无事而生定。故曰：鱼相忘乎江湖，人相忘乎道术。”所谓“无事而生定”者，不知不觉、不忮不求而道自在也。《中庸》说道是“不可须臾离也，可离非道也”，“不可”，不是“不可以”，而是“不可能”；不是“愿不愿”，而是“能不能”。不可须臾离者，道无所不在，你如何离？你在道中，你如何离？道在你中，你如何离？

“知不知”约略于人之天赋良知，心即理，则良知自在而不知其在，亦不知其所以在也。《庄子·大宗师》又曰：“堕肢体，黜聪明，离形去知，同于大通，此谓坐忘。”同于大通（道）而不知，即“知不知”也。

而“不知知”则是心灵的蒙蔽不觉悟，孔子所谓“困而不学”(《论语·季氏》)者，孟子所谓“自暴自弃”(《孟子·离娄上》)者、“自贼”(《孟子·公孙丑上》)者如是。

其实本章紧承上章而来，上章讲什么？讲“知”与“不知”，讲“吾言甚易知”而“天下莫能知”，知我者希，则我者贵。本来“甚易知”的“吾言”，“言”的是什么呢？是“道”。道在日常，所以本来易知。苏辙曰：“道之大，复性而足。而性之妙，见于起居饮食之间耳。圣人指此以示人，岂不易知乎？人能体此以应物，岂不易行乎？然世常患日用而不知，知且不能，而况行之乎？”

附《庄子·知北游》以助理解“知不知，上”：

于是泰清问乎无穷，曰：“子知道乎？”无穷曰：“吾不知。”又问乎无为，无为曰：“吾知道。”曰：“子之知道，亦有数乎？”曰：“有。”曰：“其数若何？”无为曰：“吾知道之可以贵、可以贱、可以约、可以散，此吾所以知道之数也。”

泰清以之言也问乎无始，曰：“若是，则无穷之弗知与无为之知，孰是而孰非乎？”无始曰：“不知深矣，知之浅矣；弗知内矣，知之外矣。”于是泰清仰而叹曰：“弗知乃知乎，知乃不知乎！孰知不知之知？”

无始曰：“道不可闻，闻而非也；道不可见，见而非也；道不可言，言而非也！知形形之不形乎！道不当名。”

无始曰：“有问道而应之者，不知道也；虽问道者，亦未闻道。道无问，问无应。无问问之，是问穷也；无应应之，是无内也。以无内待问穷，若是者，外不观乎宇宙，内不知乎大初。是以不过乎昆仑，不游乎太虚。”

对于道，不知是“深矣”，知之是“浅矣”，不知是深入其内，知是肤浅于外。所以，泰清叹曰：“不知是知啊，知是不知啊！谁能明白不知的那种知?”

道不可闻，能闻不是道；道不可见，能见不是道；道不可言，能言不是道。听得见的不是道，看得见的不是道，说得出的不是道，所以——道不当名！

链接 二十四章

第七十二章　民不畏威

民不畏威，则大威至[1]。

无狎[2]其所居，无厌[3]其所生。夫唯不厌，是以不厌[4]。

是以圣人自知不自见[5]，自爱不自贵[6]。故去彼取此[7]。

今译

当百姓不畏惧威权，政府真正的威信就来了。

不要挤压百姓的居所，不要压榨百姓的生存。只有不压迫百姓，百姓才会不厌恶长上。

因此圣人自知但不自炫，自爱但不自大。所以要舍弃自见、自贵而保持自知、自爱。

注释

1　民不畏威，则大威至：百姓不畏惧威权，那政府真正的威信就来了。

旧注多解此两句意为：百姓不畏惧君上的威权，那么更大的灾祸就要发生。第一个“威”，威权，威力，这个应无疑义。但第二个“威”，陈鼓应、任继愈皆认为是“指可怕的事”。陈鼓应翻译此句为：“人民不畏惧统治者的威压，则更大的祸乱就要发生了。”任继愈的翻译是：“人民不怕（统治者的）威力的时候，那么可怕的事就要发生了。”王弼：

“离其清静，行其躁欲，弃其谦后，任其威权，则物扰而民僻。威不能复制民，民不能堪其威，则上下大溃矣，天诛将至。故曰‘民不畏威，则大威至’。”则王弼解“大威”为“天诛”，可能是任、陈所本。但他们的解释都与老子一贯的无为而治思想不合，与十七章之“太上，不知有之”、七十四章之“民不畏死，奈何以死惧之”不一致，且与下文“无狎其所居，无厌其所生”逻辑也不通。其实本句的意思本来简单明白：“人民不怕统治者之威权的时候，则统治反而获得了最大的威权。”这威权，就是人民对政权的信任。这就是“太上，不知有之”的境界。这才与下文“圣人自知不自见，自爱不自贵”逻辑贯通，也与“圣人处无为之事，行不言之教”（二章）、“圣人后其身而身先，外其身而身存”（七章）、“圣人执一为天下式。不自见，故明；不自是，故彰；不自伐，故有功；不自矜，故长。夫唯不争，故天下莫能与之争”（二十二章）、“圣人无为，故无败；无执，故无失”（二十九章）、“圣人云：‘我无为，而民自化；我好静，而民自正；我无事，而民自富；我无欲，而民自朴’”（五十七章）、“圣人方而不割，廉而不刿，直而不肆，光而不耀”（五十八章）、“非其神不伤人，圣人亦不伤人”（六十章）、“圣人欲上民，必以言下之；欲先民，必以身后之。是以圣人处上而民不重，处前而民不害”（六十六章）、“圣人执左契，而不责于人”（七十九章）等章，意思一脉贯通。杨柳桥《老子译话》翻译这两句是：“人民不怕你的威严，那你的大威严就算建立起来了。”庶几得之。

2 无狎：不要逼迫。无：同“毋”，下文“无厌”之“无”同。狎：同“狭”，引申为逼迫、压榨。

3 无厌：不要压迫。厌：同“压”，堵塞、抑制。

4 夫唯不厌，是以不厌：第一个“厌”，是压迫之意；第二个“厌”，厌弃。

5 自知不自见（xiàn）：自己知道但不炫耀。

王弼注："不自见其所知，以耀光行威也。"

6　自爱不自贵：自我爱惜但不自矜高贵。

苏辙解释此两句曰："圣人虽自知之而不自见以示人，虽自爱之而不自贵以眩人，恐人之有厌有慕也。厌慕之心未忘，则犹有畏也。畏去，而后大威至矣。"

7　去彼取此：舍去"自见""自贵"，而取"自知""自爱"。

导读

权力天然有自我扩张、刀锋对外的趋势，所以，天然具有反人民性。这就是历代思想家、政治家一再主张权力自身的谦抑，并且不断设计出宗教的、制度的、伦理的方法来制约权力的原因。这个权力思想史，显示出人类的理性和良知。当然，也有鼓吹权力扩张的思想家，比如中国古代的法家，他们认为，给权力以绝对性，可以以权力来整合社会资源，实现富国强兵的目标。但是，他们忘了：当我们试图不择手段来实现一个看起来道德的目标的时候，手段的非道德性和反人民性，会导致目标的偏离。事实上，目标的道德性，总是由手段的正当性决定的。

本章的主题，就是反威权。老子首先提出：一个让人不知不觉、不干涉人民日常生活和自我选择的政权，不仅具有道义上的高度，而且才是真正的威权。换言之，真正的威权，是与人民不冲突的，不干涉人民自由、不违逆人民意志的威权，它几乎就是一个公共产品，一个生活平台，给到每一个人安全、免于匮乏、尊严和自由，而不是以某个神圣的名义，随时侵犯其中的一个人或一群人。基于此，老子接着提出"无狎其所居，无厌其所生"，不要用权力来干涉人民的生产和生活，让他们能够按照自己的意愿，栖息在自己的土地上。这样不干涉不压迫的政府，才不会让人民厌弃。

最后，是一个结论："圣人自知不自见，自爱不自贵。""圣人"在老子的概念里，相当于儒家的圣王，也就是世俗权力的代表，而称之为

“圣”，则也表明他们代表着政治的理性和伦理的德性。“自知不自见，自爱不自贵”，就是第七章的“圣人后其身而身先，外其身而身存”。第七章还有一个“不自生”的说法，权力永远只是一个手段，绝不可以自身的扩张为目标！

链接　二章；七章；十二章；二十二章；二十九章；五十七章；五十八章；六十章；六十六章；七十九章

第七十三章　勇于敢则杀

勇于敢则杀，勇于不敢则活[1]。此两者，或利或害[2]。天之所恶，孰知其故[3]？[是以圣人犹难之[4]。]

天之道，不争而善胜，不言而善应，不召而自来，绰然而善谋[5]。

天网恢恢[6]，疏而不失[7]。

今译

勇于敢就被杀，勇于不敢就能活。这两种勇，一个得利，一个受害。勇于敢是天所厌弃的，谁能知晓其中的缘故?

天之道，不争斗而善于取胜，不言语而善于因应，不召唤而万物自来，舒缓从容而善于筹划。

天网恢恢，疏而不失。

注释

1　勇于敢则杀，勇于不敢则活：敢：敢为，刚强勇亢。不敢：不敢为，柔弱退缩。

王弼注前句："必不得其死也。"注后句："必齐（济）命也。"范应元注："强梁者，勇于敢而好争，则因以杀身。柔弱者，勇于不敢而不争，则因以活身。"《广雅》："敢，犯也。"七十六章："柔弱者生之徒。"

2 或利或害：一个利（不敢），一个害（敢）。

王弼注："俱勇而所施者异，利害不同，故曰'或利或害'也。"范应元说："此敢与不敢两者，世或以敢为利，而因以杀身，则是害也；世或以不敢为害，而因以活身，则是利也。故曰：或利或害。"苏辙："勇于敢则死，勇于不敢则生，此物理之大常也。然而敢者或以得生，不敢者或以得死，世遂以侥幸其或然，而忽其常理。夫天道之远，其有一或然者，孰知其好恶之所从来哉？故虽圣人犹以常为正，其于勇敢未尝不难之。列子曰：'迎天意，揣利害，不如其已。'患天道之难知，是以历陈之也。"

3 天之所恶，孰知其故：天厌恶勇于敢者，谁知这是为什么。

4 是以圣人犹难之：此句已见于六十三章，帛书本、北大简、景龙本等此处均无这一句，据陈鼓应校注，此句当删。

5 绰（chǎn）然：舒缓，宽缓，从容。

河上公注："绰，宽也。"

6 天网恢恢：天网广大无边。恢恢：广大无边的样子。

7 疏而不失：宽疏但并不会有漏失。

导读

此章当与七十六章对看。"人之生也柔弱，其死也坚强；草木之生也柔脆，其死也枯槁。故坚强者死之徒，柔弱者生之徒。是以兵强则灭，木强则折。坚强处下，柔弱处上。"

六十八章导读中我讲到，老子总是在否定中肯定，用否定的方式得到肯定的人生，这一章后面几句也是："不争而善胜，不言而善应，不召而自来，绰然而善谋。"

《道德经》全文：243个"不"字，100个"无"字，20个"莫"字，2个"弗"字。合计365个否定词，约每14个字就有一个否定词。

可以说，《道德经》是一个非常独特的文本，一个用否定的方式来表达的文本。

本章谈死亡，我们把孔子和老子谈死亡做个比较：

老子从人生角度讲死亡，故重性格而次品格。

孔子从社会角度谈死亡，故重品格而次性格。

强梁者不得其死，是孔老共同的观点。这是讲性格。

“人之生也直，罔之生也幸而免。”（《论语·雍也》）这是孔子在讲品格。

孔子讲免死必须正，而老子讲免死须得柔，这就是一个重道德，一个重个性了。

孔子讲见义不为无勇，讲杀身成仁，这是儒家的至大至刚。

老子讲勇于不敢则活，讲贵身患身，这是道家的谨小慎微。

老子从道家任自然的角度，讲人要惜生，不要轻掷生命，有生命第一的意思。而孔子则从伦理的角度，讲人要慕义，要舍生取义，有道德第一的意思。

所以，孔子对死亡是坦然面对，不会轻掷生命，却也不会贪生怕死。子夏转述孔子的“生死有命，富贵在天”，就是他的态度。“就义”一词，来自他的思想，而“见义勇为”，也来自他的意思，所以，在这一点上，他和告诫“勇于敢则杀”的老子，有大区别。

《论语·宪问》：“羿善射，奡荡舟，俱不得其死然。”这属于暴亢无义而死的典型，也是老子“勇于敢则杀”的典型，这样的死，无价值而活该死。《论语·先进》：“若由也，不得其死然。”则是性情刚烈，不知权变，也是孔子不赞成的。

老子、孔子都讲“得其死”。“得其死”的基本意思或原始意思是不要暴死夭亡，要寿终正寝。但孔子的“得其死”还多了一层意思，就是后来司马迁说的“人固有一死，或重于泰山，或轻于鸿毛”。“轻于鸿毛”的死，如“羿善射，奡荡舟”，就是“不得其死”。子路死于卫国内乱，内乱双方没有一个好人，也是“轻于鸿毛”的死，也是“不得其死”。而死义之死，就是“重于泰山”的死，就是“得其死”，此时不死，也是“不得其死”。

《论语·先进》："子畏于匡，颜渊后。子曰：'吾以女为死矣。'曰：'子在，回何敢死？'"颜回的态度，就是儒家的态度：该死的时候，勇于敢死；不该死的时候，就勇于不敢死。死与不死，唯义所在。

链接 二章；十七章；二十二章；二十三章；六十八章；七十六章；八十一章

成语 天网恢恢，疏而不漏

第七十四章　民不畏死

民不畏死，奈何以死惧之[1]？若使民常畏死，而为奇者，吾得执而杀之[2]，孰敢？

常有司杀者杀[3]。夫代司杀者杀[4]，是谓代大匠斫[5]。夫代大匠斫者，希有不伤其手矣。

今译

人民是不畏惧死亡的，怎么可以用死来吓唬他们？假如人民常常畏惧死亡，对那些反抗的人，我们就把他们抓来杀掉，那谁还敢再反抗呢？

杀人是由天道来决定的。代替天道以自己的意志去杀人，就叫作代替大匠去砍削。那些代替大匠砍削的人，很少有不伤到自己手的。

注释

1　民不畏死，奈何以死惧之：两种理解，第一种，陈述语气，说明人民有为自由、自尊、自我利益和人间公义拼死反抗、慷慨就义的道德勇气，所以，面对这样的人民，哪里还能拿死亡来威胁他们？第二种，假设语气，假设一种统治暴虐到人民生不如死，则人民也就不再怕死。人民一旦不再怕死，则统治者也就不能用死来吓阻他们。这两种解释，第一种侧重讲人民的品格，第二种侧重讲统治者的分寸。第一种立意较高，译文取第一种。

苏辙："政烦刑重，民无所措手足，则常不畏死，虽以死惧之，无益也。"《尹文子·大道下》亦云："凡民之不畏死，由刑罚过，刑罚过，则民不赖其生；生无所赖，视君之威末如也。刑罚中，则民畏死；畏死，由生之可乐也。知生之可乐，故可以死惧之。此人君之所宜执，臣下之所宜慎。"

2 为奇：与"为正"相对，指不守常规、犯上作乱。

王弼注："诡异乱群，谓之奇也。"

执：抓捕。

奚侗《老子解》："此言民若畏死，则吾执一奇邪之民而杀之，天下当无敢复为奇者矣。"苏辙："民安于政，常乐生畏死，然后执其诡异乱群者而杀之，孰敢不服哉？"

帛书甲本无"使"字。在把"若使"解释为"假使（如果）"的情况下（任继愈、杨柳桥），则有无"使"字意思没有差别。但假如把"使"字理解为动词"让"，则有两种意思。第一，和上文"民不畏死"相对比，若"民不畏死"是假设：假设暴虐的统治弄得人民都无惧死亡了，那么，你拿死也就吓唬不住人民，则此句"若使民常畏死"意为若统治者的统治保持一定的分寸而不极端，尚不至于使人民生无可恋而贪恋活着、畏惧死亡，则统治者还可以杀鸡给猴看，杀几个"为奇"的，大多数人即会偃旗息鼓，放弃反抗，选择妥协。第二，若上文"民不畏死"是警告，则此句"若使民常畏死"是虚拟语气：假设人民是贪生怕死的，是任人宰割也不敢反抗的，那么，杀掉那些敢于"为奇"的，岂不就吓住了所有人，使其服服帖帖？但是，事实是：人民本性中的道德勇气和人格尊严使得人民一定会在忍无可忍时揭竿而起，铤而走险，奋起反抗。第一种理解的重点在统治者，老子劝统治者不要太过分；第二种理解的重点在人民，人民有尊严有人格，绝不会缺乏反抗的道德勇气。译文取第二种。

3　司杀者：掌管杀刑的人。司：掌管。“司杀者”在这里指天道。人当不当杀、该不该死，当有天道在，当死是因为犯了天理，而不是犯了统治者的意志。

范应元注：“天网恢恢，疏而不失。苟有恶积罪大之人，常有司杀者杀之。”

4　代司杀者杀：指统治者以自己的意志妄称天理而杀人。

5　斫（zhuó）：砍、削。

导读

老子时代，诸侯对人民的杀戮已经到了肆无忌惮的状态，比如孔子所在的鲁国，这个中原最文明的国家，礼乐文化最深厚的国家，最温情脉脉的国家，其执政季康子也公开声言要“杀无道以就有道”（《论语·颜渊》）。权力一旦绝对化，就会被绝对化使用：政治就会变成杀人游戏，权力就会露出其暴力的真面目——暴力是权力的绝对化形式，杀人就会成为权力任性的最后情景。孟子曰：“求也为季氏宰，无能改于其德，而赋粟倍他日。孔子曰：‘求非我徒也，小子鸣鼓而攻之可也。’由此观之，君不行仁政而富之，皆弃于孔子者也。况于为之强战？争地以战，杀人盈野；争城以战，杀人盈城。此所谓率土地而食人肉，罪不容于死。”（《孟子·离娄上》）这是孟子讲战争，孟子所处的战国，统治者已经到了“今夫天下之人牧，未有不嗜杀人者也”（《孟子·梁惠王上》）的程度。

所以，老子这一章，是有所针对的。

值得注意的是，老子在此提出了“司杀者”的概念。这是一个人格化的概念，其实他指的是“天道”，这个天道，从法律的角度言，就是“自然法”。人间一切罪错，都是对自然法的违抗；而人间一切罪错的判断，都最终上溯到自然法。自然法是人间一切成文法的依据和源头。一切违背自然法的擅自立法、立刑、立威，都是反天道的。问题是，那个时候，侯王的“无法无天”已经成为政治常态，所以老子在“司杀者”这个概念后，又提出一个“代司杀者”的概念，这个概念，就是指统治阶级自己反复无常的性情和意志。在老子时代，礼崩乐坏，对人民的惩处，已经不是依据礼，而是出于统治阶级自己反复无常的性情。

这一章，老子给出了两个场景，一个是:“吾得执而杀之，孰敢?”一个是:“夫代大匠斫者，希有不伤其手矣。”到底是民因为畏死而屈服，还是统治者因滥杀而自取灭亡？历史已经一再给出答案。

成语 民不畏死

第七十五章　民之饥

民之饥，以其上食税之多[1]，是以饥。

民之难治，以其上之有为[2]，是以难治。

民之轻死，以其上求生之厚[3]，是以轻死。

夫唯无以生为者[4]，是贤于贵生[5]。

今译

人民饥饿，是因为在上位吃税的人太多，所以人民饥饿。

人民难以管理，是因为在上位的人任性妄为，所以人民难以治理。

人民不惧生死，是因为在上位的人追求厚生贵养，所以人民不惧生死。

只有不把养生当作事务，这才胜过贵生厚养。

注释

1　食税：吃税，即吃财政。

范应元："在上者或取之于民太多，是夺民之食，而使之饥也。然则上之库藏，民之怨府也。"

2　有为：统治者任意妄为。

苏辙："上以有为导民，民亦以有为应之，故事多而难治。"

3　以其上求生之厚：由于统治者过于追求奢华的生活。

“上”字，底本原缺，据严灵峰说补。苏辙：“上以利欲先民，民亦争厚其生，故虽死而求利不厌。”北大简、帛书本也都没有“上”字。有“上”字，表示是统治者官逼民反。无“上”字，表示是老百姓过不下去了，才造反。角度不同。但考虑到上文两句都有“官逼民反”义，以有“上”字为妥当。

4 无以生为：不为追求奢华的生活而作为，指生活淡泊。

河上公：“夫唯独无以生为务者，爵禄不干于意，财利不入于身。”

5 贤于贵生：胜过过分追求生活享受。

高亨：“无以生为者，不以生为事也，即不贵生也。君贵生则厚养，厚养则苛敛，苛敛则民苦，民苦则轻死。故君不贵生，贤于贵生也。”

导读

这一章，老子清晰地写出了“民”与“上”的矛盾，不仅揭示出人民的苦难不幸是由统治者造成的，甚至人民的品性——尤其是负面品性都是由统治者及其统治造成的。王弼本章注：“言民之所以僻，治之所以乱，皆由上，不由其下也。民从上也。”这与现代政治学的结论完全一致：制度和文化造就民风和民性，统治者的统治行为直接塑造普通民众的思维方式和行为方式。政府在国与国之间不守规则，就会导致人民在人与人交往中不守规则；政府在管理社会时不讲道理，就会导致人民在日常事务中不讲道理。鲁迅先生对于中国国民性的解读和解释，其目的，就是揭露两千年尤其是明清以来专制统治的罪恶。专制统治最大的罪孽，还不是导致国民的自由丧失和生活痛苦，而是造成国民的道德溃败和人性堕落。

《论语·颜渊》有一段对话，可以拿过来作为《道德经》这一章的注脚：

季康子问政于孔子曰：“如杀无道以就有道，何如？”

孔子对曰："子为政，焉用杀？子欲善，而民善矣。君子之德风，小人之德草。草上之风，必偃。"

再引《孔子家语・始诛》中的一个故事：

孔子为鲁大司寇，有父子讼者，夫子同狴执之，三月不别。其父请止，夫子赦之焉。

季孙闻之，不悦曰："司寇欺余，曩告余曰：'国家必先以孝。'余今戮一不孝以教民孝，不亦可乎？而又赦，何哉？"

冉有以告孔子，子喟然叹曰："呜呼！上失其道，而杀其下，非理也。不教以孝，而听其狱，是杀不辜。……上教之不行，罪不在民故也。夫慢令谨诛，贼也。征敛无时，暴也。不试责成，虐也。政无此三者，然后刑可即也。……今世则不然，乱其教，繁其刑，使民迷惑而陷焉，又从而制之，故刑弥繁而盗不胜也。夫三尺之限，空车不能登者，何哉？峻故也。百仞之山，重载陟焉，何哉？陵迟故也。今世俗之陵迟久矣，虽有刑法，民能勿逾乎？"（另参见《荀子・宥坐》、《韩诗外传》卷三、《说苑・政理》）

链接　六十二章；七十七章

第七十六章　人之生也柔弱

人之生也柔弱[1]，其死也坚强[2]；草木之生也柔脆[3]，其死也枯槁[4]。故坚强者死之徒[5]，柔弱者生之徒。

是以兵强则灭，木强则折[6]。坚强处下，柔弱处上[7]。

今译

人活着身体柔软，死了就变得坚硬；草木生长时柔软脆弱，死了就变得枯萎僵硬。所以坚硬是死亡之道，柔弱是生存之门。

因此兵力强大就会灭亡，树木强大就会折断。坚强处下，柔弱处上。

注释

1　柔弱：指人活着的时候，身体柔软。

范应元："冲气为和，故柔弱也。"

2　坚强：指人死之后，身体变得僵硬。"坚强"一词，在老子哲学里，是贬义词，所谓"柔弱胜刚强"（三十六章）。

帛书本、北大简作"其死也筋肕（韧）坚强"。《玉篇》："肕，坚肉也。"指人死后，肉和筋都变得僵硬。语义更明确一些。

3　草木：王弼本"草木"前有"万物"二字，据严灵峰说删（参见陈鼓应《老子今注今译》本章注）。柔脆：指草木生长之时柔软脆弱。

4　枯槁：指草木枯死之后的干枯僵硬。

苏辙："冲气在焉，则体无坚强之病；至理在焉，则事无坚强之累。"

5　徒：一般理解为"类""属"等，然马叙伦："徒，读为道途之途。"则此句意为"坚强是死亡的原因"，亦通，且更符合老子主观告诫之意，译文从之。

6　兵强则灭，木强则折：兵力强大就会死亡，树木强大就会折断。

苏辙："兵以义胜者非强也。强而不义，其败必速。木自拱把以上，必伐矣。"王弼本作"兵强则不胜，木强则兵"，据俞樾说校改。

衣抚生博士校读注：

"木强则兵"的"兵"字解释不通，传世本多作"共"，帛书甲本作"恒"，乙本作"竞"，高明认为"共""恒""竞"都是"烘"的通假字："《尔雅·释言》：'烘，燎也。'……'木强则烘'，犹言木强则为樵者伐取，燎之于烓灶也。"北大简作"核"，整理者说："义为折。"

7　坚强处下，柔弱处上：坚强者处于下方，柔弱者处于上方。

王弼本、帛书甲乙本作"强大处下"，然傅奕本、景龙本作"坚强"。高亨、马叙伦、任继愈、朱谦之、杨柳桥诸家注本都取"坚强"。本章及其他诸章老子都是用"坚强"来对应"柔弱"，且"坚强处下"于义理更通畅，故校定为"坚强"。苏辙："物之常理，精者在上，粗者在下。其精必柔弱，其粗必强大。"

导读

从逻辑上说，老子在自然界所发现和罗列的"人之生也柔弱，其死也坚强。草木之生也柔脆，其死也枯槁。故坚强者死之徒，柔弱者生之徒。是以兵强则灭，木强则折。坚强处下，柔弱处上"，其实只是自然界的自然形态，并不包含道德上的是非和得失上的利害，若用来说明柔弱的个性或采取柔弱的生活态度是一种合乎理性的选择，则逻辑上并不关联。更何况我们还可以有另外的观察，比如，一棵树，忍辱负重的部分偏偏处下，而繁花似锦摇曳生姿的地方，反而处上。

但这种类比和联想还是能给我们深刻的印象，老子也由此成功地实现了对我们的说服，最后给出结论：坚强处下，柔弱处上——这是有关人生的“柔弱胜刚强”哲学。

关于此哲学，引《说苑·敬慎》一节备案：

> 常摐有疾，老子往问焉，曰：“先生疾甚矣，无遗教可以语诸弟子者乎？”常摐曰：“子虽不问，吾将语子。”……张其口而示老子曰：“吾舌存乎？”老子曰：“然。”“吾齿存乎？”老子曰：“亡。”常摐曰：“子知之乎？”老子曰：“夫舌之存也，岂非以其柔耶？齿之亡也，岂非以其刚耶？”常摐曰：“嘻，是已。天下之事已尽矣，无以复语子哉！”
>
> 韩平子问于叔向曰：“刚与柔孰坚？”对曰：“臣年八十矣，齿再堕而舌尚存，老聃有言曰：‘天下之至柔，驰骋乎天下之至坚。’又曰：‘人之生也柔弱，其死也刚强；万物草木之生也柔脆，其死也枯槁。因此观之，柔弱者生之徒也，刚强者死之徒也。’夫生者毁而必复，死者破而愈亡；吾是以知柔之坚于刚也。”平子曰：“善哉！然则子之行何从？”叔向曰：“臣亦柔耳，何以刚为？”平子曰：“柔无乃脆乎？”叔向曰：“柔者纽而不折，廉而不缺，何为脆也？天之道，微者胜，是以两军相加而柔者克之；两仇争利，而弱者得焉。《易》曰：‘天道亏满而益谦，地道变满而流谦，鬼神害满而福谦，人道恶满而好谦。’夫怀谦不足之柔弱，而四道者助之，则安往而不得其志乎？”平子曰：“善！”
>
> 桓公曰：“金刚则折，革刚则裂；人君刚则国家灭，人臣刚则交友绝。夫刚则不和，不和则不可用。是故四马不和，取道不长；父子不和，其世破亡；兄弟不和，不能久同；夫妻不和，家室大凶。《易》曰：‘二人同心，其利断金。’由不刚也。”

链接　八章；三十章；三十六章；七十三章；七十八章

第七十七章　天之道

天之道，其犹张弓欤[1]？高者抑之，下者举之[2]；有余者损之，不足者补之[3]。

天之道，损有余而补不足。人之道则不然，损不足以奉有余[4]。

孰能有余以奉天下？唯有道者[5]。

是以圣人为而不恃，功成而不处，其不欲见贤[6]。

今译

天之道，就如同开弓射箭吧？高了压低它，低了抬升它；拉过了就减点力，没拉够就补点力。

天之道，损有余而补不足。人之道则不是这样，损不足以奉有余。

谁能富余而奉养天下？只有有道的圣人。

因此，圣人兴作万物却不自恃大德，大功作成而不自居其功，他不愿意显现自己的贤能。

注释

1　张弓：拉开弓箭。

高亨："按:《说文》:'张，施弓弦也。'盖施弦于弓时，弦之位高，则抑之；弦之位下，则举之；弦之长有余，则损之；弦之长不足，则补之。天道正如是耳。"

2 抑：压低。举：升高。

3 损：减少。补：补足。帛书甲本“补”作“益”，增加。

4 人之道：人为之道，指与天道违逆的人间强权法则。奉：供奉，俸给。

苏辙：“天无私，故均；人多私，故不均。”

5 有道者：有道的圣人。

苏辙：“有道者赡足万物而不辞，既以为人己愈有，既以予人己愈多。非有道者，无以堪此。”

6 见：通“现”，展现，呈现，显示。

导读

七十五章以“民”和“上”（统治者）对言，说人间一切苦难罪孽、社会问题和德性崩坏都是由于统治者的德性和他们的不道德统治而产生的。

本章则以“天之道”和“人之道”对言，说人间的强权政治，“损不足以奉有余”，造成了世界的贫富不均。

但是，要说明的是，“天之道”和“人之道”都是“道”，是“道”在天、人之间的不同表现。天道公平公正而秩序井然，人道差等不齐而自由活泼。因为公平公正，所以“损有余而补不足”；因为自由竞争，故“损不足以奉有余”。这本来天人互补，天人合一，有公平又有竞争，有秩序又有自由，天高任鸟飞，海阔凭鱼跃，而鸢飞戾天、鱼跃于渊之时，又有天道均之衡之，折之冲之，岂不是一幅大和谐之宇宙人间画卷！

所以，“损不足以奉有余”，如果不是强权和人为设置的制度造成的，而是由自由市场和人的公平竞争造成的，就仍然是合乎道的，是不足为怪的。何况大道和谐而平衡，还有“损有余而补不足”的天道来做平衡，现代社会制度还有二次分配乃至三次分配来均衡。一方面，保护个性自由、自由竞争和私人财产（有余者），给社会以活力以创造更多的财富；另一方面，通过合理的制度设置，来保障弱势者（不足者）的基本权利，给社会以公平以保障大多数人分享社会财富，这是“人之道”与“天之道”的和谐共振！

但问题在于人间权力，在于强权政治。老子时代，并无自由市场，而社会，主要是由强势者根据自己的利益，动用自己的权力甚至暴力，设置出极为不公平的社会分配制度——这种制度只保护“有余者”而无下限盘剥“不足者”，导致“民之饥”“民之难治”。这不仅反“天之道”，还反“人之道”。

“秩序”是道的自然属性，“自由”也是道的自然属性，“权利”也是“道”延伸到“德”以后的个体属性，但“权力”，则在老子看来，不但不是道的属性，且是反德、反人性、反权利而“无道”的！人间一切罪恶，无不由权力造成！

这就是老子小国寡民思想的逻辑起点。

链接　二章；十章；五十一章；七十五章

成语　损有余而补不足　功成不处

第七十八章　天下莫柔弱于水

天下莫柔弱于水，而攻坚强者莫之能胜，以其无以易之[1]。

弱之胜强，柔之胜刚，天下莫不知，莫能行。

是以圣人云："受国之垢[2]，是谓社稷主；受国不祥[3]，是为天下王。"正言若反[4]。

今译

天下没有什么东西比水更柔弱，但是攻坚克强却没有什么东西可以胜过它，因为没有什么东西能改易它。

弱之胜强，柔之胜刚，天下没有人不知道，但是没人能施行。

所以圣人说："承担全国的污秽侮辱，才是社稷之主；肩负一国的灾变，才是天下君王。"正的话总是看起来像反的。

注释

1　以其无以易之：因为没有什么能够改变它。易：改易。底本"其"字前，原脱"以"字，据帛书甲乙本补。

蒋锡昌说："'以其'二字为老子习用之语。"

2　受国之垢：承担一国的污秽侮辱。垢：污秽侮辱。

3　受国不祥：承担一国的祸难。不祥：灾祸。

蒋锡昌："凡《老子》书中所言：'曲''枉''洼''敝''少''雌''柔''弱'

‘贱’‘损’‘啬’‘慈’‘俭’‘后’‘下’‘孤’‘寡’‘不谷’之类，皆此所谓‘垢’与‘不祥’也。”

4　正言若反：正面的话好像反话一样。意为真理好像违反常识，对的看起来像是错的。

河上公注：“此乃正直之言，世人不知，以为反言。”释德清说：“乃合道之正言，但世俗以为反耳。”高延第说：“此语并发明上下篇玄言之旨。凡篇中所谓‘曲则全，枉则直，洼则盈，敝则新’，柔弱胜强坚，不益生则久生，无为则有为，不争莫与争，知不言，言不知，损而益，益而损，言相反而理相成，皆正言若反也。”

导读

本章第一层，像是水的赞歌，第二层、第三层则从此延伸开去，回到正言：说社会，说政治。

老子从“柔弱胜刚强”的角度来体会水的柔弱和它的攻坚克强的威力。老子正确地发现了水的不可变易：一切刚强的东西都可能在外力作用下变形甚至破碎，但水却永远是水，没有什么东西可以改变水的本性，甚至无法改变它的外形。而这种不可改变却又因为它看起来太容易随方就圆，不择地而行。正因为它能够随方就圆，所以，它才不被方圆改变，它永远是水的样子，永远保持水的本质！《荀子·宥坐》记载了孔子对水的赞美：

> 孔子观于东流之水。子贡问于孔子曰：“君子之所以见大水必观焉者，是何？”孔子曰：“夫水，遍与诸生而无为也，似德；其流也埤下，裾拘必循其理，似义；其洸洸乎不淈尽，似道；若有决行之，其应佚若声响，其赴百仞之谷不惧，似勇；主量必平，似法；盈不求概，似正；淖约微达，似察；以出以入，以就鲜絜，似善化；其万折也必东，似志。是故君子见大水必观焉。”

我们可以看出，孔子是从道德的角度来理解水，或者说，他借水说人之道德；而老子，则借水说自然规律，说柔弱胜刚强之道！

关于“正言若反”，这是老子的独特表达方式，我们列举一些例子：

> 大白若辱，大方无隅，大器晚成。大音希声，大象无形。（四十一章）
>
> 大成若缺……大盈若冲……大直若屈，大巧若拙，大辩若讷。（四十五章）

按照老子给我们创立的这种“正言若反”的话语方式，我们汉语里有了以下这样的词语：大辩不言、大奸似忠、大智若愚、大勇若怯……

老子确实启发了我们的语言创造。

还有：

> 曲则全，枉则直，洼则盈，敝则新，少则得，多则惑……不自见，故明；不自是，故彰；不自伐，故有功；不自矜，故长。夫唯不争，故天下莫能与之争。（二十二章）
>
> 自见者不明，自是者不彰，自伐者无功，自矜者不长。（二十四章）
>
> 人之所恶，唯孤、寡、不穀，而王公以为称。故物或损之而益，或益之而损。（四十二章）

还有，就是本章的：

> 受国之垢，是谓社稷主；受国不祥，是为天下王。

其实，老子不是教会了我们创造一种“正言若反”的语言方式，老子是让我们有了一种哲学头脑。这种思维的基本特征就是：辩证思维。

老子的这种“正言若反”的思维和表述方式，推动了辩证思想的发展。

链接　八章；二十二章；二十四章；三十六章；四十一章；四十二章；四十三章；四十五章；七十六章

成语　正言若反

第七十九章　和大怨

（报怨以德[1]，）和大怨[2]，必有余怨，安可以为善[3]？是以圣人执左契[4]，而不责于人[5]。故有德司契[6]，无德司彻[7]。

天道无亲，常与善人。

今译

报怨以德，以此调解大的怨恨，必然会有留存的怨恨，这方法怎么能算妥善呢？因此，圣人就如同执留借据的存根，但并不向人讨还。所以有德的人掌借据，无德的人掌税收。

天道无亲，常与善人。

注释

1　报怨以德：此句本在六十三章，但在彼处与上下文并无关联，疑是本章的错简，据陈柱、严灵峰之说移入此处，而得文意相通。

严灵峰说："'报怨以德'四字，系六十三章之文，与上下文谊均不相应。"陈柱认为六十三章"报怨以德"句，当在"和大怨，必有余怨"句上。陈说是。"报怨以德"，逻辑上已有结怨，用此德报法"和大怨"，必有余怨，所以老子说："安可以为善？"

2　和大怨：调解大的怨恨。

3　安可以为善：怎么能算作妥善之举。

4　左契：券契、契约。

《礼记·曲礼》："献粟者执右契。"郑玄注："契，券要也，右为尊。"古时借贷，在木板或竹片上刻字（姓名、数字、日期等），然后一分为二，成左右契，左契为负债人所立，交债权人收执；右契为债权人所立，交负债人收执。按：帛书甲本写作"执右契"，有些学者认为"右为尊"，所以当从帛书甲本。但考《道德经》三十一章"吉事尚左，凶事尚右"，当以"执左契"为是。

衣抚生博士校读注：

北大简作"左契"。帛书甲本作"是以圣右介（契）"脱漏"人执"二字，乙本作"是以圣人执左芥（契）"。只有帛书甲本作"右契"，版本还不好。但该版本解决了一大问题，那就是先秦秦汉时期，债权人都是拿着右契去收债，《战国策·韩策上》："安成君东重于魏，而西贵于秦，操右契而为公责德于秦魏之主。"《韩非子·外储说左下》："以功受赏，臣不德君，翟璜操右契而乘轩。"《史记·平原君虞卿列传》："且虞卿操其两权，事成操右券以责，事不成以虚名德君。"执左契的人是负债人，根本就没有责人的权力。

执左契的人到底是债权人还是负债人，这个问题一直没有得到很好的解决，学者们的解释都缺乏史实上的依据。我的理解是：负债人执左契，不索取，还要不断地还给人东西。圣人也是如此，不索取，只是给予和奉献。负债人如此，是因为要还债。圣人如此，是因为有德。老子取他们都要给予和奉献而不索取这一共同点，就做了这个比喻，而不在于有资格索取而不索取。这种解释更通顺一些，而且不违背史实。按照这种解释，"有德司契，无德司彻"的解释就是："有德者给予和奉献，而不索取，无德者索取而不奉献。"

衣抚生博士这个观点，很有道理，录此备案。

5 责：索取所欠。

《说文》："责，求也。"王筠《说文句读》："责，谓索求负家偿物也。"

6 故有德司契：有德之人执左契而待，却不向债务人主动讨债，所以怨无所生。司：掌管。

按：本句王弼本、河上公本无"故"字，但帛书甲乙本有"故"字。有"故"字，语义多了一层承接和婉转，故依帛书本补。

7 司彻：掌管税收。彻：周代税法。

《后汉书·陆康传》："夫什一而税，周谓之彻。"《孟子·滕文公上》："夏后氏五十而贡，殷人七十而助，周人百亩而彻。其实皆什一也。"此句意为：无德之人就像掌管税收的人那样刻薄苛取，致大怨横生。

按：任继愈先生对"司契""司彻"的解释也可备一说："'司契'和'司彻'，都是古代贵族所用的管账的人。司契的人，只凭契据来收付，所以显得从容。'彻'是古代贵族对农民按成收租的剥削制度。为了对农民进行剥削，所以'司彻'的人对交租人斤斤计较。"

导读

本章有三个问题。

第一，报怨以德，是否可行？孔子认为不可行，因为这样做违背了公平正义，会造成是非不分，善恶不辨。老子也认为不是最好的办法，因为既然结了怨，即使以德化解，也总会有余怨。所以，彻底的办法是不结怨。为什么老子要说"大怨"？因为生活中磕磕碰碰的"小怨"不可避免，"大怨"往往是有意至少是有意识结下的，所以可以避免。有意识甚至有意结下的怨，别人也才会耿耿于怀。这样的怨，往往是损人利己的，对统治者来说，就是七十五章之"食税之多""有为""求生之厚"，弄得"民饥""难治""轻死"，这些就是大怨。人家都"轻死"

了，你再给点小恩小惠试图收买，怎么可能？

第二，“圣人执左契，而不责于人”，既然有债权，为什么不主张？既然不主张，又为何执左契？如此，则当初写下契约都不必要。

不主张债权，不可以变成一般通则，也就是不可以成为“道”，不然天下乱了，规矩没了，好人倒霉了，坏人嚣张了。所以，理解这句话，不可以拘泥，更不可以极端。我们可以理解为，“不责于人”是在特定情况下的，比如对方碰到天灾人祸，疫情期间，房租都要免收、缓收或者减免收，这才叫“圣人执左契，而不责于人”，这也才能有“有德司契，无德司彻”的区别；那些收田租的吏员，对上负责对下不宽贷，为了统治者之“求生之厚”，不管年成是否歉收，不管水旱灾害，一定要颗粒归仓，务使税收不减少甚至还要增加，这就造成了民饥而怨，而大怨乃至轻死，铤而走险了。《论语·颜渊》中孔子学生有若和鲁哀公的对话，可以拿来做个例子：

> 哀公问于有若曰：“年饥，用不足，如之何？”有若对曰：“盍彻乎？”曰：“二，吾犹不足，如之何其彻也？”对曰：“百姓足，君孰与不足？百姓不足，君孰与足？”

有若的“百姓不足，君孰与足”，其意思就是，民间有大怨了，你君主还如何安生？君之仓廪，民之怨府，这个国家还如何稳定？（此段参见注释4中衣抚生博士的校读注。）

第三，最后一层八个字“天道无亲，常与善人”，并非客观事实，所以也不能说是规律。伯夷、叔齐是大善之人，但最后却采薇而饿死首阳山，孔子说他们“求仁得仁，又何怨”（《论语·述而》），但司马迁《伯夷列传》就对此提出异议：

或曰：天道无亲，常与善人。若伯夷、叔齐，可谓善人者非邪？积仁洁行，如此而饿死。且七十子之徒，仲尼独荐颜渊为好学。然回也屡空，糟糠不厌，而卒蚤夭。天之报施善人，其何如哉？盗跖日杀不辜，肝人之肉，暴戾恣睢，聚党数千人横行天下，竟以寿终。是遵何德哉？此其尤大彰明较著者也。若至近世，操行不轨，专犯忌讳，而终身逸乐，富厚累世不绝。或择地而蹈之，时然后出言，行不由径，非公正不发愤，而遇祸灾者，不可胜数也。余甚惑焉，傥所谓天道，是邪非邪？

那么，老子这句话如何理解呢？一个善良的愿望，一个信念。而已。但，问题是，人生需要一个信念，这个信念让我们做善人。

链接 六十三章；七十二章

导读 以德报怨

第八十章　小国寡民

小国寡民[1]。

使有什伯人之器而不用[2]，使民重死而不远徙[3]。虽有舟舆[4]，无所乘之；虽有甲兵，无所陈之[5]。使民复结绳而用之[6]。

甘其食，美其服，安其居，乐其俗[7]。邻国相望，鸡犬之声相闻，民至老死不相往来。

今译

让国家变小，使人口减少。

让有十倍、百倍人力的器具闲置不用，让人民重视死亡而不向远方迁徙。虽然有车船，没有乘坐的机会；虽然有铠甲武器，没有布阵杀伐的场合。使人民重新用远古结绳的办法来记事。

以其吃的为香甜，以其穿的为美丽，以其居处为安适，以其风俗为和乐。邻国相望，鸡犬之声相闻，而人民从生到死也不相来往。

注释

1　小国寡民：使国家变小，使一国人口总量变少。小：使……变小。寡：使……变少。此句“小”“寡”都作使动用法，与下文紧随的两个“使”字开头的句子句式一致。从义理上讲，这是老子面对当时诸侯兼并，国家规模越来越大，导致诸侯野心和欲望都越来越大的情况，而提出的抑制措施。

苏辙："老子生于衰周，文胜俗弊，将以无为救之。故于其书之终，言其所志，愿得小国寡民以试焉，而不可得尔。"

2　使：与下句"使民重死而不远徙"的"使"，都作动词用，让。什伯人之器：相当于十倍、百倍人力的工具。什伯，即"什佰"。

王弼本作"什伯之器"，然帛书甲乙本此句作"什伯人之器"，河上公本、严遵本同，通考上下文，作"什伯人之器"义理更通畅，据补。意思是"相当于十倍、百倍人力的工具"，犹《庄子·天地》所言之槔："子贡曰：'有械于此，一日浸百畦，用力甚寡而见功多，夫子不欲乎？'为圃者仰而视之曰：'奈何？'曰：'凿木为机，后重前轻，挈水若抽，数如泆汤，其名曰槔。'为圃者忿然作色而笑曰：'吾闻之吾师，有机械者必有机事，有机事者必有机心。机心存于胸中，则纯白不备。纯白不备，则神生不定。神生不定者，道之所不载也。吾非不知，羞而不为也。'子贡瞒然，俯而不对。"

3　重死而不远徙：看重死亡的事，不向远方迁徙。

帛书甲乙本无"不"字，"远徙"与"重死"对举，"远"作动词"远离"讲，远离迁徙，亦通，且句子更整齐。但考虑到王弼本为人熟知，在意思差不多的情况下，不做改动。

4　舟舆：船与车。

5　陈：列阵。陈，同"阵"。无所陈之：指有甲兵而不用。

6　复结绳：重新用结绳记事的原始方法。复：再次。

王弼本作"人"。帛书乙本、傅奕本、景龙本、河上公本及其他古本均作"民"。据改。《易·系辞下》："上古结绳而治，后世圣人易之以书契，百官以治，万民以察。"苏辙："事少民朴，虽结绳足矣。"

7　甘、美、安、乐：意动用法，以……为甘（美、安、乐）之意。

苏辙："内足而外无所慕，故以其所有为美，以其所处为乐，而不复求也。"

导读

这一章是老子复古思想的集中表达。我们看到的，是他对当时社会的不满，对曾经的那个淳朴简单时代、淳朴简单生活的深情回望。

当然，这个曾经的淳朴时代，是他的想象。

关键是，他身处当代，为什么要想象古代?

不是古代太美好，而是当代太丑恶。不是古代太符合他的理想，而是当代太违背他的理念。

我们就从这样的反方向来看他的时代：

国家随着兼并体量越来越大，人口规模也随之变大，战争的规模也越来越大，效率很高的器具被发明出来，从而更加刺激了人的欲望，人们开始借用舟船车马走向远方，原始的小共同体破碎了，人们追名逐利，尽显聪明算计，对衣食住行都有了不可遏制的欲望……

老子对此不仅仅是唉声叹气，他是当头棒喝。第一层全部是祈使句，那是他的道德律令，是他的哲学口谕：停止！

“小国寡民”，看得出来老子对当时的政治持否定态度，他几乎想要回到部落时代。

“使有什伯人之器而不用，使民重死而不远徙。虽有舟舆，无所乘之；虽有甲兵，无所陈之。使民复结绳而用之”，老子对当时人类的技术文明持否定态度，他几乎要回到人类文明的洪荒时代。

“邻国相望，鸡犬之声相闻，民至老死不相往来”，显然，老子对人的社会性交往持否定态度，他几乎要回到人类社交的自然状态。

总之，这一章，是老子对他那个时代文明的全面否定。

这一章的“小国寡民”，后来也成了一个成语。在这个成语里，“小”和“寡”恢复为形容词，成为道家理想国的形象表达。

链接　三十六章；六十一章

成语　小国寡民　鸡犬相闻　老死不相往来　安居乐业

第八十一章　信言不美

信言不美，美言不信[1]。

善者不辩，辩者不善[2]。

知者不博，博者不知[3]。

圣人不积[4]，既以为人己愈有，既以与人己愈多[5]。

天之道，利而不害[6]；圣人之道，为而不争[7]。

今译

真实的话无须华美，华美的话未必真实。

诚善的人未必巧辩，巧辩的人未必诚善。

智者未必广博，广博者未必智慧。

圣人无积藏，已送别人己更富，已给别人己更足。

天之道，利物而无害；圣人之道，施为而无争。

注释

1　信言不美，美言不信：真实的话并不华美，完美的话并不真实。

范应元注："信实之言多朴直，故不美；甘美之言多华饰，故不信。"苏辙说："信则为实而已，故不必美。美则为观而已，故不必信。"刘勰《文心雕龙·情采》亦云："老子疾伪，故称美言不信。"王弼："实在质也。本在朴也。"

2　善者不辩，辩者不善：诚善的人不巧辩，巧辩的人不诚善。

苏辙：“以善为主，则不求辩。以辩为主，则未必善。”

3　知者不博，博者不知：大智者不宽泛，宽泛者不智慧。博：宽泛无边际。

《道德经》四十八章：“为学日益，为道日损。损之又损，以至于无为。”宽泛即“为学日益”的结果。王弼：“极在一也。”苏辙：“有一以贯之，则无所用博。学而日益者，未必知道也。”《论语·卫灵公》：“子曰：‘赐也，女以予为多学而识之者与？’对曰：‘然。非与？’曰：‘非也。予一以贯之。’”

4　不积：不积聚，不自藏。圣人不自私，没有占有欲。

王弼：“无私自有，唯善是与，任物而已。”

5　既以为人己愈有，既以与人己愈多：用一切帮助了别人自己反而更富有，把一切送给了他人自己反而更多。

苏辙：“圣人抱一而已，他无所积也。然施其所能以为人，推其所有以与人，人有尽而一无尽，然后知一之为贵也。”

6　利而不害：使万物受利，远离灾害。

7　为而不争：施为而不争夺。

王弼：“顺天之利，不相伤也。”苏辙：“势可以利人，则可以害人矣。力足以为之，则足以争之矣。能利能害而未尝害，能为能争而未尝争，此天与圣人所以大过人，而为万物宗者也。凡此皆老子之所以为书，与其所以为道之大略也，故于终篇复言之。”

导读

“信言不美，美言不信。善者不辩，辩者不善。知者不博，博者不知。”讲三组概念：第一组，“信言”和“美言”；第二组，“善者”和“辩者”；第三组，“知者”和“博者”。值得注意的是，这三组概念其实都不在一个逻辑层面上。比如，“信言”和“不信言”（或“伪言”）在一个逻辑层面上，构成老子的“正言若反”的关系；而“信言”和“美言”，分属两个不同的判断，“信言”属于事实判断，“美言”属于技巧或艺术判断，“信言”也可以是“美言”。其下亦如此，“善者”也可以是“辩者”，“知（智）者”也可以是“博者”。这三组词，都不构成老子所说的互相对立和否定的关系。

那么，问题是：老子为什么把它们对立？他为什么要这样说？

其实这里的“不”，还是“无”的意思，是“无须”的意思，信言无须美，美言未必信；善者无须辩，辩者未必善；知者无须博，博者未必智。他发现了一种逻辑关系：美、辩、博不是信、善、智的必要条件，而信、善、智也不是美、辩、博的必要条件；它们都可以彼此独立。但是，老子的主要关心点，还是在信、善、智。从“无为”的角度言，他希望人们不要在不必要的事情上浪费精力和关注。在他看来，美、辩、博就属于多余而无用的东西，追求这些东西，就属于“有为”。

“圣人不积，既以为人己愈有，既以与人己愈多。”这句话不仅很有辩证思想，而且是很深刻的经济学思想：统治者越是搜刮财富，藏富于府库，天下越是岁饥民贫；统治者越是藏富于民，天下越是百业兴盛、百废得举，社会财富越是得以增值。有子对鲁哀公说：“百姓足，君孰与不足？百姓不足，君孰与足？”（《论语·颜渊》）也是这个道理。《大学》：“外本内末，争民施夺。是故财聚则民散，财散则民聚。”则又是政治经济学了。

链接 三章；八章；十九章；二十二章；六十五章；六十六章；六十八章；七十三章

附录

附录一 《道德经》的编撰与成书

衣抚生

我国传统典籍的作者与成书，大概以《道德经》最为复杂。

这一方面是因为文献不足，另一方面跟老子其人其学有关。老子虽然生前即享有大名，但是“深藏若虚”“容貌若愚”“其学以自隐无名为务”[1]，并无太多事迹流传。孔子亲眼见过老子，尚且称之为“吾不能知”的龙，何况是两千多年后的今人？学者们根据有限的材料来研究“自隐无名”的老子其人其书，自然会“各是其所是”，自以为“我得夫子之道矣”。[2]纷纷扰扰之中，谁能得真老子？好在近几十年来，不断有考古材料出土，尤其是郭店竹简《老子》（战国中期）、马王堆帛书《老子》（西汉初）的出土与公布，在很大程度上消除了各种异说，老子其人其书的本来面貌得以逐渐突显出来。

一、传统说法

据《史记》记载，《道德经》的作者老子姓李[3]，名耳，字聃[4]，春秋

1 司马迁：《史记》卷六十三《老子韩非列传》，北京：中华书局，1982年，第2139页。

2 郭庆藩撰，王孝鱼点校：《庄子集释·外篇·徐无鬼》，北京：中华书局，1987年，第838—839页。

3 胡适认为老子可能姓老：“老子虽不曾做大官，或者源出于大族，故姓老而氏李……老子姓老，故人称老聃，也称老子。”参见胡适：《中国哲学史大纲》，北京：北京大学出版社，2013年，第43页。

4 有人说，老子又字伯阳。这种说法由来已久，旧传西汉刘向所著《列仙传》、（转下页）

时期楚国苦县厉乡曲仁里人[1]。一般认为，李耳因长寿而被尊称为“老子”[2]，《道德经》一书也就又名《老子》。

老子在周朝的中央政府里担任“守藏室之史”，是管理档案、藏书的官吏，大致相当于今天的国家档案馆、图书馆馆长。后来，老子发现周朝衰落，不可能复兴，心灰意冷之下，决定离去。老子向西而行。一天，老子来到一座关隘。这座关隘，主要有两种说法。一说为散关，在今陕西省宝鸡市。一说为函谷关，在今河南省灵宝市。所过之关不同，代表老子晚年有不同的人生归宿。散关为出秦向西之关，出了散关，就离开了中华文化的势力范围，走向异族他乡。这跟老子去了西域、化身为佛祖（或是佛祖老师）的传说一致。函谷关为入秦之关，过了函谷关，就会来到秦国。

函谷关是目前的主流说法。考虑到离开华夏文化圈生活的困难，考虑到《庄子·寓言》明确说“老聃西游于秦”，我们也倾向于函谷关的说法。

（接上页）东汉边韶所作《老子铭》、东汉高诱所注《吕氏春秋》、魏晋皇甫谧所作《高士传》和唐代司马贞所著《史记索隐》等书中均有记载。但司马贞在引述了这一条材料后，又说：“非正也。”意思是说：这条记载不正确。产生错误的原因，由清朝学者王念孙《读书杂志》、姚鼐《老子章义序》考证清楚：后人误以为周幽王时的太史伯阳就是老子，所以称老子字伯阳。实际上，太史伯阳与老子差了大约200年，并不是同一人。

1 司马迁记载的老子故里很明确——“苦县厉乡曲仁里”。问题在于，春秋战国之际战争频仍，行政区划不断变更，流传下来的史料又少，学者考证该问题的时间又晚，因此并未形成统一意见。目前，老子故里主要有安徽亳州（涡阳县或谯城区）和河南鹿邑两种说法。两地接壤，我们可以笼统认为是在那一片地区。

2 老子姓李，为何被称为“老子”？学界的主流解释是因其长寿而被尊称为“老子”。当然，也有一些不同意见，主要包括：“老”字是说老子一出生就是个小老头（葛洪《老子经序》）；“老”为出生久远、生命无休无止、永不衰老之意（旧题葛玄《老子道德经序诀》）；清代学者姚鼐《老子章义序》认为“老”是氏；胡适《中国哲学史大纲》认为“老”可能是字，又可能是姓；高亨《史记老子传笺证》、陈柱《老学八篇》认为，“老”字和“李”字古音相同，可以互用，被古人当成一个字来用。

守关的长官[1]认出了老子，得知老子将要出关隐居，就对老子说："子将隐矣，强为我著书。"如果不写，就不放老子出关。万般无奈之下，老子就写了五千字交差。这就是《道德经》。现代学者一般认为，《道德经》一书体大精深，绝不可能成书于仓促之间，应为老子深思熟虑之后的产物。《史记》的记载过于戏剧化，似乎不太可信。

二、有关老子其人其书的不同观点

老子"其学以自隐无名为务"，这就导致其生平事迹非常模糊，并被后人根据需要，不断地进行重构。早在汉代，人们的认识就已经有了不少混乱。最早对老子其人其书提出质疑的，是北魏崔浩，其具体说法已经失传。到了唐代，韩愈从卫道的角度出发，否认老聃是孔子的老师。较有依据的质疑，始于宋人陈师道。到了清代，汪中细致论证了《道德经》一书实为太史儋所著。1922年，梁启超发表《论〈老子〉书作于战国之末》一文，引发了一场旷日持久的关于老子其人其书的大讨论，许多杰出的哲学家、历史学家都参与其中，盛况空前，余波影响至今。其详细情况可以参看鲍鹏山、衣抚生《老子传》第一章第五节《考证与说明·真假老子》[2]，这里只是简略说明。

我们对老子认识的混乱，其实是继承自司马迁。司马迁在《史记》里记载了两个疑似老子的人。其原文是：

---

1 《史记》原文是："至关，关令尹喜曰：'子将隐矣，强为我著书。'"学者们对"关令尹喜"四个字有不同的理解：(1)"令尹"是官名，"关令尹"即守关长官的官位，"喜"的意思是"高兴"。也就是说，守关长官见到老子来了，很高兴。至于长官的姓名，并无记载。(2)"令"是官名，"尹喜"是人名。也就是说，守关长官姓尹，名喜。(3)这里省略了一个"尹"字，原文应为"关令尹尹喜"，守关长官官名为"令尹"，姓名为"尹喜"。(4)"关"为姓，"令尹"是官名，"喜"为名。本文为避免这些分歧，只是简单说"守关的长官"。

2 鲍鹏山、衣抚生：《老子传》，合肥：安徽人民出版社，2020年。

或曰：老莱子亦楚人也，著书十五篇，言道家之用，与孔子同时云。

自孔子死之后百二十九年[1]，而史记周太史儋见秦献公曰："始秦与周合，合五百岁而离，离七十岁而霸王者出焉。"或曰儋即老子，或曰非也，世莫知其然否。老子，隐君子也。

这两条记载引起后人无数争论：老子是谁？是年长于孔子的李耳吗？是楚人老莱子吗？是太史儋吗？《道德经》一书是三人中的哪一位写的？

（一）老聃

我们认为，老子是老聃，也是《道德经》的作者，证据如下：

第一，这是《史记·老子韩非列传》的主体部分，司马迁反复重申，真实性毋庸置疑。

第二，早期文献也能证明这一点，比如《庄子·在宥》："老聃曰……绝圣弃知，而天下大治。"[2]语出《道德经》十九章。《庄子·天运》："孔子行年五十有一而不闻道，乃南之沛见老聃。老聃曰……孔子曰……老子曰……"[3]在这里，"老子"和"老聃"可以互用，明显说明是同一人。《列子·黄帝》："老聃曰：兵强则灭，木强则折。柔弱者生之徒，坚强者死之徒。"[4]语出《道德经》七十六章。《韩非子》："老聃有言曰：'知足不辱，知止不殆。'夫以殆辱之故，而不求于足之外者，老

1 此处计算有误，"百二十九年"应为106年。

2 郭庆藩撰，王孝鱼点校：《庄子集释·外篇·在宥》，第371—377页。

3 郭庆藩撰，王孝鱼点校：《庄子集释·外篇·天运》，第516—517页。

4 景中译注：《列子·黄帝》，北京：中华书局，2007年，第69页。

聃也。”[1]语出《道德经》四十四章。这些早期文献引用《道德经》，都说作者是老聃，而没有说是老莱子、太史儋等。这就证明了《道德经》的作者老子是老聃，而非另有其人。

（二）老莱子

司马迁没有说老莱子就是老子，而是说他“亦楚人也”。“亦”字，明确表明老莱子是另外一个人。唐代人张守节给《史记》做注时，才说：“太史公疑老子或是老莱子，故书之。”这种说法的主要依据是“他们都以‘老’称，都是楚人，都是孔子问教的对象”[2]。

但老莱子的生平事迹与老子不合，司马迁论述孔子的老师们时，说“于周，则老子……于楚，则老莱子”[3]，很显然老子和老莱子是两个不同的人。而且，老莱子有自己的著作。“《老莱子》十六篇。楚人，与孔子同时。”[4]《老子》上下两篇，《老莱子》十六篇，篇数也不相同。这就证明老子和老莱子不是一个人。

因此，将老莱子误解为老子，是张守节误读《史记》原文的结果。然而张守节的误读是有原因的。《史记·老子韩非列传》记载，老子曾对孔子说：“去子之骄气与多欲，态色与淫志，是皆无益于子之身。”[5]《庄子·外物》记载，老莱子曾对孔子说：“去汝躬矜与汝容知，斯为君子矣。”[6]两者的内容大体一致，容易让人产生误解。

---

1 王先慎撰，钟哲点校：《韩非子集解》卷十八《六反》，北京：中华书局，2013年，第418页。

2 李零：《郭店楚简校读记》附录二《老李子和老莱子——重读〈史记·老子韩非列传〉》，北京：中国人民大学出版社，2007年，第253页。

3 司马迁：《史记》卷六十七《仲尼弟子列传》，第2186页。

4 班固：《汉书》卷三十《艺文志》，北京：中华书局，1962年，第1729—1730页。《史记》和《汉书》记载的《老莱子》篇数有差异，《史记》为十五篇，《汉书》为十六篇。

5 司马迁：《史记》卷六十三《老子韩非列传》，第2140页。

6 郭庆藩撰，王孝鱼点校：《庄子集释·外篇·外物》，第929页。

今人李零重申此说，他根据出土楚简中的“李”字写为上“来”下“子”，认为老莱子就是老李子，和老子是一个人。而且，“老莱子不但是楚人，不但是孔子问教的对象，而且其舌齿之譬也正合老聃贵柔之说”。至于《道德经》和《老莱子》的分歧，是“它们可能类似古书之分内外篇，是一种前后续写、相互补充的关系”[1]。

（三）太史儋

太史儋是不是老子，司马迁有疑问，只能忠实地记录他的疑问：“或曰儋即老子，或曰非也，世莫知其然否。”后世学者也分为两派，一派认为老聃是老子，另一派认为太史儋才是老子，是《道德经》的真正作者。后一种观点的代表人物是汪中、梁启超、冯友兰等著名学者，今人何炳棣进一步重申了这种观点。[2]这种观点的主要证据是：

第一，太史儋和老子都是周朝太史，而且“儋”和老子的名字“聃”读音、字义都相同。[3]马叙伦反驳说，太史儋和老子也有重要的不同点：年龄相差太远。[4]

第二，据《礼记·曾子问》记载，孔子的老师老聃知礼、守礼，尊重圣贤，而《道德经》明确反对礼，反对圣贤。因而，这些学者主

1 李零：《郭店楚简校读记》附录二《老李子和老莱子——重读〈史记·老子韩非列传〉》，第256、258页。

2 汪中著，王清信、叶纯芳点校：《汪中集》卷四《老子考异》，台北：“中研院”中国文哲研究所筹备处，2000年，第143—148页。梁启超：《论〈老子〉书作于战国之末》，转引自顾颉刚编：《古史辨》第四册，上海：上海古籍出版社，1982年，第305—307页。冯友兰：《关于老子哲学的两个问题》，转引自哲学研究编辑部编：《老子哲学讨论集》，北京：中华书局，1959年，第53—54页。何炳棣：《有关〈孙子〉〈老子〉的三篇考证》，台北：“中研院”近代史研究所，2002年，第71—99页。亦见于侯仁之、周一良主编：《燕京学报》新9期，北京：北京大学出版社，2000年，第1—19页。后文引用这些文献，不再出注。

3 毕沅：《老子道德经考异·序》，北京：中华书局，1985年，第1页。

4 马叙伦：《老子校诂》，北京：中华书局，1974年，第29—30页：“毕氏徒以聃、儋可通假，而不覆其年之相取远也；亦将以老子果二百余岁邪？”

张将教孔子儒学的“老子”和道家思想创始人的“老子”进行区分，前者属儒家，后者属道家。

不管对错与否，这都是一个很重要的发现，会对我们认识老子其人产生很大的启发。可以有两种解释:《道德经》的作者不是孔子的老师老聃，而是太史儋；老聃的思想前后有过重大变化。这两种解释都有可能。如果老子就是太史儋，那就不需要解释其中的矛盾之处；如果老子是老聃，那就需要解释老聃的思想为何会有如此巨大的转变。由于直接证据的缺乏，学者们只能自说自话，无法直接驳倒反对者的意见。因而，这一条就成为太史儋说的重要依据。最早对这个问题进行解答的，可能是朱熹。朱熹认为，正是因为老子懂礼，才会发现礼的局限性。[1]陈柱、孙以楷的观点也可参考。[2]

第三，根据《列子》记载的关尹的事迹，可以推测关尹生活的时代比孔子晚半个多世纪，那么与关尹相识的老子也应晚于孔子。我们认为，这种考证是有问题的。首先，《列子》一书很早就散逸了，后人将残留的只言片语，加上《管子》《晏子》等书中保留的材料，再加上一些晚出的说法，拼凑成今本《列子》。也就是说，今本《列子》的来源很复杂，并不完全是原貌，不能简单地据此判断。其次，道家著作多寓言，不能完全视为事实。

第四，《史记》记载了老子子孙的情况：“老子之子名宗，宗为魏

1　黎靖德编，王星贤点校:《朱子语类》卷一二五《老氏书》“上德不德章第三十八”条，北京：中华书局，1986年，第2997页：“郭德元问：‘老子云：夫礼，忠信之薄而乱之首。孔子又却问礼于他，不知何故?’曰：‘他晓得礼之曲折，只是他说这是个无紧要底物事，不将为事。某初间疑有两个老聃，横渠（张载）亦意其如此。今看来不是如此。他曾为柱下史，故礼自是理会得，所以与孔子说得如此好。只是他又说这个物事不用得亦可，一似圣人用礼时反若多事，所以如此说。《礼运》中“谋用是作，而兵由此起”等语，便自有这个意思。’”

2　陈柱:《老学八篇》，北京：知识产权出版社，2015年，第8页。孙以楷:《老聃与孔丘交往新考——兼论老子思想发展轨迹》，《学术月刊》1991年第8期，第31—37页。

将，封于段干。宗子注，注子宫，宫玄孙假，假仕于汉孝文帝。而假之子解为胶西王卬太傅，因家于齐焉。”老子之子李宗为魏将，而魏立国是在公元前403年，此时孔子已经去世76年，老聃的儿子此时就算活着，年龄也应该很大，不能为魏将。因此《道德经》的作者老子只能是太史儋，而不是老聃。

以老子子孙的情况为线索，反推老子，也是一种值得重视的研究方法。反驳这种方法的学者，往往是从老子及其子孙长寿的角度来讲的。[1]我们在这个问题上，有一个新发现：魏并不是立为国以后，才能称魏。《论语·宪问》："子曰：'孟公绰为赵、魏老则优，不可以为滕、薛大夫。'"孔子之时，赵、魏尚远未立国，但孔子已经称赵、魏了。这说明，我们不一定要将李宗所任的"魏将"理解为魏立国以后的将。

第五，墨子、孟子都喜欢打击异己，但他们的书里都没有提到很重要的异己分子老子，说明老子是在墨子、孟子之后。[2]蒋锡昌先生做出了比较有力的反驳，指出："古代引《老子》经文最早者，依吾所见，共得四人：曰叔向，曰墨子，曰魏武侯，曰颜触……老子之书已为孔子同时及其近时人所见。则老子必为孔子所问礼之人，可信也。"[3]

第六，有的学者喜欢从思想线索来判断老子的年代。他们先假定某个观念属于某位思想家所首创，如果别人用了这个观念，就说明其年代晚于该思想家。这种判断风险很大：先秦时期的文献流传下来的很少，百不一存，依据这么少的材料来确定首创，难免会以偏概全。

关于老子其人其书的相关论述很多，这里只是大体介绍。总之，

1　马叙伦:《老子校诂》，第32页。

2　宋人陈师道是第一个提出这个问题的人，参见陈师道:《后山集》卷二十二《理究》，文渊阁四库全书版。梁启超、冯友兰重申了该观点。

3　蒋锡昌:《老子校诂》附录《古代引老经最早之人考》，上海：上海书店出版社，1988年，第476—477页。

我们认为，老子就是老聃，也是《道德经》的作者。老莱子和太史儋都不是老子，也不是《道德经》的作者。当然，这些争议对我们深入理解老子其人其书，有启发作用。

三、《道德经》的版本

《道德经》版本众多，有许多细节上的差别。其中原因，除了抄写错误等古籍常见问题之外，还有其独特的原因:《道德经》被称为五千言，实际字数超过五千，又多用不影响文意的虚词，许多人通过删除虚词，将其调整为五千字。删的人不同，就出现了不同的版本。目前来说,《道德经》最重要的版本有四种：王弼本、河上公本、郭店本、马王堆帛书本。

三国魏王弼创作了两千年来最经典、影响最大的《道德经》注释本。王弼本有两个突出的优点：第一，以老注老。王弼将《老子》视为一个整体，常常用《老子》不同位置的文字互相解释和阐发。第二，整体把握，得意忘言。得意忘言的注释原则出自王弼《周易略例》，即注重对《周易》的整体把握，而不拘泥于文字。这一原则也体现在《老子注》中。王弼将《老子》视为一个整体，对它进行总体上的宏观把握，解释具体字句时注意与自然无为的主旨一致。因此，王弼注虽然可能有细节上的问题，但整体上却是很准确的。

河上公本相传为汉代注本，特点是颇为重视道家养生之学，在民间影响很大。河上公本对后世最大的影响是将《道德经》分为八十一章。[1]

1993年，湖北荆门郭店一号楚墓出土了三种《老子》节本，其年代为战国中期。这是迄今为止最古老的版本，具有重要的版本价值。

---

1 也有学者认为,《道德经》分为八十一章，是西汉刘向所为。

郭店本《老子》的内容仅有2046字，相当于王弼本的五分之二，篇章次序也与王弼本有非常明显的区别。[1]

1973年，湖南长沙马王堆汉墓出土了帛书《老子》甲乙本，其年代为西汉初期。这是现存最早的全本《道德经》，可以解决王弼本的许多疑难问题。传世本《道德经》中，《道经》在前，《德经》在后。但《韩非子·解老》和帛书本《道德经》，都是《德经》在前，《道经》在后。

四、《道德经》研究中的几个问题

《道德经》的研究可谓汗牛充栋。有一些错误沿袭已久，至今还广泛存在。我们在这里予以指出，以提醒读者注意。

第一，一般认为，汉代河上公将《道德经》分为八十一章，也有人认为是刘向所为。九是最大的单数，九九八十一寓意着圆满。因此，分为八十一章是有寓意地有意为之，不是老子原文所有，不是金科玉律，也不完全符合实际情况。如果将关联性不强的内容各自独立成章，那么《道德经》应该被分为更多的章节。马叙伦、陈鼓应等先生不明

1 池田知久认为，郭店本"是尚处于形成阶段的、目前所见最古的《老子》文本"，并非删节本或摘抄本，"马王堆帛书本、诸通行本是以古文本为基础，加以修正整理之后形成的文本"。大多数学者的观点都与之相左。比如，王博认为"这三个传本都是某种形式的摘抄本，而不是当时《老子》的全本"，"各篇有自己相对统一的主题，如乙篇的主题是修道，丙篇的主题是治国等"。张岱年、裘锡圭、陈鼓应等赞同这一判断。陈先生还指出，郭店本与王弼本章序的不同，可能是"老聃著书时'不自编次'"的结果。这些论文均见于陈鼓应主编:《道家文化研究》第17辑，北京：生活·读书·新知三联书店，1999年。李学勤指出："郭店简《老子》在章数和章次上，都不是当时《老子》的本貌。简本实际上是三组《老子》的摘抄本，其内容仅为《老子》的一部分，是郭店墓的主人生前在教学中使用的。"李学勤：《论郭店简〈老子〉非〈老子〉本貌》，王子今、白建钢、彭卫主编:《纪念林剑鸣教授史学论文集》，北京：中国社会科学出版社，2002年，第1—6页。还有学者怀疑郭店本是某家学派的删节本。

白这一点，遇到内容关联性不强的章节，就怀疑其中一部分是错简，甚至直接删掉。这是不足取的。

第二，《道德经》是韵文，为了押韵，老子在文字的选择、文字次序的调整方面颇费了一番心思。许多学者不明白这一点，根据文意、逻辑等对文本进行调整，反而可能会导致不押韵。

第三，老子是一名大思想家、大哲学家，有冷静和严谨的一面，但老子同时也是一位大文学家，文中有大量文学性的描写，比如“刍狗”“上善若水”“婴儿”“如享太牢”“如春登台”“有德司契”“无德司彻”等。对于这些文学性的句子，应该用文学的视角去理解，不宜将其一一坐实，完全当作事实来看，更不可将其无限引申。如此，就很可能会出错。很可惜的是，研究《道德经》的一流学者往往是严谨的学问家，对思想性、哲学性和文字训诂方面的把握比较到位，对文学方面的理解却很容易陷入字字坐实的误区。五十章“陵行不避兕虎，入军不被甲兵。兕无所投其角，虎无所措其爪，兵无所容其刃”的解释，即为其中的一个典型例子。

附录二 《道德经》字数统计明细

《道德经》又名《老子》《五千言》，一般认为《道德经》全文为五千字。实际上，《道德经》版本众多，有许多细节上的差别，不同版本字数各有差异。本书原文部分以王弼本为底本，参校河上公本、马王堆帛书甲乙本、郭店竹简本等诸种本子，择善而从。本书出版前，特请浦江学堂家委总会于铮、孟怡廷、姜玲玲、应雯四位，对本版《道德经》的原文部分做了细致审慎的字数统计，逐字检点，不含标点、篇目以及错简重复之处，得《道德经》总字数为5231字。现将统计明细表刊于后，以备检视。

《道德经》字数统计表

序号	章节	字数
1	第一章	59
2	第二章	88
3	第三章	67
4	第四章	30
5	第五章	45
6	第六章	25
7	第七章	49

（续表一）

序号	章节	字数
8	第八章	50
9	第九章	40
10	第十章	50
11	第十一章	49
12	第十二章	49
13	第十三章	81
14	第十四章	95
15	第十五章	97
16	第十六章	67
17	第十七章	44
18	第十八章	26
19	第十九章	49
20	第二十章	128
21	第二十一章	71
22	第二十二章	78
23	第二十三章	67
24	第二十四章	47
25	第二十五章	87
26	第二十六章	48
27	第二十七章	89
28	第二十八章	86
29	第二十九章	76
30	第三十章	75
31	第三十一章	116
32	第三十二章	70
33	第三十三章	38

（续表二）

序号	章节	字数
34	第三十四章	86
35	第三十五章	43
36	第三十六章	56
37	第三十七章	50
38	第三十八章	129
39	第三十九章	135
40	第四十章	21
41	第四十一章	96
42	第四十二章	73
43	第四十三章	39
44	第四十四章	37
45	第四十五章	40
46	第四十六章	45
47	第四十七章	36
48	第四十八章	40
49	第四十九章	64
50	第五十章	82
51	第五十一章	72
52	第五十二章	72
53	第五十三章	52
54	第五十四章	91
55	第五十五章	78
56	第五十六章	66
57	第五十七章	88
58	第五十八章	71
59	第五十九章	64

（续表三）

序号	章节	字数
60	第六十章	48
61	第六十一章	82
62	第六十二章	80
63	第六十三章	75
64	第六十四章	103
65	第六十五章	69
66	第六十六章	78
67	第六十七章	74
68	第六十八章	42
69	第六十九章	55
70	第七十章	48
71	第七十一章	24
72	第七十二章	45
73	第七十三章	57
74	第七十四章	59
75	第七十五章	54
76	第七十六章	54
77	第七十七章	79
78	第七十八章	65
79	第七十九章	45
80	第八十章	76
81	第八十一章	57
合计		5231

附录三　主要参考文献

1.［春秋］孙武著，陈曦译注：《孙子兵法》，中华书局，2011年。

2.［汉］司马迁：《史记》，中华书局，1982年。

3.［汉］刘安等著，陈广忠译注：《淮南子》，中华书局，2012年。

4.［汉］河上公注，王卡点校：《老子道德经河上公章句》，中华书局，1993年。

5.［汉］贾谊：《贾谊集》，上海人民出版社，1976年。

6.［汉］严遵著，王德有点校：《老子指归》，上海古籍出版社，1994年。

7.［汉］许慎著，［清］段玉裁注：《说文解字注》，中华书局，2013年。

8.［汉］刘向撰，向宗鲁校证：《说苑校证》，中华书局，1987年。

9.［汉］班固：《汉书》，中华书局，1962年。

10.［汉］刘熙：《释名》，中华书局，2016年。

11.［汉］高诱注，［清］毕沅校，徐小蛮标点：《吕氏春秋》，上海古籍出版社，2014年。

12.［魏］王弼注，楼宇烈校释：《老子道德经注校释》，中华书局，2008年。

13.［晋］皇甫谧：《高士传》，《四部备要》第四十六册，中华书局，1989年。

14.［晋］郭璞注，［宋］邢昺校注，王世伟整理：《尔雅注疏》，上海古籍出版社，2010年。

15.［宋］王安石：《王安石老子注辑佚会钞》，华东师范大学出版社，2013年。

16.［宋］王雱：《老子注》，尹志华：《北宋〈老子〉注研究》附录《辑校王雱〈老子注〉》，巴蜀书社，2004年。

17.［宋］陈师道撰，任渊注：《后山集》，商务印书馆，1937年。

18.［宋］吕惠卿著，张钰翰点校：《老子吕惠卿注》，华东师范大学出版社，2015年。

19.［宋］苏辙撰，黄曙辉点校：《道德真经注》，华东师范大学出版社，2010年。

20.［宋］洪适：《隶释》，中华书局，1985年。

21.［宋］林希逸撰，黄曙辉校：《老子鬳斋口义》，华东师范大学出版社，2010年。

22.［宋］释道原撰，冯国栋点校：《景德传灯录》，中州古籍出版社，2019年。

23.[宋]李昉等撰:《太平御览》，中华书局，1960年。
24.[宋]范应元集注:《宋本老子道德经》，国家图书馆出版社，2017年。
25.[宋]黎靖德编，王星贤点校:《朱子语类》，中华书局，1986年。
26.[元]吴澄:《道德真经注》，中国书店，2018年。
27.[明]薛蕙:《老子集解》，商务印书馆，1939年。
28.[明]王道:《老子亿》，北京崇华堂，1939年。
29.[明]焦竑著，黄曙辉点校:《老子翼》，华东师范大学出版社，2011年。
30.[明]释德清著，尚之煜校释:《老子道德经解》，中华书局，2019年。
31.[明]黄宗羲著，段志强译注:《明夷待访录》，中华书局，2011年。
32.[清]俞樾著，王华宝整理:《诸子平议》，凤凰出版社，2020年。
33.[清]汪中著，王清信、叶纯芳点校:《汪中集》，“中研院”中国文哲研究所筹备处，2000年。
34.[清]毕沅:《老子道德经考异》，中华书局，1985年。
35.[清]姚鼐著，刘季高标校:《惜抱轩诗文集》，上海古籍出版社，1992年。
36.[清]王念孙撰，张靖伟等校点:《广雅疏证》，上海古籍出版社，2018年。
37.[清]王念孙:《读书杂志》，中国书店，1985年。
38.[清]魏源撰，黄曙辉点校:《老子本义》，华东师范大学出版社，2010年。
39.[清]朱骏声:《说文通训定声》，中华书局，1984年。
40.[清]高延第:《老子证义》，《涌翠山房集》，山阳高氏刊本，清光绪十四年(1888)。
41.[清]郭庆藩撰，王孝鱼点校:《庄子集释》，中华书局，2013年。
42.[清]易顺鼎:《读老札记》，艺文印书馆，1970年。
43.[清]王先谦撰，沈啸寰、王星贤整理:《荀子集解》，中华书局，2012年。
44.[清]王先慎撰，钟哲点校:《韩非子集解》，中华书局，1998年。
45.(英)理雅各译:《道德经》，中州古籍出版社，2016年。
46.(加拿大)蒲立本著，孙景涛译:《古汉语语法纲要》，语文出版社，2006年。
47.严复:《老子道德经评点》，汪征鲁、方宝川、马勇主编，林校生、戴显群、杨齐福点校:《严复全集》第9卷，福建教育出版社，2014年。
48.马其昶:《老子故》，[清]姚鼐、奚侗、马其昶撰，汪福润点校辑译:《老子注三种》，黄山书社，2014年。
49.梁启超:《论老子书作于战国之末》，转引自顾颉刚编:《古史辨》第四册，上海古籍出版社，1982年。
50.鲁迅:《汉文学史纲要》，人民文学出版社，2006年。
51.奚侗集解，方勇导读，方勇标点整理:《老子》，上海古籍出版社，2007年。
52.陈柱:《老子韩氏说》，西南书局，1979年。

53. 陈柱：《老学八篇》，知识产权出版社，2015年。

54. 杨树达：《周易古义 老子古义》，上海古籍出版社，2006年。

55. 吕思勉：《先秦史》，上海古籍出版社，2005年。

56. 胡适：《中国哲学史大纲》，北京大学出版社，2013年。

57. 陈梦家：《老子分释》，中华书局，2016年。

58. 熊十力：《十力语要》，上海古籍出版社，2018年。

59. 童书业撰，童教英导读：《春秋史》，上海古籍出版社，2003年。

60. 马叙伦著，许嘉璐主编，李春晚、翁美凤点校：《老子校诂》，浙江古籍出版社，2020年。

61. 朱谦之：《老子校释》，中华书局，1984年。

62. 蒋锡昌：《老子校诂》，商务印书馆，1937年。

63. 黎翔凤撰，梁运华整理：《管子校注》，中华书局，2004年。

64. 于省吾：《老子新证》，《双剑誃诸子新证》，中华书局，2009年。

65. 冯振撰，刘桂秋点校：《老子通证》，华东师范大学出版社，2012年。

66. 王力：《老子研究》，天津市古籍书店，1989年。

67. 王力：《王力古汉语字典》，中华书局，2001年。

68. 高亨：《重订老子正诂》，古籍出版社，1956年。

69. 杨伯峻：《春秋左传注》，中华书局，2017年。

70. 杨伯峻：《孟子译注》，中华书局，2010年。

71. 杨柳桥：《老子译话》，古籍出版社，1958年。

72. 冯达甫译注：《老子译注》，上海古籍出版社，1991年。

73. 钱锺书：《管锥编》，生活・读书・新知三联书店，2008年。

74. 张松如：《老子校读》，吉林人民出版社，1981年。

75. 严灵峰：《老子达解》，艺文印书馆，1971年。

76. 张岱年：《中国哲学大纲》，商务印书馆，2017年。

77. 杨宽：《西周史》，上海人民出版社，2016年。

78. 古棣、关桐：《老子十讲》，上海人民出版社，2009年。

79. 王叔岷：《列仙传校笺》，中华书局，2007年。

80. 任继愈译著：《老子新译》，上海古籍出版社，1985年。

81. 高明：《帛书老子校注》，中华书局，1996年。

82. 陈鼓应注译：《老子今注今译》，商务印书馆，2003年。

83. 陈鼓应主编：《道家文化研究》第17辑，生活・读书・新知三联书店，1999年。

84. 饶尚宽译注：《老子》，中华书局，2013年。

85. 徐志钧：《老子帛书校注》，凤凰出版社，2016年。

86. 刘笑敢：《老子古今》，中国社会科学出版社，2006年。

87. 李零:《郭店楚简校读记》，北京大学出版社，2002年。
88. 李零:《人往低处走——〈老子〉天下第一》，生活·读书·新知三联书店，2008年。
89. 骆玉明:《老庄随谈》，复旦大学出版社，2007年。
90. 安伦:《老子指真》，社会科学文献出版社，2016年。
91. 张松辉:《老子导读》，中国国际广播出版社，2009年。
92. 廖名春:《郭店楚简老子校释》，清华大学出版社，2003年。
93. 邓立光:《老子新诠——无为之治及其形上理则》，上海古籍出版社，2007年。
94. 景中译注:《列子》，中华书局，2007年。
95. 复旦大学哲学系《老子注释》组译:《老子注释》，上海人民出版社，1977年。
96. 国家文物局古文献研究室编:《马王堆汉墓帛书》壹，文物出版社，1980年。
97. 中国军事史编写组编:《中国历代战争年表》，解放军出版社，2003年。
98. 李学勤:《论郭店简〈老子〉非〈老子〉本貌》，王子今、白建钢、彭卫主编:《纪念林剑鸣教授史学论文集》，中国社会科学出版社，2002年。
99. 鲍鹏山:《〈论语〉导读》，中国青年出版社，2021年。
100. 鲍鹏山:《〈大学〉〈中庸〉导读》，中国青年出版社，2022年。
101. 鲍鹏山、衣抚生:《老子传》，安徽人民出版社，2020年。
102. 何炳棣:《司马谈、迁与老子年代》，侯仁之、周一良主编:《燕京学报》新9期，北京大学出版社，2000年。
103. 孙以楷:《老聃与孔丘交往新考——兼论老子思想发展轨迹》，《学术月刊》1991年第8期。
104. 裘锡圭:《"宠辱若惊"是"宠辱若荣"的误读》，《中华文史论丛》2013年第3期。
105. 王玉环:《梅泽本〈老子经序〉与宋刻本〈老子道德经序诀〉的比较》，《中国道教》2015年第2期。